教育部人文社会科学研究项目一般项目（10XJA710004）结题成果

中国南方与东南亚民族研究中心2020年配套经费资助出版

2021年度国家社科基金项目（21BZZ018）阶段性成果

思想政治教育研究文库

——

修 身 与 教 化

——儒家思想政治教育理论与实践模式研究

唐国军　刘国普　著

光明日报出版社

图书在版编目（CIP）数据

修身与教化：儒家思想政治教育理论与实践模式研究／唐国军，刘国普著．--北京：光明日报出版社，2022.6

ISBN 978－7－5194－6643－5

Ⅰ.①修… Ⅱ.①唐… ②刘… Ⅲ.①儒家—思想政治教育—研究 Ⅳ.①B222.05

中国版本图书馆 CIP 数据核字（2022）第 095642 号

修身与教化：儒家思想政治教育理论与实践模式研究

XIUSHEN YU JIAOHUA：RUJIA SIXIANG ZHENGZHI JIAOYU LILUN YU SHIJIAN MOSHI YANJIU

著　　者：唐国军　刘国普

责任编辑：宋　悦　　　　　　　责任校对：田昌华
封面设计：中联华文　　　　　　责任印制：曹　净

出版发行：光明日报出版社
地　　址：北京市西城区永安路 106 号，100050
电　　话：010－63169890（咨询），010－63131930（邮购）
传　　真：010－63131930
网　　址：http：//book. gmw. cn
E - mail：gmrbcbs@ gmw. cn
法律顾问：北京市兰台律师事务所龚柳方律师

印　　刷：三河市华东印刷有限公司
装　　订：三河市华东印刷有限公司
本书如有破损、缺页、装订错误，请与本社联系调换，电话：010-63131930

开　　本：170mm×240mm
字　　数：238 千字　　　　　　印　　张：15
版　　次：2022 年 6 月第 1 版　　印　　次：2022 年 6 月第 1 次印刷
书　　号：ISBN 978－7－5194－6643－5
定　　价：95.00 元

目　录
CONTENTS

绪　论
——思想政治教育理论的传统回归与反思

自改革开放以来，伴随着与西方社会的经济交往，西方思想文化亦不断涌入中国，使中国思想从一元的中国化的马克思主义演变成为多元政治思潮并存的现实局面。传统文化在新时代的复兴，又使得在当今中国人的思想意识中，其与马克思主义及其与中国实践相结合的毛泽东思想、邓小平理论、"三个代表"重要思想、科学发展观、习近平新时代中国特色社会主义思想，西方自由主义思想形成了三个重要组成部分共存的局面。在这三者中，中国化的马克思主义虽然占据中心的位置，但传统文化和自由主义思想的影响也无处不在。此外，其他各类思潮亦随着"改革开放"，思想解放的进程而不断涌现。因此，在新的历史条件下，如何加强和改进思想政治教育，就成了我国如何坚持正确的政治方向，坚持理论自信、道路自信、制度自信、文化自信，建设中国特色社会主义的热点和难点问题。

邓小平在20世纪90年代初曾经指出，改革开放以来"我们最近十年的发展是很好的。我们最大的失误是在教育方面，思想政治工作薄弱了，教育发展不够。"① 这就说明改革开放事业不仅仅是经济的发展，物质文明的进步，也要有精神文明的升华。需要两手抓，两手都要硬。邓小平将"思想政治教育"与"对人民的教育"联系起来讲，等同起来讲，其意义深远，这意味着我国的思想政治教育范围不能仅仅局限于在大中小学课堂上的政治理念灌输，更意味着对人民的广泛的教育，也就是对中华人民共和国每个公民的教育，或者说，是我们每个人都必须接受的教育。换言之，思想政治教育已

---

① 邓小平. 邓小平文选（第三卷）［M］. 北京：人民出版社，1993：290.

经不能单纯地用政治的意义来衡量，它已经成为人人都要不断接受的与自己的国家、集体、个人生活时时紧密相连的，与社会主流意识保持一致的全民教育。

显然，在当今中国，社会主流意识仍需与时俱进地发展。在这一过程中，传统的"教化"观念仍有着十分重要的历史意义和现实意义，因为"教化"本身就是传统中国针对全民的思想政治教育。"教化"不仅是整个中国历史形成"大一统"格局的政治思想、道德伦理保障，更是传统中国"中国特色"政治体制的核心概念，而与之相关联的"修身"观，则是保证"教化"得以在政治实践中贯彻执行的基本理念。笔者认为，如何体现"中国特色社会主义"的思想政治教育理论特色，就必须从传统中寻求理论资源，本著作写作的目的，就是从传统中寻求能为现代思想政治教育所运用的理论资源和运行模式，力图对当代思想政治教育理论进行补充与完善。

第一节　思想政治教育：传统与现代

一、当代中国思想政治教育概念及其内涵

何谓思想政治教育？在当前的教科书和学者的研究理论中，仍然有不同的阐述。按照陈秉公先生《思想政治教育学原理》一书的归纳总结，目前对思想政治教育概念的理解大约有四种：

第一种，认为所谓思想政治教育，就是政治思想教育，是为实现人的政治社会化而进行的教育。

第二种，认为所谓思想政治教育就是思想教育，它包括政治思想、哲学思想、道德思想、法制思想、审美思想等一切思想内容的教育，目的在于提高人们的思想素质和完成现实任务。

第三种，认为所谓思想政治教育不仅包括思想教育，而且含有道德品质教育，就是说，思想政治教育不仅要转变人的思想，提高人的思想素质，而且还要培养人的道德品质，使人的道德认识、道德情操、道德

意志、和道德行为得到加强。

第四种，认为所谓思想政治教育应当以政治思想教育为核心与重点，但是它所包含的范围还应当宽一些，它不仅应当包含思想教育、道德教育，而且还应当包含心理教育。①

显然，上述第一种概念的重心在"政治"，具有现代意义上泛"政治化"的色彩，而如果与传统中国的"教化"学说相比较，则明显有"窄化"的特点。第二种概念的核心在"思想"，与传统教化学说的内涵具有相似的性质，但仍不够广阔；第三种概念是对第二种概念的扩大，与传统教化学说更为接近；第四种概念以政治思想为中心，然而又囊括一切人之为人的教育，可与传统教化学说相一致。陈秉公先生的结论显然是与第四种概念接近：

所谓思想政治教育，就是一定阶级或政治集团，为了实现其政治目标和任务而进行的，以政治思想教育为核心与重点的，思想、道德和心理综合教育实践。②

张耀灿、陈万柏先生主编的教育部面向 21 世纪课程教材《思想政治教育学原理》中对"思想政治教育"的概念则显得相对模糊：

概括地说，思想政治教育就是指社会或社会群体用一定的思想观念、政治观念、道德规范，对其成员施加有目的、有计划、有组织的影响，使他们形成符合一定社会或一定阶级所需要的思想品德的社会实践活动。③

上述两部著作，一部代表着专家著述的最高水平，一部是国家级的权威教科书，基本上反映了当前对于思想政治教育概念的主流认识。但明显地，

---

① 陈秉公. 思想政治教育学原理 [M]. 沈阳：辽宁人民出版社，2001：2-3.
② 陈秉公. 思想政治教育学原理 [M]. 沈阳：辽宁人民出版社，2001：3.
③ 张耀灿，陈万柏主编. 思想政治教育学原理 [M]. 北京：高等教育出版社，2001：4.

两部著作或教材对于这一概念存在着两点不同：第一，进行思想政治教育的主体不同，陈秉公先生将主体规定为"一定阶级或政治集团"，显然是更传统的说法，而张耀灿，陈万柏两先生将主体定位于"社会或社会群体"，其实用范围显著地扩大了。第二，教育的内容有别，陈秉公先生定义的范围为"以政治思想教育为核心与重点""应当包含思想教育、道德教育，而且还应当包含心理教育"。显然是一种层次分明，内容宽泛的解释；张耀灿、陈万柏两先生的内容界定为"一定的思想观念、政治观念、道德规范"，显然要窄化一些，模糊得多。这说明，现代思想政治教育的观念还在探讨之中，其学科体系也正在建构之中。

笔者认为，对于思想政治教育体系的建构，中国的传统做法有着极其重要的借鉴意义。上述陈秉公先生书中所列的第四种概念和张耀灿、陈万柏两先生所给出的"思想政治教育"概念与传统中国儒家政治理想中的"教化"学说，从形式到内涵上，都有着惊人的相似。可以说，中国传统社会中的"教化"学说，就是中国传统社会的"思想政治教育"。

二、传统"教化"学说与思想政治教育

当然，思想政治教育是一个近代以来的新型政治理论学科，在中国历史的传统中自然没有这个概念，可与之相对应的概念是儒家思想体系中的核心理念——教化。教化的内容极其广泛，但归纳起来，就是《大学》中的"三纲目"：明明德、亲民、止于至善。其教化主体是君子，君子的成就关键在于"明明德"，即具有教化人民的基本统治素质；教化的客体则是"民"，亲民就是君子利用修善的明德去影响人民，让人民听从君子的教育，达到移风易俗的目标；教化的终极目标则是"止于至善"，即实用其政治治理的最高目标——大同理想。教化的具体实践则面对全社会的各个不同领域：首先是政治领域中的从政君子教育，其次是社会领域中的礼义教育，再次是家庭领域中的伦理教育，最后是个人领域中的修身教育。儒家教化学说的核心正在解决人在整个天下（国家）范围中的行为规范，对处于不同的社会地位，不同的家庭地位的各类人群以及自身的修养问题提出不同的要求，即角色定位。孔子强调"君君、臣臣、父父、子子"，后世儒者则提出"五伦"的学说，即君臣、父子、夫妇、兄弟、朋友。要求人们做到君圣臣忠、父慈子孝、兄

友弟恭、夫义妇随、朋友有义等，这就是教化的根本作用。具体而言，在政治领域中，要有政治的信仰；在社会领域中，要有道德的约束；在家庭的领域中，要有伦理的要求；在个人领域，则主要是人生观的问题。从总体上而言，其内容又可以简化为政治信仰与道德修养的问题，也就是人之为人，如何做人的问题。由此可见，教化的内容与现代思想政治教育具有相当的一致性，它就是传统的思想政治教育。两千多年来，中国传统社会一直是以"礼仪之邦"见称于世，这不能不说儒家思想在如何做人的教育方面取得的成功。我们知道，西方人解决信仰与人生问题主要依靠的是宗教。而在传统中国，虽然有"三教"——儒、释、道——之说，但严格地讲，儒家思想并不是宗教，尽管有人将儒家思想称之为儒教，但它其实并不是宗教，而是一种世俗的信仰，是人们在世俗的生活中遵守的行为规范。因此它是一种具有浓厚伦理色彩的政治学说，任剑涛将其称之为"伦理政治"。其实，儒家学说从修身到齐家到治国平天下，是将伦理的修行之路与从政之路打通来阐述的官方政治哲学，其立场从来就不是"人民"的，而是在上位者如何通过其教化哲学来实现其国家治理目标的政治设计，其本质表现为一种政治化倾向强烈或者说与政教合一的伦理道德教育。三教中的释（佛教）与道（道教）曾经一度盛行于中国历史中的魏晋南北朝和隋唐，也曾一度定为国教。但从整体上来看，与儒家思想相比较，其影响还处于辅助宗教的地位。因此中国传统中如何做人的教育，一般是通过以儒家学说为主体的教化来实现的。也就是说，在传统中国，政治、伦理、道德并没有现代学科意义上的严格区分，伦理也好、道德也好，都是政治的一部分。我们甚至可以说，传统中国是一个泛政治化的社会，一个以天下和谐为目标，将一切纳入政治治理的范围之中的社会。在传统的政治中，天道（神圣与自然的）是政治的价值之源，人道（伦理的、道德）是政治的设置基础，治道（政治措施）是对天道的遵从、对人道的实现。所以，天道观、人道观、治道观的教育，都是中国传统社会的思想政治教育，它的基本实现途径就是通过统治者或者政治文化精英的修身与教化，使广大民众得到价值观上的认同，从而实现政治大一统的总体目标。

中华人民共和国成立后，在"五四"精神的激励中，传统被视为历史的糟粕——"四旧"，遭到了"史无前例"的破坏！我国的思想政治教育，是通过社会主义道德、政治思想教育来实现的。中华人民共和国成立后的前三十年时间里，我国社会主义道路正处在摸索的过程中，思想政治教育在理论上还不够完善。于是，20世纪80年代以来，伴随着改革开放的历史进程，商品经济、市场经济与外来思潮的冲击，资产阶级自由主义思潮像洪流一样涌入国门，使得人民的思想趋向混乱。一个时期以来，我们对这种危机缺乏认识，缺乏相应的措施，思想政治教育不力，存在许多局限和不足。

我国现时代的思想政治教育应走向何处？吕元礼《思想政治教育：同情性理解传统之后的反思》一文认为，要解决这个问题，我们必须首先认识当前中国思想政治教育领域中的不足。主要表现在两个方面。

其一，我国一个时期以来的思想政治教育存在种种局限和不足。

具体表现为，第一，在理论上缺乏思辨的形式和逻辑的论证，或者说，未能从本体论的高度做哲学的论证，未能形成一个完整的、严密的科学体系；第二，我国一个时期以来的思想政治教育，往往不是从现实的有血有肉的人出发，而是从虚幻的无情无欲的"神"出发，片面地强调公，绝对地排斥私；第三，我国一个时期以来的思想政治教育，往往注意了教人以对于旧世界的破，而忽视了教人以对于新世界的立；注意了给人以革命的热情，而忽视了给人以建设的理性；注意了给人以批判的精神，忽视了给人以宽容的态度。

其二，对传统的伦理道德教育的排斥，使思想政治教育失去了生存的土壤，脱离了传统对中国影响深远的现实。

改革开放以来，对于传统文化的回归与复兴，理应成为中国特色社会主义理论建构的重要组成部分，但在实践中的思想政治教育，却未能纳入其理论体系之中。我国传统的伦理道德教育，十分注意"理性"与"秩序"的教育。虽然这种"理性"与"秩序"是用于维护传统社会秩序的，但我们仍然可以从中看到，它的时代超越性，可以根据今天中国思想政治教育的需要，通过批判、继承的方式，取其精华，运用到今天"和谐社会"秩序的建构之中去。比如，仁、义、礼、智、信；温、良、恭、俭、让；父慈、子孝等传统的伦理道德教育，便有利于保持社会正常的秩序和稳定；而社会的发展，只有在秩序和稳定中才能实现。今天，只有强调理性和秩序的教育，才能实现社会的稳定和发展。

因此，结合现代实际的政治理论与回归传统文化的精华，正是当前中国思想政治教育理论与实践改进和重新建构的两条基本途径。因此，我们同意有学者提出的"在同情性理解"的思路下吸收中国传统文化，重构当代思想政治教育理论的观点。①

第一，传统思想政治教育资源与现代育人目标上具有一致性，是今天思想政治教育能够运用传统进行现代建设的根本前提。现代中国需要以社会主义核心价值观为基础培养有理想、有道德、有文化、有纪律的"四有"新人或公民。传统思想政治教育亦以道德教育放在首位，这是两千多年来中国人为人处世原则的根基，有利于"四有"新人或公民的培养。

第二，传统的思想政治教育资源与现代社会的价值观区别需要认真的理清。一些基于专制主义而设置的政治伦理教育内容已与现代相距太远，就要摒弃。如"君为臣纲，父为子纲，夫为妻纲"的"三纲"学说、"君要臣死，臣不得不死；父要子亡，子不得不亡"等专制愚昧的伦理道德。一些中性的传统伦理道德要素则通过改造可以纳入现代思想政治教育体系之中。如传统中的"仁、义、礼、智、信"等品德要素，去除其传统的时代色彩，就可以纳入现代新型道德结构中来。可以充分加以改造，实现其理论的创造性转换。一些传统的伦理道德中优秀的要素，则可以完全吸纳为当今思想政治教育的重要组成部分。如我们传统文化中的"天下兴亡，匹夫有责"的精神，就可以召唤我们实现中华民族伟大复兴的使命感。我们要发扬这部分优秀传统文化，以便更好地培养"四有"新人或公民。

第三，传统的思想政治教育资源，必须注意掌握批判继承的方法。如抽象继承和实质继承的方法。所谓抽象继承，就是区别一些传统的伦理道德的抽象意义和具体意义，继承其抽象精神。比如，孔子提倡"学而时习之"，从其具体意义上来说，其所学所习，当然包括一些属于奴隶社会或封建社会的落后的道德文化，我们应该摒弃；就其抽象意义来说，即"学时而习之"这种精神本身，我们应该继承。所谓实质继承，就是要区别传统的伦理道德中的表面形式和实质内容，继承其实质精神。比如"父母在，不远游"的教导，其表面形式当然不一定适应现代社会，我们不必遵循，但其实质精神，即孝

① 吕元礼. 思想政治教育：同情性理解传统之后的反思 [J]. 理论与改革，1999（6）：120-122.

敬父母的精神却是可以继承的。①

第四，利用传统资源重构当代思想政治教育体系内涵，要发挥民间传统的作用。"礼失而求诸野"，传统中国政治文化中的思想政治教育在经过激进文化的冲击之后，遭到几近毁灭性的摧毁。传统文化所提倡的仁、义、礼、智、信，温、良、恭、俭、让，在一个时期里被不加分析地彻底否定。但是，许多传统的优秀品德在广大民众中仍然得以保存。

所谓传统，是经过时间的淘汰、过滤而积淀下来的东西。所以，传统之所以为传统，总有它的原因、道理。实际上，一种好的文化，好的制度，并非被人发明的，而是被人发现的；并非人为制造的，而是自然生长的。企图与传统"彻底决裂"或对传统"整体砸碎"之后，人为制造或发明一种新的文化、新的道德，实际上是夸大了某一位"伟大领袖"或某一代"风流人物"的作用，是夸大了人的理性。尊重传统，实际上是尊重千百年来的历史经验，尊重千百代人的集体智慧，实际上也才是真正尊重百姓人民。全知全能、至善至美的"先知"是没有的，因为神只存在于想象中的天国，脱离不了陆地的只能是理性有限的人。尊重传统，也就是认识到人的理性有限，认识到自己的无知。老子云："知不知，尚矣；不知知，病也。"（《道德经》）孔子曰："知之为知之，不知为不知，是知也。"（《论语·为政篇》）在今天看来，其含义也是极其深刻的。

第二节　思想政治教育、政治社会化与教化

一、思想政治教育与政治社会化

（一）定义之比较

政治学家对政治社会化有不同的定义，其中有代表性的主要是：

（1）政治社会化是人们学习政治知识和技能的过程。

---

① 吕元礼. 思想政治教育：同情性理解传统之后的反思 [J]. 理论与改革，1999（6）：120-122.

（2）政治社会化是社会塑造其成员政治心理和政治意识的过程。

（3）政治社会化是政治文化代代相传的方式。

（4）政治社会化是政治文化形成、维持和变迁的过程。

实际上包含了政治社会化的两个方面的含义和内容：一方面，从社会成员个体的角度讲，政治社会化是一个人通过学习和实践获得有关政治体系的知识、价值、规则和规范的过程，通过这种学习和实践，一个自然的人转变成为一个具有一定政治认知、政治情感、政治态度和政治倾向的社会政治人；另一方面，从社会整体的角度讲，政治社会化是一个社会将政治文化（普遍的政治知识、价值、规则和规范等）通过适当的途径进行广泛传播，通过这种传播，社会中人们所具有的政治认知、政治情感、政治态度和政治倾向传授给新一代社会成员。很显然，这里的政治社会化过程，与传统的教化过程有着极其相似的品质，也与现代思想政治教育的目标和路径极为相似。从某种意义上讲政治社会化过程，就是讲思想政治教育的过程。

（二）途径之比较

对于一个社会来说，政治社会化就是政治文化的传播过程。而从国家治理观念的角度来看，其实质就是对整体的社会成员灌输治理者所持有的政治观念，进行思想政治教育的过程。政治社会化的途径，就是治理者进行思想政治教育的基本途径。在当代的社会政治生活中，特定的社会组织、机构和团体乃至有影响的个人，都有可能成为传递政治信息、传播政治文化、影响和塑造社会成员政治意识共和政治情感的媒介。因此，必须将其纳入国家治理的整体系统中考量。

1. 家庭

对于中国来说，家庭是政治社会化的第一个途径，同时也是传统到现代思想政治教育中的道德教育、政治思想教育和心理教育的第一个阵地。在传统中，道德与政治连为一体，甚至道德本身就是政治的主要内容，《唐律》中的十恶大罪，有四个是家庭成员之间的伦理道德犯罪。在传统的道德教化设计中，家庭是教育的重要阵地，许多思想家们都把一个人的成长与家庭环境相联系，如"孟母三迁"的故事，说明孟母已经意识到环境对儿童成长的重要意义。汉代的贾谊重视皇帝的继承人太子的教育，甚至为其设计了"胎教"

的内涵。儿童时代的经历和影响对一个人一生的政治态度十分重要，而家庭正是一个人最初的、影响最为直接的政治社会化媒介。在家庭环境中，上一代人通过日常生活把他们对世界、对社会的看法，对政治体系的态度，对政治事件的评价以及他们的政治价值观和政治态度、政治感情，直接或间接地传授给下一代，使其初步学习和了解外部政治生活。许多研究表明，家庭环境，尤其是父母亲对待事物的态度和意见影响着子女的态度和意见；积极参与家庭决策的青年人很可能到成年时在政治上也表现非常积极；专制家长式的家庭教育，有助于产生两种人：政治专断者和政治服从者；幼时家庭生活不完满、缺乏正常的家庭教育，成年后可能会成为一种社会反常人；家庭环境的"隔代遗传"可能会塑造一种保守性格。

2. 学校

学校是一个人走向社会的专门化的学习和训练场所，因而，是传播文化的专门机构，是系统化强有力的社会化途径。在学校生活中，学生一方面通过接受专门的文化知识和系统的政治教育，形成了对政治生活的基本知识，另一方面，在与同学和老师的相互关系中，初步体验了社会政治生活。

3. 大众传播工具

电视、广播、报纸、杂志等大众传播工具是现代社会政治社会化的重要途径。它不仅在传播政治文化、形成共同的政治意识方面，而且在改造政治文化、引导社会政治方向方面都发挥着重要作用。大众传播工具实现政治社会化职能主要通过两种方式：①通过新闻报道、舆论渲染等方式，吸引社会大众对问题的关注，以增强公众政治认知。②在宣传报道中直接宣传某种政治观念、政治价值和政治感情。大众传播工具不仅是信息沟通的桥梁，而且是改造政治文化的工具。一种新政治文化要上升成为社会的主体政治文化，必须通过广泛的大众传播。

4. 社会政治组织

各种各样的社会、经济、政治组织，如工会、职业协会、社团、政党、国家机关等，也是政治社会化的重要途径。它们通过宣传自己组织的主张和信仰，吸纳新成员，使其过一种有组织的社会生活等方式，实现政治文化的传播。在所有的政治组织和机构中，政党是最重要的社会化途径。它通过宣传党的纲领、政策主张，影响社会大众的政治态度；通过发展新成员，使他们在党组织中受到社会化的培训；通过党的各项活动，来实现其成员和拥护者的政治参与。

5. 政治符号

特定的政治符号如国旗、国徽、国歌、政治领袖人物的肖像等等，在社会生活中具有重要的政治象征意义和代表意义，因此在政治社会化过程中起着重要的政治文化的传播作用。此外，教会、工作场所和娱乐、职业、文化团体、社区等，也都具有政治社会化的功能，承担着传播政治文化的功能。

二、政治社会化与教化

传统的思想政治教育研究存在着两种不同的研究模式或范式：一是经验研究范式，即从党的思想政治教育历史和现实的经验和教训出发，通过系统总结党的思想政治教育的经验和教训，进行理论提升，构建思想政治教育的理论体系；二是学科研究范式，即将某一门学科的发展样式，移植于思想政治教育的理论建设中，并在此基础上形成思想政治教育理论的体系结构，如思想政治教育领域普遍存在的教育学取向、哲学取向、心理学取向以及行为科学取向的发展模式。这两种研究范式的存在，一方面表明思想政治教育的科学化和学科化的研究还处于一种初始阶段，另一方面也表明，如何建构思想政治教育学科特有的范畴与话语体系，用思想政治教育学科自身的语言来诠释思想政治教育中的各种现象及问题，是思想政治教育的理论发展所面临的重要问题。

第三节　研究述评

严格意义上的儒家传统思想政治教育研究，从 20 世纪末期开始，以首都师范大学的邓球柏先生为代表。邓先生于 90 年代发表了一系列关于儒家经典文本与思想政治教育的论文，如，《〈大学〉是中国古代思想政治教育的大纲》，衡阳师专学报（社会科学）1996 年第 2 期；《〈论语〉思想政治教育原则初析》，湘潭大学学报（哲学社会科学版）1996 年第 6 期；《简论〈论语〉的思想政治教育途径》，武陵学刊 1995 年第 5 期；《论〈中庸〉的思想政治教育理论》，武陵学刊 1996 年第 1 期；《论〈周易〉思想政治教育的主要内容和基本原则》，武陵学刊 1998 年第 5 期等。出版《中国传统文化与思想政治教育》（首都师范大学出版社，1999 年）一书。邓先生的研究主要着重于原典的个案解读，从每一个文本自身拥有的思想政治教育资源与理论进行挖掘，提出了开创性的建议。此后数年来，邓先生招收的硕士研究生继承了他的这一基本研究思路。先后撰写了《礼记》《论语》《孟子》《荀子》等先秦儒家经典思想政治教育的个案研究。这些研究，具有进一步建构儒家思想政治教育理论体系的基础性研究意义。

近年来，还有一些学者亦就先秦两汉时期儒家思想政治教育问题开展了研究。这些研究，基本上可以归纳为两类：一类是对某儒家代表人物的思想政治教育思想进行探讨；另一类则是立足现实，从传统中寻找现代思想政治教育资源。但从整体上说，研究成果不多，研究目标不一，从深度到广度都需要继续深入下去。在这一研究领域中，最值得介绍的是赵康太，李英华两位先生主编，华中师范大学出版社于 2006 年 10 月出版的《中国传统思想政治教育理论史》一书。该书涉及本著作研究范围的有其第二章《先秦儒家的"为政以德"与"大学之道"》，第四章《论秦汉的"以法为教""黄老之学"与"独尊儒术"》，第五章《论东汉儒学的派别之争与纲常名教思想》。这是一部集体作品，又是通史的体例，其涉及本著作的三章内容，由于篇幅所限，再加上该书体例基本上仍以分析各个时期思想家、政治家、教育家的思想政治教育主张为主，因此对于儒家思想政治教育理论在先秦两汉的形成与发展及其对整个中国传统思想政治教育的理论奠基和实践模式定型的深远影响，显然还不够深入。

第四节　研究设计

一、本著作研究的意义

针对上述研究在理论体系特别是在实践层面的研究存在的不足，本著作设计针对性的目的就是探讨先秦两汉儒家思想政治教育理论体系与实践模式。

对于儒家思想政治教育理论做出体系的探讨，并立求将其与两汉政治运行中儒家思想政治教育理论实践的具体模式考察相结合，构建一个相对完善的理论体系和实践模式，这无疑在本领域的研究中具有开拓性的学术意义。先秦两汉是儒家思想政治教育理论的创始与实践的奠基时代，弄清这个理论的基本框架和实践样态，无疑对其后中国传统社会的儒家思想政治教育理论与实践研究具有指导意义和借鉴价值。通过对本著作中儒家思想政治教育理论与实践的分析，吸取其精华，无疑对现实中的思想政治教育理论充实与实践借鉴具有现实意义。

二、研究的主要内容、基本思路和方法

（一）研究的主要内容

力图从理论体系及其实践模式两个方面，深入探讨中国传统政治中以儒家经典文本（《十三经》《荀子》《新书》《春秋繁露》《白虎通义》等）为中心的思想政治教育理论体系及其在两汉政治实践中所形成的思想政治教育模式，使其成为从立意上具有原创性特色的一部理论体系性儒家思想政治教育研究专著。

本著作绪论部分探讨思想政治教育中传统资源与现代运用的关系，之所以选择先秦两汉为研究对象，是因为先秦至两汉是整个中国传统时代儒家思想政治教育理论的奠基时代，具有"与时俱进"的历史品格，其丰富的思想政治教育资源仍然是我国当今思想政治教育理论研究与实践设计的重要资源。而两汉开启的儒家思想政治教育实践模式，则有许多值得肯定和借鉴的历史经验。

整本著作的设计分为上下两篇。

上篇探讨儒家思想政治教育的理论体系。从六个方面进行分别探讨：①儒家政治设计是以修身与教化为主体的政治社会化途径，决定了儒家学说本身就是以思想政治教育为主体的政治学说；②儒家修身与教化思想政治教育的目标设计与思想政治教育体系建构；③儒家思想政治教育的主体（君子）教育方法和途径；④儒家思想政治教育的客体（民）教育方法和途径；⑤儒家思想政治教育的理论基础；⑥儒家思想政治教育的内容体系，试图全面探

讨儒家思想政治教育理论体系的构成及其逻辑结构。

下篇则从汉代政治实践的角度探讨儒家思想政治教育理论在与汉代政治运行的互动关系中，形成具体的实践模式。两汉是中国传统思想政治教育实践模式的形成时期，汉武帝独尊儒术以后，汉政府与儒生相互配合，通过政府的行政体系建设，太学为主体的学校教育建设、家庭伦理建设，以及官员的理论培训与实践等一系列环节，构成一个上自中央，下至民间，全面推行儒家思想政治教育的网络体系，奠定了其后两千年中国传统社会不可逾越的基本模式。具体内容为：①两汉儒家思想政治教育的制度化及其行政网络建设；②汉代以太学为中心的学校思想政治教育功能；③士大夫与两汉思想政治教育的实践；④汉代地方基层组织与思想政治教育的实践模式；⑤汉代家庭、家族组织及其思想政治教育功能；⑥两汉儒家思想政治教育效果检验（评价）机制研究；⑦两汉思想政治教育得失论。

本著作结论部分着重探讨儒家思想政治教育理论与实践模式对于当代思想政治教育理论建设与实践设计的启示意义。

（二）研究的基本思路

儒家的政治核心是仁政（德治），其基本实践路径是君子（领导者）的修身与对人民的教化，是一种"伦理政治"，而整个社会成员共同"伦理"的形成，其根本途径就是"教化"，其本质上就是一种典型的思想政治教育理论。这个理论的奠基者是孔子，经历子思、孟子、荀子、叔孙通、贾谊，至西汉中期的董仲舒基本完成，而东汉班固所作的《白虎通义》则是其理论的定本。在这个历史过程中，儒家思想有着一个理想主义到现实主义的过渡，即孔孟儒学具有的更多是理想主义色彩，往往被统治者斥之为"迂阔而不切实用"，遭束之高阁的命运。而自荀子开始，则开启了儒家政治理论实践化的理论路径，其既"隆礼"（理想主义）又"重法"（现实主义）的理论建构，成为汉代儒家能将儒家政治理论用于政治实践的理论渊源。而自"曲学阿世"的叔孙通开始，汉代儒者，以理想人格的放弃为代价，与统治者亲密合作，真正将儒家理论改造成了中国传统政治所依赖的核心政治理论——儒术，与此同时，作为教化——思想政治教育的的实践，儒者们"以师为吏"，与统治者一起创立了一个经历学校、家庭、官员、社会等多种途径，上自中央、下到乡村的思想政治教育网络体系。这个理论体系和实践模式共同构成的网络体系正是中国传统思想政治教育的基本样态。因此，对先秦两汉儒家思想政治教育理论体系与实践模式的研究，具有为中国传统思想政治教育建构模型的学术意义，同时也对当今中国思想政治教育理论建构与实践改革具有重要的现实意义。

（三）研究方法

历史学与政治学，政治社会化理论与思想政治教育学等多学科的交叉。从具体操作上讲，则是文本"整体性解读"与"创造性诠释"相结合，理论考察与实践探索相结合。随着 21 世纪中国的和平崛起，我们需要重构中华民族特有的文化体系，重新认识作为中国政治文化主体儒家政治理论，就是这个体系重构中的重要一环。这种理论与现代西方政治理论具有典型的异质性。因此，要重构中国历史自身的体系，就必须抛弃"西方中心主义"的学科观点，从中国传统自身原有的逻辑体系出发，"以先秦人还先秦人""以秦汉人还秦汉人"（张舜徽先生语），回到传统特有的整体思维方式中去，回到中国历史自足的体系建构中去，回到整体的文本自身所原有的知识系统中去！只有真正了解了中国历史自身的逻辑，即通过对传统文本的"整体性解读"，才能进行"创造性诠释"，才能"古为今用"，发现真正属于中国的"历史智慧"。

上篇　儒家思想政治教育理论体系

第一章

导言：德治、修身与教化
——儒家思想政治理论设计与实践途径

儒家学说从根本上说是一种伦理至上的政治思想体系，这已是人们的一种共识。但透过其伦理的外衣，我们进一步看到的是，儒学的本质是以"务为治"为取向的政治设计。不论是以"为政"为核心的孔子学说，还是以"仁政"为核心的孟子学说，或是以"礼治"为中心的荀子学说，又或是以董仲舒为代表的汉儒的德治观（以教化为中心），等等，儒学的本质是一种不折不扣的"治术"——治国、治民之术。治国之术现今谓之政治学，治民之术为教化，即为思想政治教育，两者紧密联系，不可分割。儒家思想中所设定的社会秩序、官民秩序、价值取向、利益分配原则等一整套治国模式，无一不体现以"德治"（或"人治"）为模式的治国之术。在这一政治设计理念下，圣贤治国是其基本价值取向，修身与教化是其政治实践的根本途径，建立一个等级分明、上下有序的官僚本位主义理想型社会秩序是其终极目标。这一治国政治模式，由先秦儒家确立其基本理论模式，自汉王朝开始应用于政治实践，成了两千多年来中国历史政治演变的理论支柱和传统内核。

第一节 "大同"与"小康"：儒家政治的
理想形态设置与治国路径导向

先秦儒家政治的主要设计者孔子、孟子、荀子，他们都是西周德礼之治传统的直接继承者和改造者。他们所处的年代，正是中国社会大变革的春秋战国时期。周代的统治秩序已经"礼崩乐坏"，周天子的政治权威已经式微，大国争霸、诸侯兼并，社会动荡不安，人民生活在水深火热之中。重建社会秩序是那个时代的基本思想主题，而要实现重建社会秩序，政治主题则尤为突显，这就是历史发展的必然趋势。

如何重建社会秩序？选择可以是多样的。于是，在那个时代出现了"百家争鸣"，代表不同政治势力或者个人政治理想主义的诸子百家，竞相提出自己的政治主张，相互展开辩论，形成了中国古代第一个"学术"繁荣时期。①

诸子从"务为治"（汉代司马谈语，即以政治秩序重构为中心）的"学术"宗旨出发，为当时纷乱的社会寻找和谐安定的秩序，这是他们的共同政治理想，是他们一切思想的中心。因此，从这个意义上讲，诸子学说的根本就是"政治学"。然而，诸子百家为寻求秩序所进行的理论设计和实践途径各异，于是才形成了所谓"百家争鸣"的局面。由此可见，百家争鸣所"争"的核心问题是"秩序"，即他们都以建立美好的秩序为目标，在这一点上他们并无太大分歧；其分歧主要在于他们对这一理想秩序的理解，并为达到这一理想秩序而设计的实现手段和路径。这里首先是一个对传统的治国之道，即西周初年"周公制礼"以来的礼乐之治思想的态度问题。笔者认为，古往今来，人们对待传统的态度大致可以有如下五种，一是全面继承；二是全盘否定；三是扬弃地继承；四是批判地继承；五是超越。事实上，作为治国之道传统核心的"周公之道"，是诸子重构治国之道不可逾越的基础理论前提。而"周公之道"自身所具有的典型的理想主义政治特色，使得春秋以来面对理想逐渐破灭的人们，反映出两个最显著的极端：保守者或多或少存在留恋的情结；激进者则采取全盘否定的现实主义态度。诸子百家的政治建构就明显地存在着这两个极端。道家、儒家、墨家思想的理想主义色彩浓厚是学者一望而可知的，而法家、兵家、阴阳家的现实主义路径也是极为显著的。而其中的道、儒、墨、法四家对中国传统社会的影响尤具。中国历史上的历代统治具有一个理论运用的道儒法更替循环周期特征。即建国之初用道家，无为而

---

① 说是"学术"的繁荣，其实从其涉及研究领域来看，其实也十分的偏狭。因为此种学术的功利性太强、太明显、太直接、太自觉——其目标所指，正是针对上述社会危机，各自提出其"务为治"（司马谈语）的政治主张而已。从这个意义上讲（学术发生学的角度），所谓诸子百家，都是政治学！"务为治"三字，精辟地概括了百家学术的核心。一切哲学的、文化的、人生的、教育的……"学术"的探讨，均围绕"为治"这个核心而展开。因此，从这个意义上说，春秋战国时期并不存在于今天我们所倡导的"纯学术"的研究。

治，与民休息；中期用儒家，定规则而均贫富，恢复正常国家秩序；后期由于政治腐败，社会混乱，故重法家。待到下一王朝更迭，则再循环一次，这就是中国王朝变更的"历史周期律"！而在民间，墨家学说的任侠风格，是人民对于不平社会的理想调节剂。

道家崇尚"自然"，推崇"无为而治"，其政治设计的重点在保证"人"——"自然人""自由的人"、个性的本体的利益，以为只要满足人之自然本质欲望，使其返璞归真，保持清纯的状态，达到物我共存的境界，社会便可远离战争，人们就可以过上安逸、和谐的"小国寡民"的自然生活。老子、庄子以及后代的道家学者，为我们设计的是这样一个田园诗化的乡村社会理想图景。

儒家是传统周公之道中礼乐文明的坚定继承者和改造者，其学说核心在于强调社会人群的等级差异性（即所谓"礼别差等"），其着眼点在社会等级的规范。从学术进路上看，它选择了社会的基本细胞——家庭为其政治设计的突破口。以"礼"规范家庭成员的上下等级秩序，强调每个个体的人归依于家庭这个整体，各自依照"礼"对不同地位的人的要求，修善自己的道德，达到家庭和睦的目的。然后将家放大为国，家与家在国中合同为一，形成国家，构成家国同构的政治格局。这种从我至家至国的层次治理体系（修身、齐家、治国平天下）是儒家政治治理特殊的伦理结构。我们可以说，儒家政治的精髓就是"角色伦理"的设计与实践。法家尚"法治"，着眼点在国，是典型的国家主义者。从国家主义的观念出发，他们强调的是国家政权作为统治机器对人民的"治理"。他们看到了周朝"礼治主义"的破产，强调社会的和谐在于有一个国家统一颁布，人人遵照执行的规则——法，只有在法的基础上，依法而行，依法而定天下，天下才能安定，社会才能和谐。

墨家站在"农与工肆之人"的立场上，强调社会混乱的原因是人与人之间的"不相爱"，因此，"兼相爱，交相利"是重建社会秩序的基本途径，人人相爱了，则天下尚贤、尚同，在天道鬼神的统率下，各自努力于自己的事业，那么就会使天下一统，万世太平。

如前所述，儒家的家国同构治理体系是对传统的继承与改造。因此他们的政治理想，具有鲜明的"返古"意识，所谓言必称"先王"，"先王之道"，简称"王"道是也。《礼记·礼运》述其政治理想：

　　大道之行也，天下为公，选贤与能，讲信修睦。故人不独亲其亲，不独子其子，使老有所终，壮有所用，幼有所长，矜寡孤独废疾者，皆有所养；男有分，女有归；货，恶其弃于地也，不必藏于己；力，恶其不出于身也，不必为己。是故谋闭而不兴，盗窃乱贼而不作，是谓大同。

　　这里的所谓"大同"世界，具有典型的原始共产主义意蕴。其纲领是"天下为公"，具有两个方面的显著特征：其一，道德的高尚是"天下为公"的基本标准，在这个大同世界里，人人都能"讲信修睦"，没有对物质的贪恋，人人都有一份对社会的责任，不吝惜自己的体力，为社会做贡献，更没有阴谋与盗窃，这是一个何等安逸而美好的道德社会！治理这个社会的"官员"，也是人们共同选举的德才兼备的人，不会为自己谋取私利。其二，这个"天下"显然是家庭的放大，是将此家与彼家用道德的丝线将其连接起来，每个家庭和睦相处，家与家之间相互认同、相互关照，"人不独亲其亲，不独子其子"。《论语·公冶长》中将其归纳为"老者安之，朋友信之，少者怀之"的治国三大志向，从此导出了其"以德治国"的"德治"政治主张。

　　儒家的这一理想，是儒家政治设计者追溯先王之迹的神往之所，也是为后世统治者描绘的一幅美好社会蓝图。但它已在春秋战国时期战火纷飞的乱世中消失了。孔孟诸儒是以强烈"入世"精神为政治设计导向的政治思想家。他们在政治理想的设计中，还必须面对现实，为现实社会秩序的重归安定，设计可行的途径，这就有了其退而求其次的"小康"理想设计。《礼记·礼运》云：

　　今大道既隐，天下为家，各亲其亲，各子其子，货力为己，大人世及以为礼，城郭沟池以为固，礼义以为纪，以正君臣，以笃父子，以睦兄弟，以和夫妇，以设制度，以立田里，以贤勇知，以功为己，故谋用是作，而兵由此起，禹、汤、文、武、周公，皆其选也。此六君子者，未有不谨于礼者也。以著其义以考其信，著有过，刑仁讲让，示民有常。如有不如此者，在势者去，众以为殃，是谓小康。

　　"天下为公"的大同世界已经不复存在了，高尚的道德与和睦的家庭已经变异，必须用"礼"的手段来加以调节，于是便出现了禹、汤、文、武、周公等"谨于礼"的六君子。他们以礼的规范，来"刑（型）仁讲让"，自己做人民的表率，用"设制度"的手段，去除那些"众以为殃"的不循礼的"在势者"，以此恢复道德的规范和家庭的秩序以及家与家的融洽，人与人的礼让，这就是"小康"社会。由此可见，儒家的"小康"政治理想设计，与其"大同"政治理想一样，道德依然是其评判的唯一标准，家庭的和睦，家与家的融洽依然是其基本表征。

儒家的这一政治理想设计，着眼于家庭，以道德建设为目标，是基本政治设计的逻辑进路。这一进路的演进，自必逻辑的推演出其"德治""人治""仁政"的政治基本主张。而从"德治"出发，其必然逻辑地再演进为有德"君子"治国模式。君子之德来自何处？来自君子的"修身"，君子修身何为？在于教化"小民"。从"正名"开始，通过君子的修身，到君子对小民的教化，便是儒家政治理想实践途径的基本设计。因此，教化，通过思想政治教育来治理天下，就是儒家政治设计的核心观念。

第二节 "必也，正名乎"：儒家政治理想的实践设计从等级化的社会秩序建构开始

孔子一生，以行"周公之道"为己任，重视的是治世哲学。治世从哪里开始？孔子的回答是：既然"小康"理想中的社会秩序是以"礼"维持等级分明的和谐统治，那么，治国自然当从"正名"开始。《论语·子路》说："必也，正名乎！……名不正则言不顺，言不顺则事不成。""正名"的核心是"君君，臣臣，父父，子子"，就是要求社会各个阶层的人员安守自己的本分，从而建立起上下尊卑、等级森严的社会秩序。

"正名"从何着手？从"克己复礼"入手。孔子的礼，即"周礼"，强调的正是社会等级的差别。君主的权威是至高无上的，这是礼的规定，君主要遵循的礼在于"修己以安人""修己以安百姓"，并"使臣以礼"、以"仁政"治民；臣（官员）的礼是要求他们守其本分，维护君主的统治权威，"事君以忠"。君臣关系和地位不可变更，"臣不臣"就会导致"君不君"，就会出现

社会混乱。

　　孔子从其伦理政治角度出发，进一步看到社会政治秩序中君臣关系的稳定，必以家庭父子关系的稳定为前提。"父父，子子"的"正名"要求具有父慈、子孝、兄友、弟恭的家庭伦理等级观念。因为如果一个人"能事父母，能竭其力"，那么他事君就"能致其身"，移孝就忠，忠孝两全，就能使从家庭到社会、国家的社会等级秩序确定起来。《孟子·藤文公上》也强调为"子"者要"入则孝，出则悌"。

　　孔子的这一思想，为后代儒者所继承和发扬。《荀子·大略》中强调"有分义，则普天下而治"。"分"就是社会的等级化。他认为，名分、地位相等就不能统治，权势一样就不能集中。因此，要做到上下齐一，必须是不齐，只有差别，才能齐。"上下有差，明王始立"。因此，儒家强调"天尊地卑，乾坤定矣。卑高以陈，贵贱位定"①，从整体上讲，君主、官员、人民，他们之间的关系位置，跟天地之间的关系位置一样，不可改变；而从个体的角度而言，则其身份地位随着年龄的增长和能力的增强，是可以上升的，特别是秦汉以后官吏选拔制度的荐举和科举化，这种社会身份上下等级流动就成为常态（即所谓"昔日王谢堂前燕，飞入寻常百姓家""朝为田舍郎，暮登天子堂"），这也是中国传统社会延续两千多年而不变的秘密所在。

　　其后，汉代大儒董仲舒更将"天人感应"学说引入儒家政治，确立"君权神授"的政治原则，确定了君主在中国政治统治上至高无上的地位（但其行为依然要受天道的制约、君臣的诤谏，以维护其"圣上"道德楷模形象）。其"君为臣纲，父为子纲，夫为妻纲"的"三纲"学说，被说成是寿与天齐的不变之道。汉武帝将其学说纳入国家治理理论的正统，此后便成了两千年中国传统政治的不二法门。按董仲舒的政治设计，"屈民以伸君，屈君以伸天"，不敬天的君可常换、臣亦常变，而唯有儒家的正统地位不能变，官僚制度不可变，君、官、民的礼别等差社会秩序始终不许变。儒家以孔子的"正名"论为发轫的政治等级秩序理念，是维护金字塔式的官僚体制社会秩序上是最大的功臣。

　　正如前述，等级化社会秩序的设定，使社会呈现出君、臣、民三者的差

---

① （宋）司马光. 资治通鉴［M］. 胡三省，译注. 北京：中华书局，1976：2.

序结构。那么，三者在儒家治国体系中各占据什么地位？如何并通过何种方式或途径来提高他们各自的道德水准，从而实现其"德治"的政治目标呢？

第三节　"有治人，无治法"：人治主义治国理论下的君子治国主体设定

荀子说"有治人，无治法"，这是儒家治国的基本理论。在"人治"的政治模式中，儒家政治设计突显了"人"（官员）的本体地位。

一、为政在人与君子修身

孔子说："文武之政，布在方策，其人存，则其政举；其人亡，则其政息。……故为政在人。"① 在孔子看来，为政的君臣们在政治上的主导作用至关重要：第一，"君子"（统治者）是"怀德""怀刑"之人，是社会道德、法律及其政治政策的制定者。第二，君子"直道"而行，是执行国家法律政令的执行者。第三，"君子"修身以正天下，是人民的榜样，人民的父母。孔子强调，君子当明"仁"达"义"。《论语·为政》中强调，要对人民"道之以德，齐之以礼"，要用模范遵守礼的行动感化和影响人民。《论语·子路》中提出，统治者"其身正，不令而行；其身不正，虽令不从。"故治乱在人，为政在人。在这里，孔子把政治完全看成是"君子"的事务，人民被完全剥夺了政治参与权，成为统治者任意使唤和引导的政治客体。"修身"也自然就成了"君子"们"为政"的先决条件。余英时先生指出，在"礼崩乐坏"之余，人间性格的"道"是以重建社会秩序为其最主要任务的。"弘道"的责任在"人"——君子，于是精神修养成为关键性的活动。"从孔子开始，'修身'即成为知识分子的一个必要条件。'修身'最初源于古代'礼'的传统，是外在的修饰，但孔子以后已转化为一种内在的道德实践，其目的和效用则与重建政治社会秩序密不可分。"②

---

① （清）阮元校刻. 十三经注疏［M］. 北京：中华书局，2009：23.
② 余英时. 士与中国文化［M］. 上海：上海人民出版社，2003：110。

孔子强调"德治"，修"德"成为治国的前提，治国的君子要修身，作为政治秩序中心的君主更应该修身。"政治中心无'德'而能达到'天下有理'的境界是不可想象的。后世儒者特别强调皇帝必须'正身诚意'，其故即在于此。"① 所以荀子论君道，一再说"闻修身，未尝闻为国"，《中庸》也说："知所以修身，则知所以治人，知所以治人，则知所以治天下国家矣。"修身就是治国！

《大学》论述儒家礼治或德治社会秩序建立的程序时，提出格物、致知、诚意、正心、修身、齐家、治国、平天下此"八条目"，表明儒家的德治秩序完全是从统治者个人的道德修养中逐步推出来的"内圣外王"之道！"我们必须承认，儒教的确要求统治阶层的所有成员都'以修身为本'。在先秦至两汉的儒家议论中我们可以清楚地看出，所谓'修身'是特别针对'士'而设的说教。"②

二、"法自君出"与君主、官员治国主体性凸显

孔子认为，一个国家的正常秩序应该是"礼乐征伐自天子出"，强调的是"法令由一统"。君主及大大小小的治国"君子"们，既然已经成为道德修善的秩序正义的化身，他们便自然拥有了"神道设教"的权力。君主作为国家的化身，始终控制着立法权与司法权，君主既是最高的立法者，又是最大的司法审判官，君主的意志就是法律，他"口含天宪""一言九鼎""言出法相随"，君主本人不受任何法律约束。同时，分布在各地的大大小小的官员（君子）们，只要是在他们维护王权的前提下，就可以在其管辖的区域内为民父母，任意发号施令，成为一方之"君"。中国古代法制的宗旨是"治民"，君治臣、臣治民，自上而下，显示出统治者在权力行使上的无限主动性和随意性。这一传统的政治治理模式，演变到今天，即为以言代法、以权压人的人治观念。

儒家"法自君出"的治理观，有其"人性"的理论基础。一是孟子的"性善论"，强调人性本善，治民就是要发扬民的善，这就要求统治者设置教

---

① 余英时. 士与中国文化［M］. 上海：上海人民出版社，2003：111。
② 余英时. 士与中国文化［M］. 上海：上海人民出版社，2003：129。

化，给予引导，引导不从，则施以刑罚。二是荀子的"性恶论"。他认为人的本性都是自私自利的，都有犯罪的可能，人与人必然会产生相互争夺，相互残害等恶行，这样就会破坏社会秩序和道德伦常。但人的这一恶性也是可以改造的。因此统治者需要制定礼义法度，"化性起伪"用来改造人性。人民只能在统治者制定的法度范围内活动，不得违背任何规范的礼。

三、礼主刑辅与"君子"特权

儒家主张"人治""礼治""德治"，但并非否定"法治"，而是精心构建了"礼主刑辅"的统治观。荀子说："礼者，治辨之极也，强国之本也，威道之行也，功名之总也。"（《荀子·汉兵》）"礼"是治理国家、安顿社会的最高准则。但他们也意识到"徒善不足以为政，徒法不足以自行"，礼的社会约束力，必须依靠刑的强制力保障实施，即"出礼则入刑"。既然"道之以德，齐之以礼"不足为治时，只有"道之以政，齐之以刑"，才能达到民免于犯罪。这是针对治民而言的。在礼、刑的具体适用上，则贯彻"礼不下庶人，刑不上大夫"的特权原则，在历代法律中，规定了官员犯罪可以通过"八议"、减刑、赎刑、免罪，甚至可用官职抵罪的"官当"制度。可见，儒家思想指导下的封建统治者，在"法制"设计中充分体现官僚特权的官本位取向。

第四节 "劳心者治人，劳力者治于人"：官民秩序中 "民"的"教化"政治客体地位

在儒家的治国体系设计中，从"修身"到"治国平天下"的程序是对统治者的特别要求，因此它"并不适用于一般'后知''后觉'的人民。"① 那么，人民在儒家治国体系中的权力和义务应当如何规范？

先秦儒家从"内圣外王"之道论证了其民众教化的理论。

许多学者已经指出，中国古代的"民"在儒家政治体系设计中，权力的设置是没有的，有的只是尽不完的义务。儒家的"民本"思想曾被许多人颂

---

① 余英时. 士与中国文化［M］. 上海：上海人民出版社，2003：129。

扬，但从客观上看，儒家在其治国体系中对"民"的重视，与其说是对"民"的权力地位的肯定，倒不如将其看成是治国之主体——君子们为确保其自身特殊地位所应具备的必要条件。上文已证，"民"是君子为治的客体，孟子"民为贵，社稷次之，君为轻"的主张，前提是保证国家政治秩序的稳定性，"民为贵"的实质是保持人民的基本生存条件，使之能够存在，能够为统治者提供赋税，为统治者输出劳作，不"揭竿而起"，威胁统治者的统治地位，所以要"制民以产"，一个"制"字，完全体现了"民"对统治者的依附地位。人民的"产"必须由统治者来"制"，统治者是人民的主宰。所以，自周以来所强调的是"敬天保民"，"保民"者，保证有人民的服从也，倘若统治者对人民威逼过度，人民就要造反！显然，这不是儒家政治设计的本质问题，而是一个统治技术或技巧的问题。这里的关键在于一个"度"——给予人民起码的条件！

要想让人民服从，就必须对他们进行"治"，按照儒家的一贯主张，不能完全地对他们的不服从行为一概采取镇压措施。最好的办法就是让他们在精神上、思想上与统治者保持一致。因为如果"道之以政，齐之以刑"，人民虽在表面上服从了，犯罪受到了惩罚，但内心仍然没有意识到应该服从，而是一种"屈从"，刑罚不能彻底根除犯罪；而"导之以德，齐之以礼"，就能使人民"有耻且格"，从内心臣服。使人民内心臣服，安定等级社会秩序，是儒家政治的最高理想。也是其"教化"理论设计的基本出发点。使人民服从的手段不能仅仅是刑罚的高压，还需对他们进行教化，使其接受自己所处的地位，在思想上认识到他们的被统治乃是天经地义。为此儒家先师们在理论上加以了论证：

孟子说："劳心者治人，劳力者治于人。劳力者食人，劳心者食于人。"这是孟子著名的社会分工理论。劳心（脑力劳动）者即官僚，是社会的统治者，受人供养者；劳力（体力劳动）者即"小人"，是社会的被统治者，必须供养统治自己的官。在孟子设计的这一官民架构中，官拥有统治民众的权力，他们高高在民之上，并通过自己手中的权力来欺压一般民众。这是通行天下的共同原则，不是谁能改变得了的。孟子大力渲染"劳心"与"劳力"的不同，正好成为封建统治者剥削的理论依据，并为历代统治者所崇奉。

官与民的相对对立，是儒家政治设计的核心内容之一。因此，"愚民"也就成了其政治统治的重要一环。孔子说："唯上智下愚不移"，小民的愚昧，统治者的智力超群是不可改变的。小民们由于"智力不达"，不可能成为统治者，就只能永远受"治于人"。孔子又说："民可使由之，不可使知之。"政治的秘密是不能让人民知晓的，对他们只能使唤。但也要"教化"（通过教育使人民听从）。因为"小人学道则易使也"。

以什么"教化"小民？"三纲五常"的社会规范和儒家君子的"仁义道德"。儒者及其官僚们宣称，官僚政治统治是"天命所归"，是自古不变的，是天经地义的。皇帝是"奉天承运"的，官僚们都是"光明正大"的，统治者具有无上智慧，而老百姓是愚笨的。于是乎，区区七品县令，被称为民之"父母"，其他大官，统统被称"老爷""大人"；而皇帝，则称"万岁"。民见官，要叩首，下官见上司，也要行大礼。官的威严、显赫地位都使一般老百姓在畏官同时产生对官的恭顺。无形中权贵支配贫贱，贫贱接受高官贵爵的支配。高官贵爵支配驱使小官小民，犹如身体之驱使胳膊腿脚，树根支配树叶，层层相剥，以权相压，受剥削最重的还是"劳力"的具体劳动者。在这种官僚制度下的民（古代有"四民"之说，指"士、农、工、商"，士为统治者，其他三民中主要是农民）自然就成了官僚政治统治下的"顺民"。（关于儒家的民众教化理论请详见本书第三章）

儒家是中国两千多年官僚政治体制的主要设计者，其从君子修身到教化民众的政治理想实现途径，预设了作为统治者的君子们在政治体系中的主体地位，是一种典型的"文化精英论"。在儒家政治设计者看来，君子修身是治国的根本所在，也是将其政治理想贯穿整个社会的文化政治化、政治社会化运动——思想政治教育展开的前提和关键，这种典型的官本位取向的政治设计为官僚政治的建立和发展打下了坚实的基础。同时也因为官僚政治这个载体而使之成为不可动摇的"道统"两千余年。因此，余英时先生说修身只是对"士"（君子、儒家治国官员）的要求，是完全符合中国古代历史事实的。

两千余年中国的官僚政治，以儒教为其灵魂，不断循环反复，运转如斯。儒家以仁义道德为标准，在礼别等差的社会秩序、官民秩序、"人治"治国体系、思想教育等方面建立起从君子修身到教化小民的文化政治化——思想政治教育模式。它对中国社会发展的影响是全方位的。儒家霸占了两千年中国社会的"话语霸权"，成为古代思想政治教育的根本途径。修身与教民的思想直到今天仍在国人的意识和行动中不断闪现。官僚政治以其传统势力，在现代政治体系运行中不断地渗透，对今天中国特色社会主义政治体制改革既有可吸取的资源，又有严重阻碍中国民主化进程的因素；儒家对"礼"的理解中产生以道德为唯一表征的理想伦理政治观念，其本义在于建立一个和谐、公平、正义的理想社会，却又设立在社会成员地位不平等的前提下；过度地忽视法律的社会规范性质，将其视为社会道德的矫正器和违礼的惩治手段，法成为礼的附属物，所谓"出礼入刑"，法在人们心中即刑，致使民众只有守法，无权用法，这种"后遗症"至今仍束缚着广大民众的思想，民众在长期受教化过程中，养成了浓烈的奴性意识，法治建设中的法律主体缺位，严重制约我们今天法治化进程。在儒家政治设计中，由于劳心者，即为官者、治人者，享有社会最高的政治经济权力与利益，导致了社会民众的"从众心理"——人们都为跻身劳心阶层而努力，"学而优"是其途径，尊孔读经成为知识分子入仕的唯一途径。中国传统的儒家思想文化教育如房檐水滴出的坑，越滴越深。

　　当然，在儒家思想政治教育理论中，也存在着许多合理的因素，如"天下兴亡，匹夫有责"的爱国主义情怀；"民贵君轻""民为邦本""制民以产"的人文主义精神；"修身为本"、为民表率的领导修养论等等。特别是其思想政治教育的传统资源，在今天的政治文化建设中仍有许多可资利用。研究儒家以修身、教化为核心的政治文化内涵，以及其政治文化社会化的推进——思想政治教育的模式和实践，对于我们吸收传统政治文化智慧，建设社会主义政治文明，有着十分重要的借鉴意义。

第二章

"内圣外王"：儒家思想政治教育的总体设计

马克斯·韦伯认为，中华帝国的官僚制"从一开始就是应时势，缓和旧中国时期的封建性质。并不断地激发文人阶层思考功利主义的官僚体制和统辖技术。"① 韦伯的这一说法，显然是指战国以来的中国政治文化与文化政治化运动。"礼崩乐坏"后建立的新的政治体制要求文化理论的构建及合理化论证，文化的重建需要合理的政治权力支撑。战国时期随着国家重新统一步伐的加快，文化的一统趋势也在所难免：各诸侯国推行变法，秦始皇以法治国，汉初行黄老"无为"之术，汉武帝"独尊儒术"，自然会促使文人们从"为治"的用世角度思考其"统辖技术"。然而，这只是问题的一个方面，文人们的"统辖技术"能否成为当前政治的需要，并为统治者所遵从且通过什么途径达到实现自己政治理想的目的，才是文人们思考的核心问题，因为这与他们的政治地位、社会荣誉、经济利益直接联系。这也迫使诸子百家的大师们必须走上文化政治化和政治自家化的致思之路。儒家的"修身"与"教化"治国途径设计，正是这一文化政治化设计与推行的产物。

儒家思想与诸子百家一样，其立论的共同出发点，在于其理论设计价值取向的政治至上原则。有如西汉时司马谈所说，各家学说的宗旨皆"务为治"。以"为治"为目标，正是儒家政治理论及其实践途径设计的核心所在！这一理论设计的假设前提是："圣人"与"贤人"治国，圣贤者必须是具备完美道德和政治才能的"上智"者。站在圣贤（统治者）的立场上，以传统中国社会宗法制"家国合一"的现实为基础，规范以家族为细胞的社会人群，并以自上而下的方式，利用其所设计的这套理论，"养君子""教化"小民，

---

① （德）马克斯·韦伯. 儒教与道教 [M]. 洪天富译，南京：江苏人民出版社，1995：23.

以让天下人认同其理想政治——大同世界的最终目标。

儒家从君子"修身"到小民"教化"的政治模式，从本质上说，是一种政治思想的设计与实践的学说，体现了政治文化发生与传播的全过程，是一场大规模的政治社会化运动，亦即古代的"思想政治教育"运动。其根本目的，就是以"君子修身"为前提，通过"教化"，使儒家政治思想深入人心，形成相应的政治情感、政治意识，乃至政治价值观念，达到对作为主流意识形态的儒家伦理道德政治学说的认同，从而实现其控制整个政治系统运转的目的。

第一节　双层伦理政治结构
——儒家思想政治教育设计的基本特色

目前学术界在研究我国传统思想政治教育总目标的问题上，以《大学》所提出的"三大纲领"为总目标的认识几乎成为学者们的共识。如有的学者认为："《大学》中被历代公认为是古代教育培养目标的三大纲领'明明德，亲民，止于至善'构成了逐一包含的整体教育目标。"① 有的学者认为："《大学》是我国古代思想政治教育理论的纲要"②，《大学》中的"三大纲领"是我国古代思想政治教育的总目标。所谓"三大纲领"即是"大学之道，在明明德，在亲民，在止于至善。"所谓"明明德"就是发扬光大美好的品德；"亲民"即爱民，与人民和睦相处，教育、改造人民；"止于至善"则对不同地位、不同层次的人有不同的要求："为人君，止于仁；为人臣，止于敬；为人子，止于孝；为人父，止于慈；与国人交，止于信。""三大纲领"是一个有机结合的、紧密联系的不可分割的整体。"在明明德"是主体性思想基础的内在要求，"在亲民"是主体性社会实践的外在行为要求，"在止于至善"是主客体统一的极佳品德境界。

① 李琼，黄庆华. 从〈大学〉探究中国传统教育目的观 [J]. 淮阴工学院学报，2001（1）：60-62.

② 邓球柏. 中国传统文化与思想政治教育 [M]. 北京：首都师范大学出版社，1999：2-12.

上述观点，基本上描述了儒家"修身""教化"学说——思想政治教育学说的整体目标及其层次结构，但对于其内在的逻辑、层级构造模式以及其本质属性的阐释，则需要进一步的挖掘。

一、"三纲领"既是一个有机整体结构，同时又是一个典型的双层伦理政治综合结构。

从儒家"圣贤"治国的"人治"主义"为政"方略来看，"三纲领"是对"君子"（圣贤）们"为政"的总体要求和逻辑进路设计。其意略可析为："为政"的基础在于统治者（即圣贤君子）修善自己的政治素养——"在明明德"（此处之"德"，非仅限于道德之意，亦包括一整套治术，实指德才兼备）；"为政"的实践行动在于爱民，与人民和睦相处，教育、改造人民，使其听从己意，作为顺民——"亲民"；"为政"的终极目标是达到社会秩序的和谐完善境界，人人明于"人伦"，实践忠孝——"在止于至善"。这是一个典型的递进式综合结构，这是儒家治国理想的综合表现，是其政治总纲。

"三纲领"既是儒家的政治总纲，又是儒家思想政治教育的总目标。二者合二为一，这是儒家圣贤治国理想在思想政治教育设计理路上的逻辑发展。把治国与治人结合在一起（荀子"有治人，无治法"），就是把治国与思想政治教育的目标——"育人"——紧密地联系在一起。在儒家的设计者看来，治国就是"育人"，育人就是"治国"。治国的关键在于养成作为治国统治者的"君子"的思想政治素质，然后通过他们的实践行动去教化、改造民众，去引导民众思想政治素质的提高，从而达到上下同心，一同于儒家政治信仰的目的。这就逻辑地推出了其思想政治教育目标设计的层次性。

这一层次性结构可略图为：

```
教育对象    教育途径    层次教育目标    教育终极目标
                修身为本
上层    君子 →→→→→ 明明德 ↘
       亲↓教       德↑偃      ↘
       民↓化       风↑草      ↗  明人伦（止于至善）
下层    小民 →→→→→→从君子之德
                受君子之教
```

在儒家的这个双层伦理结构的思想政治教育目标图式中，上层教育，"明明德"，是对于儒家治国主体君子的教育，这是儒家思想政治教育的核心目标；下层教育，"亲民"，是君子通过自己已明之"明德"，化作一阵"德风"，吹偃小民之"德草"，这是君子施教的外化目标；而无论是君子，抑或是小民对其进行思想政治教育的终极目标皆要"止于至善"——"明人伦"，人人做到孔子所说的"君君、臣臣、父父、子子"，则天下大安，天下在治矣！这是由儒家政治设计的"伦理型政治"结构所决定的。在儒家政治设计者看来，"明人伦"的根本又在于致忠孝，这也是"明明德"的基本内涵。忠孝人伦是儒家政治的基础，西汉儒者将其归纳为"三纲五常"。所谓"三纲"者，为"君为臣纲，父为子纲，夫为妻纲"；"五常"者，"仁、义、礼、智、信"也。这就是儒家政治的所谓"道"！董仲舒宣称："道之大原出于天，天不变，道亦不变"，这正是忠孝人伦的政治纲领化！证诸史实，两千年来的中国不正是一部忠孝人伦演变的历史吗？翻翻二十四史中的忠臣传、孝义传、烈女传、儒林传，乃至所有的人物传记，有哪一个不是忠孝节义的楷模或是其败类（逆臣传、贰臣传等所载）？这正是儒家思想政治教育之花，结出的中国政治人伦化之果！

二、儒家思想政治教育目标的双层伦理结构设计，具有典型的阶级性、主观性和自上而下的灌输性、渗透性特点。

儒家学者为统治者设计了一套奴化人民的思想政治教育理论和一条达到其奴化人民目的的教育实践途径，即以君王为中心，以君子为主体，强调统治者与人民的等级区别：君子与野人、上智与下愚、劳心者与劳力者的对立，是其政治设计也是其思想政治教育目标设计的理论预设和逻辑起点。这一模式，强调统治者（君子）的主体意识，他们通过其"以修身为本"的自我教育，然后外化为"亲民"（"教化"）的实践行动，去感化"小民"（当然，感而不化者在他们看来就是刁民，自然还要处以刑罚。）人民被完全彻底地排除在教育主体的范畴之外，是一种典型的"劳心者治人，劳力者治于人"的阶级压迫结构。当然，儒家君子修身的内涵要求，充分体现了其"德治""仁政"的理想，强调君子在治国过程中，必须"爱民"，"以民为本"，孟子甚至提出了"民为贵，社稷次之，君为轻"的治理原则，这比当时主张以纯粹暴力治民的法家学说，无疑要"温柔"得多，"善良"得多，"关心体贴"得多！但我们必须清醒地记住，这一设计的前提是保证"君子"的治国主体地位，只有在这一前提下，通过主体的行动，给人民以一定恩惠，保证其对君子们的教化服从，在儒家看来，这是君子长期享受政治权利的前提条件，也是其思想政治教育得以实现的前提条件。显然，这是一个治国手段问题，而不是一个治国本体设计的问题。儒家政治设计中君子与小民的分野，是一个不容争辩的事实。

儒家思想政治教育目标的设计者如孔子、孟子、荀子等人，往往皆以"王者之师"的身份自居，完全将其自身置于一种居高临下的优越地位，以天下教师（或王者之师）的口吻，凭着其自身知识修养和主观的政治理想，设计了其以"人治"为根本的思想政治教育双层伦理结构模式，具有强烈的理想主义色彩。① 因之，春秋战国至秦汉之初，人们将其视为"迂远而阔于事实"的不切实际的无用之学。只有到了汉初，一批自叔孙通至董仲舒等"曲学阿世"的儒家"君子"对儒学进行改造后，它才在中国政舞台上取得了"独尊"的地位，成为历代统治者"缘饰吏事"的政治工具。

儒家以"君子"之德"教化"小民的渗透式民众教育模式，是其思想政治教育目标设计中的重要环节。它以"君子"为民之师，进行"神道设教"，目的是化小民为"顺民"。这是其思想政治教育双层伦理结构中，排除了人民主体的必然结果。但问题在于，儒家以何种机制，保证君子修身的完美性？保证已经修身或正在修身的君子们道德的纯洁性？保证他们确实有一颗爱民之心，用自己的实践行为，作民表率，真正起到"教化"民众的作用？历史已证明，在儒家君子修身的倡导下，不乏有真心为民的真君子出现，但事与愿违的是，大多数修身的"君子"们，仍没能修去其利禄之心，"修身"更进一步成为其盘剥百姓的合理外衣。以这种修身不正的"君子"们，来预期他们率天下以正，亦不过是其教化理想主义的继续而已。

---

① 任剑涛. 在伦理与政治之间——儒家忠诚伦理分析 [J]. 齐鲁学刊, 1996（2）: 15-21.

第二节 "明明德"："君子"教育
——儒家思想政治教育的核心目标

君子教育是儒家思想政治教育的核心。孔子开办私学，办教育的根本目的就是为了培养能实现其政治理想、能从政，以践仁复礼为己任的君子。孔子生活的时代，正面对着礼崩乐坏、犯上作乱、天下无道的混乱世情。孔子以"弘道"为己任，以济世安民的理想政治实现为目标，在他"周游列国"到处碰壁，自己的政治抱负无从实现的情况下，转而完善其政治理论的设计，并欲通过教育的方法来培养治国安邦的贤才，以达到他实行德政的政治目的。其要教养的"贤才"的最高境界就是"君子"。君子教育，是儒家思想政治教育的核心。君子是德才兼备的未来统治者。其标准是："志于道，据于德，依于仁，游于艺。"

一、以"仁道"修德

仁道，即教育的品德标准。孔子认为，君子具备仁德的修养，是从政的根本。所谓"为政以德"，就是这个意思。伦理思想是孔子政治思想的重心，孔子之道就是"仁道"。

孔子说："君子去仁，恶乎成名？"仁是高于一切，至上至尊的道德准则。无"仁"则无以"名"于世，更无从实施德政于民。因此，他强调，"君子无终食之间违仁，造次必于是，颠沛必于是"，即使在逆境中，也不可忘记仁道的修炼和实践。他认为，仁道是君子的终身追求："朝闻道，夕死可矣"，"志士仁人，无求生以害仁，有杀身以成仁"。孔子对君子教育的仁道标准，奠定了历代儒家的思想家们对衡量人才的基本准则。如果修身之君子皆能"克己复礼"，然后"修己以安人"，就能达到齐家治国平天下的目的。

二、以"六艺"成才

孔子的教学内容包括"礼、乐、射、御、书、数"，此"六艺"也。在六艺中，礼、乐是思想政治教育，书、数是智育教育，射、御是体育项目，体现了今人德智体全面发展的教育方针。清代学者颜元对孔子的这种思想做出了很高评价："孔门司行礼、乐、射、御之学，健人筋骨，和人血气，调人情性。"① 其所谓礼乐教育实际上就是要求受教育者修善自己的道德——"明明德"。

三、以实践能力培养为理想实现的手段

孔子"德治"思想的重要主张之一就是"举贤才"，要求贤者（君子）从政，治国经邦，而贤者必须具备一定的实际工作能力。没有独当一面工作能力的人，纵然饱读《诗》《书》，也毫无价值。《论语·子路》提出："诵《诗》三百，授之以政，不达；使于四方，不能专对；虽多，亦奚以为？"理想的君子，是博学而能践行，在政治实践中实现儒家仁道政治主张，实现天下之礼乐之治。

综观《论语》一书，孔子教育目的的着眼点是培养"君子"，并不涉及天下千千万万的小民百姓。因为在他看来，只要治国的君子们修善了自己的道德（明明德），再用自己的君子之德教化百姓，百姓是乐于从化的。因此，孔子所设计的儒家思想政治教育核心目标，是培养以天下为己任，恪守善道的君子，然后通过他们的"为政以德"，实现其德礼之治天下的大业。孔子的这一主张，对汉以后历代王朝处理教育与政治的关系以及政府官吏的选拔，都产生了深远的影响。

第三节　"亲民"：臣民"教化"
——儒家思想政治教育的"外化"目标

一、教化学说的来源及其基本内涵

（一）教化之源

儒家"教化"思想之源可以上溯至上古时期重大祭祀活动中的"神道设教"。《周易·象传》释观卦有云："中正以观天下。观，盥而不荐，有孚颙

① （清）颜元. 颜元集［M］. 北京：中华书局，1987：291.

若，下观而化也。观天之神道，而四时不忒。圣人以神道设教，而天下服矣。"就是说，圣人祭礼，仪式本身并不是最重要的，而祭祀时人的敬畏之情才最为关键。孔子也说"祭如在，祭神如神在"，指的就是这个意思。

在儒家看来，"国之大事，唯祀与戎"。祀与戎是当时确定政治秩序的两件根本大事。戎是军事权力，即暴力的征服，是维系政治秩序的硬件；祀则是"文化"，通神的文化，是政权现实合理性价值的根源。祭神以"礼"，明礼重教，教礼匡民，一同天下人之义，这是治国手段中软的一面。较之于赤裸裸的暴力征服，这种手段自然要高明得多。以继承传统为己任的儒家，对礼的重视，进而对教化的重视，自然就成了其政治实践途径设计选择中必然的结局。

（二）教化的内涵①

儒家重视教化，从古代的经典中寻找教育资源。孔子一生，为教导学生的需要，对过去的历史档案进行了细致的挑选，认真的整理和严谨的编纂。这就形成了儒家的六部经书：《诗》《书》《礼》《乐》《易》《春秋》。这就成为孔子推行教化的教科书，其基本精神和内涵尽在于此。

所以说，儒家的"教化"，归纳起来就是孔子的"六艺"之教，孔子说："六艺治于一也。《礼》以节人；《乐》以发和；《书》以道事；《诗》以达意；《易》以神化；《春秋》以义。"（司马迁·《滑稽列传》）又说："其为人也：温柔敦厚，《诗》教也；疏通知远，《书》教也；广博易良，《乐》教也；洁静精微，《易》教也；恭俭庄敬，《礼》教也；属辞比事，《春秋》教也。"（《礼记·经解》）"夫不读《诗》《书》《易》《春秋》，则不知圣人之心，又无别尧、舜之禅，汤武之伐也。"

---

① 儒家的教化，与西方普遍把它理解为一个文化概念不同，它是一种以道德教育为中心、以政治秩序安定为导向的伦理思想政治教育。按照解释学大师加达默尔的观点，西方的"教化"（Bidung）是人文主义的几个主导概念之一，是 18 世纪"最伟大的观念"。"它最初起源于中世纪的神秘主义，以后被巴洛克神秘教派所继承，再后通过……《弥塞亚》而得到其精神意蕴，最后被赫尔德从根本上规定为'达到人性的崇高教化'"。教化的拉丁文是"formatio"，英文的对应词为"formation"。在西方学者看来，教化的根本性质是人的"精神的转变"。这种转变是一种人的"自我造就"。如，无论是在黑格尔的"实践性教化"里，还是在对人类更为重要的"理论性教化"中。都强调："人类教化的一般本质就是使自身成为一个普遍的精神存在。"

六艺之教化本是专门针对"君子"培养而设计的。但也不妨成为教化小民的基本内涵。因为就儒家的治国理想顺序而言，是所谓"内圣外王"之道，"内圣"就是"君子"修身，成为合格的统治者；"外王"即"君子"将其修善之道德施之于民，使民在思想感情、政治信仰、道德认同等方面与"君子"保持一致。所以，"君子"之教化的内容，也是小民受教之内涵，只是程度有所不同而已。

"六艺"之教各有目标，各自都有效果要求，如，礼教的目标是"节人"，即控制人的不当欲望，认同儒家设计的"君君、臣臣、父父、子子"的社会等级秩序，干自己该干的事情，做到忠孝两全，其教化结果是使人"恭俭庄敬"，绝不会犯上作乱；乐教的目标是"发和"，即用音乐形式进行教化，寓教于乐，由美入善。从人们内心情感入手，将伦理道德进行精神渗透，体现其潜移默化"感动人之善心"的作用。诗教的目标是"达意"，疏通心情中的郁结，想得开，看得远，既是一种统治者修养的境界，也是小民们乐于接受君子教化的心理前提；书教的目的是知晓天下大事，对于君子而言，则是平天下必备的知识，对于人民来说，则是在事理中明白自己处于被治理地位的必然，变得性情温良，等等。

从整个体系上讲，礼、乐二教最为关键。"乐合同，礼别异"。礼讲等级差别，乐则使不同等级间的关系得以协调、和谐。而其他各种教化内容则从不同侧面对礼乐之教给予辅助。

（三）教化的实践途径设计

儒家高度重视教化工作，乃是在其政治设计中，将其视为实现政治理想与政治制度的基本途径。

儒家认为，实现儒家政治理想的关键在执政的"君子"，"君子"通过以自身"修养"为主的成德之道而成为道德、政治素质兼备的治国优秀人才，他们是推行儒家"以德治国"主张的核心，教化则是君子推行其政治理想的过程。

言教之道。儒家认为"玉不琢不成器，人不学不知道"。"道"即儒家的仁义礼治学说。要让社会的每一分子都明了并能践履其政治主张，是儒家政治化、社会化得以实现的必要条件。但根据具体的社会状况，他们认为"学"

并不是每一个人都能做到的。主动的、尚智的学校教育的"学"，是君子的事情，1905 年废除科举制以前的中国古代官学教育，皆以培养治天下的"君子"为目的。被动的、模仿式的"学"则是"民"的义务。孔子反对"不教而诛"，但以"君子"教化过后的"民"仍不知"道"甚至违反"道"的要求，是必须加以"诛"（惩罚）的。

身教之道。在儒家看来，一般民众不仅缺乏学的条件，也缺乏学的自觉。因此对"民"的教育只能依仗于王者及其辅佐者圣贤的身教了。孔子说："其身正，不令而行；其身不正，虽令不从。"荀子说："上好权谋，则臣下百吏诞诈之人乘是而后欺……上好曲私，则臣下百吏乘是而后偏……上好倾覆（颠倒），则臣下百吏乘是而后险……上好贪利，则臣下百吏乘是而后丰取刻与以无度取于民。"他们都强调行教化者必须以身作则。"以教道民，必躬亲之。""明主统治，莫大身化。"就是儒家政治社会化实践的主要途径。

持久之道。以道德教化为主体的思想政治教育是一项长期而艰巨的实际工作，儒家认为，欲使教化收到实效，除了靠教化者的身教以外，还必须要持之以恒，常抓不懈。道德教化是百年树人的长期工作，它不可能一蹴而就，难以收到速效。一个人道德品质的形成，不仅是长期的，而且势必要有反复，这就决定了教化工作应常抓不懈。至于社会风气的好转并巩固，更非一朝一夕之事，更需潜移默化、日积月累。正是有鉴于此，儒家强调教化乃是一项既急不得、更停不得的经常性工作，必须持之以恒。明代吕坤曾说："化民成俗之道，除却身教再无巧术，除却久道再无顿法。"这是深刻的经验之谈，也是对儒家长期教化经验的概括总结。对于教化，儒家所以重持久，也是基于对教化工作客观规律的正确认识。

（四）教化的作用

朱熹曾说："上行下效，捷于影响。"就是说，上对下的影响、下对上的仿效，比影之随形、响之随声还快。所以，在儒家思想政治教育设计者看来，君子教育的根本在于为民表率——"亲（新）民"，因此其对君子在教化中的表率作用极端重视。

1. 教化的主体作用是养成与圣人君王共同治理天下的君子

孔子的《论语》中，不断地教导其弟子，如何养成君子的品格，如何成为时代道德的楷模。只有君子，才具有治理天下的资格。从这个意义上讲，孔子的学堂，本质上是一所培养古代高级领导干部的官僚储备学校。从其与学生樊迟对话中鄙视工、农，可见一斑。

2. "移风易俗"，通过对其客体的民众教化，形成良好的社会风气是教化的根本

在儒家的教化学说中，君子与小人是一对对应的概念，其间的道德水准、道德追求有着巨大的差异。孔子说："君子之德风，小人之德草，草上之风，必偃。"也就是说，君子之德是上德，是教化主体，具有教育民众的责任和能力，民众是教化的客体，其本无所谓"德"，其德必须通过君子的教化才能体现。所谓风吹草偃，就是儒家民众教化的最生动的解读。荀子也以日晷与影、槃（水盆）与水同君对民的影响相类比，"君者仪（日晷）也，民者景（影）也，仪正而景正。君者槃（盘）也，民者水也，盘圆而水圆。（君者盂也，盂方而水方。）……君者，民之原（源）也；"汉代贾谊也说，君如果能"乡（向）善于此"，那么民也能"皆乡善于彼"；反之，君如果"为恶于此"，那么民也会"皆为恶于彼"。君之善恶对民之善恶有直接影响。贾谊还把这种影响归结为一种一层及于一层、层层效法的上行下效的关系。他说："君能为善，则吏必能为善矣，吏能为善，则民必能为善矣。故民之不善，吏之罪也，吏之不善，君之过也。"君主的影响就这样由己而人，由上而下，由吏而民，层层波及。这种上行下效的影响效果是立竿见影，非常迅速的。

具有强烈社会责任感的古代先贤常以此劝诫当政者。《孟子·离娄上》指出："君仁，莫不仁；君义，莫不义；君正，莫不正。一正君而国定矣。"《傅子·正心》指出："身正而后左右正，左右正而后朝廷正，朝廷正而后国家正，国家正而后天下正。故天下不正，修之国家，国家不正，修之朝廷，朝廷不正，修之左右，左右不正，修之身。"一个国家的安定与否，社会风气的好坏与否，都系于当政者一身。

3. 教化是国家政令顺利推行的前提

《论语·子路》指出："其身正，不令而行；其身不正，虽令不从。"是讲执政者只有首先端正自身，严格遵守政令，方有资格去要求别人，政令才能得以顺利贯彻实施。儒家认为，在位者必须是有德者，只有这样方能天下大治；否则，"不仁而在高位"，其结果只能是"播其恶于众"。但事实上

"君子而不仁者有矣夫"，在位者并非全是有德者，特别是在世袭君主制度下，更是如此。鉴于这一事实，古人寄希望于在位者后天的道德修养，并对此提出了严格要求。《礼记·大学》指出："自天子以至于庶人，壹是皆以修身为本。"修身不仅是为了"内圣"，培养造就个人优秀的道德品质、道德人格，更是为了"外王"，求得国治天下平。修身、"内圣"是"外王"的前提、基础。所谓"修己以敬"，"修己以安人"，"修己以安百姓"，《礼记·大学》指出："身修而后家齐，家齐而后国治，国治而后天下平。"都是强调修身之重要性。而领导者的修身相比较而言更为重要，因为他已身居治国平天下的要位。

通过教化，最终使君子与小民养成对儒家政治文化的终极信仰，并内化为行为规范，成为中国传统社会中的精神文化支柱与人的行为评判标准。这种终极教化效果，以"有善于己，然后可以责人之善；无恶于己，然后可以正人之恶"之精神，使得几千年来的中国传统史籍留下了无数忠臣、孝子、贞妇、烈女的美名。虽然这种道德教化旨在维护国家政治秩序，甚至造成了一定程度的人性压抑和摧残，但儒家理想教化的实际效果由此可见一斑。

（五）教化的本质

如上所述，儒家"君子"教育，是其思想政治教育的核心。孔子之教，就是"君子"之教。但其教君子的最终结果则要落实在其政治主张的实践上。德治和教化是儒家政治的基本主张。孔子提倡"为政以德"，孟子也大力提倡仁政、王政。德政的主要内容就是要求治国的统治者们（为政的君子）有良好的道德（明明德）。"明明德"的外化则是对民众的教化。在他们看来：

1. 教化是最好的理民手段

《论语·为政》指出："道之以政，齐之以刑，民免而无耻；道之以德，齐之以礼，有耻且格。"道民以德，齐民以礼，就是"教化"。在孔子看来，这是控制国民的主要手段。能行德政教化者是最好的政治。《说苑·政理》指出："政有三品，王者之政化之，霸者之政威之，强国之政胁之，此三者各有所施，而化之为贵矣。"以德教化民众就是要以为政君子们自身的德行作为表率来引导和感化民众，倘若有民众教而不化，则"诛之"可也，这就需要一套相应的礼仪制度甚至是法律制度作其后盾，实施"宽猛相济"的两手，由此形成德化风俗的习惯。这样，便可民理国安而天下定。由此可见，"民"的思想政治教育，在儒家学说中，是君子修德的外化。

2. 亲民教化的实质

儒家的教化就是强调君子对民众的引导作用。《论语·颜渊》将教化过程称为风吹草偃："君子之德风，小人之德草，草上之风，必偃"。《说苑·贵德》指出："上之变下，犹风之靡草也。故为人君者，明贵德而贱利，以道下。"《荀子·儒效》强调："儒者在本朝则美政，则下位则美俗。"《汉书·董仲舒传》指出："渐民以仁，摩民以谊，节民以礼，故其刑罚甚轻而禁不犯者，教化行而习俗美也。"行德政，美风俗，以教化民，其根本目的在于使民众顺服而社会稳定，从而保证君主一人统治的长治久安。

但教化亦有一定的限度。《论语·泰伯》指出："民可使由之，不可使知之。"这是儒士教化政策的一条重要原则。因为在孔子看来，人是分为上智和下愚的，"唯上智与下愚不移"。"上智"者可以通过修身学习而成为"君子"，而"下愚"者则不能改变其愚性，非但不能修成君子之德，若能通过"教化"，使其成为"顺民"就相当不易。这条君子与小民之间的分界是坚定不移的。因此，作为"下愚"者的民众，儒家君子在对他们实施教化时，就只能让他们遵循君子们设立的制度、规范和行为准则去思想、去行动（使由之），而不能让他们知道和了解这些行为规范、制度为什么要制定的理由和过程（不可使知之）。对于这个问题，也有学者认为，"儒士本身是温、良、恭、俭、让之人，温情成分多于法家士人，重视文化的程度高于道家士人，所以他们提出的教化治民之策，也是出于爱民教民的愿望，出于和平主义和人道主义的动机，并且自己也是以推行教化为己任，诚心诚意为之努力。但他们不能超越固有的文化局限，不期然成了愚民的罪魁，君主的帮凶，专制的维护者和奴性文化的鼓吹者。人的善良动机与历史现实开了多么大的玩笑，这又不是儒士所能意料得到的"①。但无论儒家政治设计的动机如何，将民列入其君子为治的对立面，不关注民的道德自觉，只强调君子之"导"之成俗，这本身就是对民的不平等待遇，体现了儒家思想政治教育的双层结构特征。

---

① 刘韶军. 试论儒士的政治理念［J］. 华中师范大学学报（人文社会科学版），2000（4）：54-60.

第四节　"止于至善"："明人伦"，致忠孝
——儒家思想政治教育的"内化"总目标

思想政治教育的根本在于育人，育"君子"，化"小民"，是儒家思想政治教育的既定目标。但不论是育"君子"，还是化"小民"，关键在于其教育主张在君子和小民的意识和行为中得以内化和体现。因此，以何育君子，化小民？达于何种境界，才算"止于至善"？则又成了儒家思想政治教育设计的另一目标指向。

一、"致忠孝"是儒家思想政治教育人格培养的终极追求

儒家之学，是以伦理为主导，规范政治行为的政治学说。"为政"是其学说创制的出发点和归宿。自孔子开始，儒家就把教育（核心是思想政治教育）与政治紧密地联系了起来，体现在其"学而优则仕，仕而优则学"的教学目标之中。这里的关键是学什么？

儒家之学，学道也。道是什么？孔子说："吾道一以贯之"，乃"忠恕而已矣"。忠恕之道，即伦理之道。明礼则忠，体仁则恕，贯穿于孔子德礼治国的基本政治主张之中。由此可见，孔子之教，在于教人明人伦之道，致忠孝之节。在他看来，倘若世人皆能如此，"君君、臣臣、父父、子子"，则天下大治。所以说，儒家伦理教育正是其思想政治教育，儒家思想政治教育目标就是其伦理教育目标。儒家文化的设置，正是以政治为归依的政治文化体系。

孔子教人以"文、行、忠、信"，程树德在《论语集释》中指出："文行忠信，此夫子教人先后浅深之序也。文者，《诗》《书》六艺之文，所以考圣贤之成法，识事理之当然，盖先教之以知之也。知而后能行，知之固将以行之也，故进之于行。既知之又能行之矣，然存心之未实，则知或务于夸博，而行或出于矫伪，故又进之以忠信。忠发于心而信周于外，程子谓发已未尽为忠，循物无远谓信，天下因有存心忠实，而于事物未能尽循而无违者，故

又以信终之。至于信，则事事皆各其实而用无不当矣。"① 由此可见，培养忠信之人，是孔子教育的目标。这一目标就是要将儒家的伦理政治学说内化于每一个受教育者的心灵和血肉之中，使之成为儒家政治理想的忠实信徒。

儒家政教以忠信为目标，而忠的基础在孝。因此，儒家政治设计者把"孝"放在其思想政治教育的基础地位。因为在儒家看来，国是家的放大，国之政治原理，就是家之伦理原则。《易·系辞上》说："有父子，然后有君臣。"这是儒家政治设计的基本特点。《论语·学而》说："有子曰：'其为人也孝悌，而好犯上者，鲜矣！不好犯上而好作乱者，未之有也。君子务本，本立而道生。孝悌也者，其为道之本与！'""仁"是孔子学说的核心，亦是其所论人之为人的最高境界。"孝"正是其为仁之本。儒家思想政治教育就是要培养孝子，然后"移孝作忠"，进而忠于君主，忠于国家，完成其忠孝内化人格培养的根本目标。儒家忠孝一体的思想政治教育内化目标，就是要求人们在家事父母以孝，在国事君主以忠，忠孝行于家国，则天下何有不治者乎？——这正是君子"修身"的最高境界。因此自汉以后的历朝历代的统治者都倡导"以孝治天下"，强调"求忠臣于孝子之门"。他们认为："未有君，而忠臣可知者，孝子之谓也；未有长，而顺下可知者，弟弟之谓也；未有治，而能仕可知者，先修之谓也。""孝子善事君，悌善事长，君子一孝一悌，可谓知终矣。"（《大戴礼记·曾子立孝》）忠孝全，则可为知终之君子，这正是儒家思想政治教育要着意培养的统治天下的合格人才。

孝顺本是"修身"的内容。一个人是否孝顺，关系到这个人在家、在国的行为标准，乃至其社会声誉、政治地位。《论语·学而》中孔子要求："弟子入则孝，出则悌"；《孟子·离娄上》说："事孰为大？事亲为大；守孰为大？守身为大。不失其身而能事其亲者，吾闻之矣；失其身而能事其亲者，吾未之闻也。孰不为事？事亲，事之本也；孰不为守？守身，守之本也。"这是指敬养父母身体需要的具体行为。但是，在儒家看来，仅仅在物质在供养父母，还不一定是孝顺，只有在恭敬基础上的奉养才合乎要求。《论语·为政》指出："今之孝者，是谓能养。至于犬马，皆能有养。不敬，何以别乎？"《孟子·尽心上》指出："食而弗爱，豕交之也；爱而不敬，兽畜之也。"那

---

① 程树德撰，程俊英，蒋见元，点校. 论语集释 ［M］. 北京：中华书局，1990：187.

么，怎样做才能称之为孝？其一是物质供养，已如前述。其二是对父母意志的遵从。《论语·学而》说："父在，观其志，父没，观其行，三年无改于父之道，可谓孝矣。"《论语·先进》中，子路问孔子："闻斯行诸?"孔子回答说："有父兄在，如之何其闻斯行之?"就是要求一个人必须顺从父亲的意愿，父亲让做的事情才能去做，未经父亲允许而擅自行事，是不孝顺的行为。《孟子·离娄上》说："曾子养曾皙，必有酒肉；将彻，必请所与；问有余，必曰'有'。曾皙死，曾元养曾子，必有酒肉；将彻，不请所与；问有余，曰'亡矣'。将以复进也。此所谓养口体者也。若曾子，则可谓养志也。事亲若曾子者，可也。"《孟子·尽心下》说："曾皙嗜羊枣，而曾子不忍食羊枣。公孙丑问曰：'脍炙与羊枣孰美?'孟子曰：'脍炙哉!'公孙丑曰：'然则曾子何为食脍炙而不食羊枣?'曰：'脍炙所同也，羊枣所独也。讳名不讳姓，姓所同也，名所独也。'"孟子认为，遵从父母意愿是孝的行为本质。《孟子·离娄上》指出人要是"不得乎亲，不可以为人；不顺乎亲，不可以为子"。这种遵从意识的培养，从少年时期就开始，成为其成年之后政治服从意识的基础。如果父母有过失该如何？是否要盲目顺从?《孟子·告子下》指出："亲之过大而不怨，是愈疏也；亲之过小而怨，是不可矶也。愈疏，不孝也；不可矶，亦不孝也。"如果父母有过失，就不能顺从，而应该帮助父母改正缺点，使父母亲真正成为令子女尊重、受子女敬爱的人。其方式则是"谏"，这与其在政治生活中对君主过错的"谏"争相一致。

其三是为家族延续香火，传宗接代的行为。一个人不论他对父母如何孝顺，自己的业绩功名如何显赫，如果不能为家族生养后代，使家族的血脉永远地传递下去，他就不能算是一个真正孝顺的人，《孟子·离娄上》提出："不孝有三，无后为大。"

其四是礼葬、祭祀。在儒家看来，这甚至比养生更能说明子女孝顺的程度。《论语·为政》篇："孟懿子问孝，子曰：'无违。'樊迟御，子告之曰：孟孙问孝于我，我对曰'无违'。樊迟曰：'何谓也?'子曰：'生，事之以礼；死，葬之以礼，祭之以礼。'"说明葬与祭在孝行中是很重要的。《孟子·离娄下》："养生者不足以当大事，惟送死可以当大事。"因为丧葬时对棺椁的要求以及守丧时间的规定，人们要严格地遵守，就需要舍弃足够的财物和保持长久的恒心，这是对孝子更进一步的考验，所以古代有董永等卖身葬父的故事流传。

儒家对作为家庭中的人的培养设计，突出的核心是服从意识。这一教育，肇始于"人之初"，伴随至其终生。其本质既是伦理的，也是政治的；它既是家庭伦理教育，也是思想政治教育。在家从父，在国从君，以修齐家庭为出发点，进而平天下，正是儒家实现其政治理想的必经之路。这种"人伦"的培养，扼杀了人的平等意识，独立人格，是等级制社会的必然要求。

二、"明人伦"是儒家思想政治教育目标的根基

如上所述，"致忠孝"乃儒家思想政治教育人格培养的终极目标，而欲致忠孝，则又必须从"明人伦"做起。"明人伦"是"致忠孝"的前提。《孟子·滕文公上》说要养成儒家合格的君子，必"设为庠序学校以教之。庠者，养也；校者，教也；序者，射也。夏曰校，殷曰序，周曰庠；学则三代同之，皆以明人伦也"。学校的培养，就是为了"明人伦"三字，说明儒家学说的伦理教育本质。《易传·序卦》说："有天地，然后有万物，有万物，然后有男女，有男女，然后有夫妇，有夫妇，然后有父子，有父子，然后有君臣，有君臣，然后有上下，有上下，然后礼仪有所错。夫妇之道，不可不久也。"夫妇之伦是人伦之始。所谓人伦者，即《孟子·滕文公上》说的"父子有亲，君臣有义，夫妇有别，长幼有序，朋友有信"。父子、君臣、夫妇、长幼、朋友统称为"五伦"。明于"五伦"是做人的根本。这就要求受教育者各安其位，以忠事君，以孝事亲，以义从兄，以智坚定其从道之心，以礼节制其私欲，各自达于忠、孝、仁、义、礼、智、信之道，那么，天下便秩序井然，国家安定。《孟子·滕文公上》认为，倘若君子能做到"人伦明于上，小民亲于下"，贤明的君王"必来取法，是为王者师也"。在儒家看来，学校教育的主体功能是"明人伦"。"人伦"，就是人之为人最基本的规范。根据儒家"礼别差等"的原则，人生在世，不仅有社会上身份地位的差别，而且还同时扮演着不同的角色。从前者而言，人的天资不同，智力水平不同（有上智下愚之论），所以，社会的构成是存在等级的，而且这种等级的存在也是合理的，关键的问题是，一个人处于什么地位？居于哪个等级？是由什么因素决定？影响的主要因素是两个方面：一是出身，血缘世袭，这是中国传统"封建"（指"封邦建国"）制度下的贵族体制，具有明显的社会不公平性；二

是能力，人不分贵贱，不论出身，所有等级、地位向全社会开放，虽然"礼"分了社会的等级，承认了每个人在现实的社会生活中存在着的不平等，但儒家又要求"举贤荐能"，把机会分配给每个人，使其"机会公平"，这在几千年的古代世界，无疑是最为公正、最为先进的社会分配体制了。西方资本主义民主制度发展三百年后，现在才讨论社会正义问题，而罗尔斯、诺齐克关于正义的观念，仍然建立在原始儒家的理论基础上。

　　"明人伦"的途径可以是多样性的，而其主体教育则依靠学校。因为知识才是提高人类主体认识的基础。孟子认为，庠、序、校是中国最早的学校，《孟子·滕文公上》提出其基本功能："庠者，善也；序者；射也；夏曰校；殷曰序；周曰庠。学则有三代共之；皆所以明人伦也。"也就是说，夏、殷、周三代虽然教育机构的名称不同，教育内容也有差异，但"明人伦"即道德教育是三代学校共同的内容和功能。《汉书·董仲舒传》中提出设立太学的主要目标是："太学者，贤士之所关也，教化之本原也。今以一郡一国之众，对亡应书者，是王道往往而绝也。臣愿陛下兴太学，置明师，以养天下之士，数考问以尽其材，则英俊宜可得矣。今之郡守、县令，民之师帅，所使承流而宣化也；故师帅不贤，则主德不宣，恩泽不流。今吏既亡教训于下，或不承用主上之法，暴虐百姓，与奸为市，贫穷孤弱，冤苦失职，甚不称陛下之意。是以阴阳错缪，氛气充塞，群生寡遂，黎民未济，皆长吏不明，使至于此也。"可见"养士"是太学的根本目的。但养士的标准是什么？《汉书·儒林传序》中指出，公孙弘在《请为博士置弟子员议》中说："今陛下昭至德，开大明，配天地，本人伦，劝学修礼，崇化厉贤，以风四方，太平之原也。古者政教未洽，不备其礼，请因旧官而兴焉。为博士官置弟子五十人，复其身。""本人伦，劝学修礼，崇化厉贤，以风四方"就是天下"太平之原也"。也就是教育的根本目标，是古代思想政治教育的基本内容。

　　"明人伦"乃可为"王者师"，君子内修以明于人伦，然后外化以亲近"小民"，以"君子之德风"，吹拂"小民之德草"，小民之"草上之风，必偃。"通过君子对小民的教化、引导、影响，进而形成"上行下效，捷于影响"的局面，于是乎，"化民成俗，"民风皆偃于君子之德，服从于君子们的颐指气使，天下之君臣民众同于一心，则天下平矣。

第五节　儒家以伦理道德教育为核心的
思想政治教育内容体系论

一、儒家思想政治教育把思想道德教育置于中心地位

儒家讲"修身"，讲"教化"，从一开始，就将道德的修养与教育和政治教化紧密地联系在一起，将其放在了首要地位。从儒家政治理论走向实践的基本路径来看，教化的根本就在于"明人伦，致忠孝"。这是儒家教化学说的核心，也是其超越时空的共同价值所在。

儒家认为，"圣人"治天下的根本在于道德。自西周以来，"德治"成为治国的基本途径。周初政治的实际设计者和执行者周公旦有鉴于商纣丧失天命而亡国，得出"天命靡常"的认识。那么继商而承"天命"的周王朝何以保证其政权的长久？如何使其统治得以延续？周公的结论是"敬天保民"。欲"敬天"则必须修善统治者的道德，天是根据统治者的"德"的存与亡而决定政权是否转移的——天听自我民听，天视自我民视。德是统治者得"天命"的前提，是统治合法性的理论依据。这个"德"就是要合天地之灵——精通宇宙规律，成仁成圣，以自己的行为，为民表率，体恤人民，为人民带来实实在在的利益。① 这叫作"以德配天"；而要"保民"，除"明德"之外，还要改变对人民的治理方式，以教化为主导，不要动不动就处罚，这就是"明德慎罚"。后来的孔子，进一步发挥其意义，教导人民修善其道德，将"移风易俗"视为政治的基本目标，并由此提出反对"不教而诛"的野蛮诛杀与镇压的统治——以仁政取代"苛政"。这种"周礼"维系的社会，春秋战国之际，就出现了严重危机，"礼崩乐坏"之际，诸子百家兴起，各自提出他们理想中的社会政治秩序。以孔子为创始人的儒家公开表示要"兴灭国，继绝世，举逸民"，就是要在"周礼"的基础上，重建新的以德礼之治为核心的社会政

---

① 笔者认为，古之"德"不仅为当今"伦理"意义上的道德，还包括通天地人之道的本领，古之"德"与"得"通，德也是利益，就是有德之统治者要给人民以利益。只有三者的结合，才是德治模式下完美的"圣人"。

治秩序理论。孔子说："郁郁乎文哉，吾从周。"以"克己复礼"为己任的儒家，自然在治国方略的设计中继承西周以来的"宗法"体制，特别突出家庭的稳定在治国体系中的重要性。而家庭的和睦主要依靠的不仅仅是亲情，更要依靠维系亲情之间和谐相处的精神纽带——伦理道德。修身便成为其治国（"教化"）思想政治教育的逻辑起点。

儒家重要经典《周易》就特别强调道德问题在圣人修身治国中的重要位置。《易传·系辞传上》说："夫《易》，圣人所以学德而广业也"，"利用安身，以崇德也"，认为古人作《易经》就是为了"学德"，"崇德广业"是人们行动的原则和目的。《升卦》说："地中生木，升。君子以顺德，积小以高大。"《象传》说："天在山中，大畜。君子以多识前言往行，以畜其德。"《象传》说："不恒其德，无所容也。"《习坎·象传》说："水洊至，习坎。君子以常德行习教事。"这些论述要求人们"顺德""积德""恒德""以常德行习教事"，无不强调"德"在日常生活中的重要性，是"崇德"原则的具体展开。

儒家经典《大学》更是开宗明义："大学之道，在明明德，在亲民，在止于至善。"把发扬光明美好的道德作为君子思想政治教育的目标，此在上文（第一章）中已详细讨论。兹不赘述。因此，自孔子以后的所有儒家政治思想家、理论家均将君子的修身与对人民的教化视为治国的第一要务。《论语·为政》提出"道之以德，齐之以礼"的训示，成为后世儒家及其信奉儒家的统治者们所遵循的主要政治金科玉律。在孔子看来，道德是政治的根本，以德礼教民远比政令和刑罚更有效。君主用道德来治国，就会像《论语·为政》所说的"居其所而众星共之"一样。而政治的根本在道德，而道德的养成靠教化。孟子学说的核心就在于"仁政"，"仁政"就是要靠道德维系政治，此所谓"善政"也。但在孟子看来，"善政"毕竟也是"政"，不如彻底的政治教化："善政不如善教。善政，民畏之；善教，民爱之。善政得民财，善教得民心。"道德教育的实质就是政治实践。

二、儒家道德教育以人生观的养成为目标

在先秦诸子的思维形态中，天人关系（人与自然和神灵的关系）、群己关系（个人与社会集体的关系）、人己关系（个人与个人的关系）是其政治理想设计中必须面临的基本问题。修身与"教化"作为儒家政治的必然实际途径设计，就必然从这三种关系的规范入手，进而达到其社会和谐的政治理想。

首先，人己关系。在个人与个人关系上，孔子要求人们从自我出发，做到"爱人"和"忠恕"。"仁"是孔子伦理哲学的中心。孔子讲："仁者，爱人。"虽然认为爱有差等，但更推崇"泛爱众""博施于人"；孟子将爱有差等与"泛爱众"结合起来，讲"老吾老以及人之老，幼吾幼以及人之幼"。"忠恕"也就是孔子讲的"己欲立而立人，己欲达而达人""己所不欲，勿施于人"，就是"能近取譬"，将心比心。

其次，群己关系。即个人与社会集体的关系，其本质体现为义利关系。儒家强调要用君子价格为准则，将其视为处理义利关系上的道德准则。"君子喻于义，小人喻于利"。儒家认为，君子与小人之间的差异，是社会的常态，决定了君子教化者地位，他们是社会的主导；而"喻于利"的小人们只有通过君子的教化，才能成为有道德的良民。重义轻利，是其基本的价值取向。第一，人们追求富贵的欲望存在着合理性。《论语·里仁》说："富且贵，是人之所欲也。"孟子说："欲贵者，人之同心也。"荀子也说"人生而有欲。"第二，人的欲望不可放荡，所以，先王制礼就是限制人的欲望，但同时也要"养人之欲，给人之求"，即满足人的合理欲望。第三，当义与利发生冲突时，要求"见利思义""以义制利"，甚至"舍生取义"。

最后，天人关系。人与自然的关系，即人的生态伦理观念。儒家哲学是和谐哲学，特别强调人与自然的和谐相处。张岱年先生说："中国文化比较重视人与自然的和谐，而西方文化则强调征服自然，战胜自然。"① 《孟子·尽心上》说："亲亲而仁民，仁民而爱物。"要求君子把仁爱之心施于万民，进而延伸到万物。孔子教导人们在渔猎时要"钓而不网，弋不射宿"，《荀子·王制》中要求人们在向大自然索取财物时要有节制："草木荣华滋硕之时，则斧斤不入山林，不夭其生，不绝其长也；鼋鼍鱼鳖鳅鳝孕别之时，网罟毒药不入泽，不夭其生，不绝其长也。"这种对自然物本身的尊重和爱护的生态伦理思想，对我们进行生态伦理建设，解决当今世界的环境和资源问题，实现人与自然的和谐相处都是有益的启示。

---

① 张岱年，程宜山. 中国文化与文化论争［M］. 北京：中国人民大学出版社，1990：51.

第三章

"修身"：儒家"君子"思想政治教育论

儒家政治主张"德治""仁政"，其根本途径是"人治"。"人治"的根本在人才，理想的人才是君子。君子是儒家实现其"平天下"政治理想的支柱，也是儒家思想政治教育目标设计中要着意树立的社会理想人格标准形象，并通过这一理想人格的感化力量，率天下人一统于儒家理想，然后人心可收，天下可平。由此可见，君子教育的成败，事关封建统治的成败，事关儒家政治理想的能否实现。故历代儒家思想政治教育理论的设计者，均以君子教育为其思想政治之本。并为培养君子人格设计了其完善的教育途径。

第一节　修身为本：内修之道

《大学》提出儒家治国之道的八个基本步骤："古之欲明明德于天下者，先治其国；欲治其国者，先齐其家；欲齐其家者，先修其身；欲修其身者，先正其心；欲正其心者，先诚其意；欲诚其意者，先致其知；致知在格物。格物而后知至，知至而后意诚，意诚而后身正，身正而后身修，身修而后家齐，家齐而后国治，国治而后天下平。"在这个递进式的儒家治国"八条目"图式设计中，其主体就是治国的君子，君子的"修身"在"八条目"中处于关键地位。格物、致知、正心、诚意是修身的前提和步骤，齐家、治国、平天下是修身之后君子实践行为的必然结果。因此，《大学》接着说："自天子以至庶人，壹是皆以修身为本。"修身的起点是格物，格物而后就可以获得"治国、平天下"的智慧（致知）。问题的关键是格何物？致何知？宋代理学的集大成者朱熹释"格物"为："即物而穷其理其义。"何谓"物之理之义"？

乃"天理"也。他说:"圣贤千言万语,只是教人明天理,灭人欲。"亦即为以"三纲五常"为核心的封建伦理政治之理。明代大理学家王阳明则释之曰:"去其心之不正,以全其本体之正。"即致其先天于自身之"良知良能",亦即《孟子·告子》所云之"仁义礼知,非由外铄我也,我固有之也。"因此,所谓"格物",就是发扬君子己身固有之仁义礼智,以仁事君,以孝事亲,明于人伦,然后则其意也诚矣,其心也正矣,君子之道也备矣!显然,这是以君子自身为主体的内修之道,是其政治理想"内圣外王"之道中的"内圣"之道,君子教育,是儒家思想政治教育的核心目标。

君子何以格物而修身?儒家自孔子以迄于后世的政治理论设计者们,为君子的修身之道设计了详备的成才途径,今撮其要者略述如次:

一、学思结合以致知

《论语》开宗明义,子曰:"学而时习之,不亦说乎!"孔子十分强调学习,将其视为君子成德之必由之路。《论语·阳货》指出:"好仁不好学,其蔽也愚;好智不好学,其蔽也荡;好信不好学,其蔽也贼;好直不好学,其蔽也绞;好勇不好学,其蔽也乱;好刚不好学,其蔽也狂。"仁、智、信、直、勇、刚等良好的品德修养,均需学习而成,倘好之而不学,便愚、便贼、便荡、便绞、便乱、便狂!此后,儒学大师们如荀子、韩愈乃至清末之张之洞,均作《劝学篇》,以此见儒家修身重学之一贯。只有通过学,才能"下学而上达"以明君子之道——"明明德"于天下!

然而,"学而不思则罔",孔子同时亦强调在学习过程中思考的重要作用。《论语·学而》中曾子曰:"吾日三省吾身:为人谋而不忠乎?与朋友交而不信乎?传不习乎?"《论语·季氏》认为:"君子有九思:视思明,听思聪,色思温,貌思恭,言思忠,事思敬,疑思问,忿思难,见得思义。"思亦是君子心性修养的要途。《礼记·学记》载:"大学之教也,时教必有正业,退息必有居学。不学操缦,不能安弦;不学博依,不能安《诗》;不学杂服,不能安礼;不兴其艺,不能乐学。故君子之于学也,藏焉,修焉,息焉,游焉。夫然,故安其学而亲其师,乐其友而信其道,是以虽离师辅而不反。《兑命》曰:'敬孙务时敏,烦修乃来。'其此之谓乎。"

二、尚志养气明仁义

孟子心目中的君子，必"尚志"。何谓"尚志"？《孟子·尽心章句上》曰："仁义而已矣！杀一无罪，非仁也，非其有而取之，非义也。居恶在？仁是也。路何在？义是也。居仁由义，大人之事备矣！"即要求修身的君子们以仁义为志趣，修善之以备"大人之事"。大人之事者，乃治国平天下之事也。孟子还认为，仁人君子还要"善养吾浩然之气"，《孟子·公孙丑》指出："其为气也，至大至刚，以直养而无害，则塞于天地之间。其为气也，配义与道，无是，馁也。"养气即是修善自己的品行，知仁晓义，做到"居天下之广居，立天下之正位，行天下之大道。得志与民由之；不得志独行其道。富贵不能淫，贫贱不能移，威武不能屈，此之谓大丈夫"。（《孟子·滕文公章句下》）就是要君子们修善成为能以行儒家仁义之道为己任，为道而殉身的刚正不阿的"大丈夫"品格。

三、致诚养心以尽性知命

"诚"是儒家君子主体修养中最重要的课目之一。《中庸》说："自诚明，谓之性；自明诚，谓之教。诚则明矣，明则诚矣。""唯天下至诚，为能尽其性；能尽其性，则能尽人之性；能尽人之性，则能尽物之性。能尽物之性，则可以赞天地之化育；可以赞天地之化育，则可以与天地参矣。"就是说，"诚"的修养，对于儒家君子来说是至关重要的，它不仅是为人之根本，也是认识天地万物的感悟工具。《荀子·不苟》说："君子养心，莫善于诚，致诚则无它事矣。惟仁之为守，惟义之为行。诚心守仁则形，形则神，神则能化矣。诚心行义则理，理则明，明则能变矣。变化代兴，谓之天德。天不言而人推其高焉，地不言而人推其厚焉，四时不言而百姓期焉。夫此有常，以至其诚者也。君子至德，嘿然而喻，未施而亲，不怒而威：夫此顺命，以慎其独者也。善之为道者，不诚则不独，不独则不形，不形则虽作于心，见于色，出于言，民犹若未从也；虽从必疑。天地为大矣，不诚则不能化万物；圣人为知矣，不诚则不能化万民；父子为亲矣，不诚则疏；君上为尊矣，不诚则卑。夫诚者，君子之所守也，而政事之本也，唯所居以其类至。操之则得之，舍之则失之。操而得之则轻，轻则独行，独行而不舍，则济矣。济而材尽，长迁而不反其初，则化矣。"以诚养心，以养心而知"天德"；以"慎独"的修为动天地，化万物，养万民正是儒家君子之"所守"而为"政事之本"，亦为修心尽性知命之达境也。

这种致诚养心的"慎独"功夫。据张丰乾先生研究，"慎"是认真的态度和方法，"诚"既是慎的出发点，也是慎的最终对象，"不诚则不独"，在这个意义上，"慎其独"就是"慎其诚"。但是，"诚"不能是空泛的、没有着落的，最终要体现为活泼的个性——"独"（不独则不形）。"慎其独"就是在"致其诚"的前提下"顺应"那个独，"看重"那个独、"守住"那个独、"操心"那个独——总而言之，要认真对待自己的个性。"慎其独"不是增加负担，而是不讲条件、不假外求，轻装前进，《礼记·中庸》指出："得一善，则拳拳服膺而弗失之矣。"《荀子·不苟》也指出："荡荡乎其有以殊于世也。"就是尽心知命，弘扬个性主体，为其教化"平天下"打下良好的心理基础。

四、虚一而静以达道

儒者之道，治道也，亦人生伦理之道也。孔子说"吾道一以贯之"，乃"忠恕"而已。治道对于君子修身的重要性不言而喻。何以治道？荀子认为，治道之术在于心。"心何以知？曰虚一而静。"他认为，人心皆有所臧（藏），也有所虚；有满，也有所一；有动，也有所谓静。"人生而有知，知有志。志也者，臧也。然而有所为虚。不以所已臧害所将受，谓之虚。心生而有知，知而有异。异也者，同时兼知之。同时兼知之，两也。然而有所谓一。不以夫一害此一谓之一。心卧则梦，偷则自行，使之则谋，故心未尝不动也。然而有所谓静，不以梦剧乱知，谓之静。未得道而求道者，谓之虚一而静。作之：则将须道者之虚则入，将事道者之一则尽。尽将思道'入'（者）静则察。知道察，知道行，体道者也，虚一而静，谓之大清明。"以修身者虚心、专一、冷静之法治道、体道，则道在眼前，体道者则入"大清明"之境，而成就其君子之道矣。

关于"虚"，所谓"不以所已藏害所将受"，即不以已有的认识去妨碍将要接受的认识，从而增强自觉的主体修养。荀子反对"纵欲"，主张"节欲""导欲"和"养欲"，欲不能作为已有之"藏"去妨碍接受新知，妨碍君子的修养。

关于"一"，这里所谓"心生而有知，知而有异，异也者，同时兼知之。同时兼知之，两也。然而有所谓一，不以夫一害此一，谓之一。"的大意是说，人的认识活动不可能是单一的，必定会同时遇到多种事物，进行多方面的认识活动（"异""兼知"），而这就会造成认识活动中注意力的分散（"两"）。然而有所谓的"一"，即不要让那个认识去妨碍这个认识，这就叫作"一"。可见，荀子讲的"一"，是指认识活动中集中注意力，专心一志的问题。在荀子那里，"一"一方面是讲"专心"，如说："目不能两视而明，耳不能两听而聪"；再一方面则是讲"恒心"，《荀子·劝学》说："锲而舍之，朽木不折；锲而不舍，金石可镂。"荀子列举了一批传说中有特别成就的人物，指出他们的成功都是在于能"一"，即既能"专心"又有"恒心"。所以，《荀子·解蔽》中指出："自古及今，未尝有两而能精者也。"专心一志对于认识的重要性是显而易见的，要获得认识，要深化认识，要扩大认识，都是离不开专心一志的。

关于"静"，这里所谓"心卧则梦，偷则自行，使之则谋。故心未尝不动也。然而有所谓静，不以梦剧乱知，谓之静"的意思是说，睡觉时会做梦，闲散时会随便乱想，使用时会出谋划策，所以说"心"这个"思之官"无时无刻不在活动着。然而有所谓的静，不要让梦中的幻觉和闲散时的随便乱想去干扰正常的认识活动，这就叫作"静"。"静"与"虚"之间的界限是比较含混的，"虚静""静虚"经常是并用的联绵词，可作互训。儒家君子内修之途尚可举出更多。仅就上述略举之四径而言，使修身之君子明于智慧，志于仁义，刚毅正直，诚于心意，体于大道，则君子之修也几成矣！

第二节　学校、家庭教育：外铄之道

君子之成才，自然"以修身为本"，然而"修身"乃君子之自在行为，如欲速成之，则必加以外铄之道。儒家宗师孔子首创私学，开办了中国历史上第一个"管理干部进修学院"，晚年他自况其一生事迹有言，《论语·述而》孔子一生"学而不厌，诲人不倦，何有于我哉？"其弟子三千，来自殊方，孔子皆得而教之，谓之"有教无类"。为何？成人以君子之道，以实践其儒家政治理想也！孟子更将"得天下英才而教育之"视为"君子""三乐"之一，足见其思想政治教育目标设计中对于君子直接教育的重视程度。此铸成儒家君子之外铄之道也。其途径大略有三：

一、官学教育

孟子认为，要养成君子之德，国家必"设庠序学校以教之"。我国历代都设有官学，其教育培养的目标亦十分明确：就是为统治者培养各级官员。孟子说，夏朝的学校叫作校，商代的学校叫作序，周代的学校叫作庠。而自汉武帝开始，历代在中央设太学，地方郡、州、府、县皆设有各级学校。唐宋以后更有布满全国各地的官方或半官方的书院。宋代张载论官学的办学宗旨是："为天地立心，为生民立道，为往圣继绝学，为万世开太平。"（《横渠四句》）这也是儒家学校教育主张的"一以贯之"之道，其以思想政治教育为本的实质昭然若揭！这些学校教育的基本内容就是儒家的经典，以孔子倡导的"学而优则仕"为质量评判标准，具有强烈的政治务实性；以"明人伦"，致忠孝为其培养目标，又具有强烈的道德教育倾向，体现了与其思想政治教育目标设计的一致性。

二、私学教育

自从孔子开办私学教育以来，历代相因不改，成为中国古代教育的又一基本模式。私学教育的办学宗旨与官学教育完全一致。孔子以培养"君子"（统治者）为教学目标，公然宣称"学而优则仕"，可谓是中国第一所私立行政学院。孔子以六经为教材，以"文、行、忠、信"教导学生，就是强调培养德才兼备的学生，知礼体仁，最后达于君子之道。

孔子论其教学的进程时说道，教学要"兴于诗，立于礼，成于乐"。六经在培养学生君子修为中各具作用，使"其为人也，温柔敦厚，《诗》教也；疏通致远，《书》教也；广博易良，《乐》教也；洁净精微，《易》教也；恭俭庄敬，《礼》教也；属辞比事，《春秋》教也。"孔子在其教学过程中还创造了诸"有教无类""启发诱导""因材施教"等内容为主的教学方法，成为中国千百年来的"至圣先师"，他所创设的这一套私学教学模式，更是被后世所继承、模仿，成为儒家"君子"教育的重要组成部分。

三、家庭教育

家庭教育是儒家思想政治教育理论设计的特色之处。中国古代家庭教育的形式大约有三类：一是世代相传的家学，在世家大族中表现尤为明显；二是延师授业于子弟的家塾；三是以家训等形式进行学识、礼法等垂范式教育。①从孔子开始，儒家就极其重视家庭教育。其所设计的伦理政治学说就是从家庭开始的，君子"修身、齐家、治国、平天下"的治国理论决定了家庭在儒家思想政治教育设计中所应扮演的重要角色。《论语》记载了孔子教导其子孔鲤要重视《礼》、学习《诗》的道理。以《论语·季氏》篇中的"过庭之训"为代表。陈亢问于伯鱼曰："子亦有异闻乎？"对曰："未也。尝独立，鲤趋而过庭。曰：'学诗乎？'对曰：'未也。''不学诗，无以言。'鲤退而学诗。他日，又独立，鲤趋而过庭。曰：'学礼乎？'对曰：'未也。''不学礼，无以立。'鲤退而学礼。闻斯二者。"陈亢退而喜曰："问一得三：闻诗，闻礼，又闻君子之远其子也。"另在《论语·阳货》篇中，也记载有孔子教子的事例：子谓伯鱼曰："女为《周南》《召南》矣乎？人而不为《周南》《召南》，其犹正墙面而立也与！"孔子的这种教子观，使诗礼传家成为中华民族追求的最高家教典范。《孟子·离娄下》中明确提出了父兄教育子弟的责任："中也养不中，才也养不才，故人乐有贤父兄也。"中国古代启蒙书《三字经》明确要求父辈有教子之责任，所谓"养不教，父之过"也。教以何内容？《三字经》从体系到内容及其要求都有明确的答案。其本质不外于儒家的仁义纲常之教，其目标就是要教养出能明人伦、致忠孝，能光耀门庭的孝子贤孙。

在儒家看来，家庭教育是其思想政治教育一个十分重要的方面，家教的好坏不仅决定着一个家族的兴衰，也决定着整个社会的风气，更决定着其国家政治伦理的归依。因此从汉代以后逐渐兴起的家训类著述，其目的是为了家庭子女的教育。家庭教育既是儒家君子教育的起点，亦是其"齐家"的实践，当然也就是治国、平天下的发端。

---

① 曹建平. 魏晋南北朝家庭教育钩稽［J］. 湘潭师范学院学报，1998（2）：23-26.

第三节　实践提高：磨炼之道

儒家"君子"通过内在的自我修身，外在的教育辅助，便可对儒家政治理想之道明了于心，实现儒家治道"内圣"的要求。然而"内圣"的目标在"外王"，"君子"们只能用已修善之道（"明明德"），"推己及人"，教化天下（"亲民"），并在教化实践的过程中提升自己，磨炼自己，才能成为真正的"君子"！这就是孔子所谓的"学而优则仕，仕而优则学"之道。孔子、孟子、荀子等儒家主要宗师们，在其君子成才的培养之路的设计和实践中，都十分强调实践行为的重要性。如《论语·子路》说："诵《诗》三百，授之以政，不达；使于四方，不能专对，虽多，亦奚以为？"《礼记·学记》说："虽有嘉肴，弗食，不知其旨也。虽有至道，弗学，不知其善也。是故学然后知不足，教然后知困。知不足，然后能自反也；知困，然后能自强也。故曰：教学相长也。"要想知道美食的味道，就要亲自尝一尝，要想体会"至道"，就必须在实践中磨炼。综合其论述，其对君子修行的实践要求大略有如下数端：

一、在社会道德实践中践仁明志

《论语·里仁》说："君子欲讷于言而敏于行。"强调少说多做。《论语·里仁》又说："君子无终食之间违仁，造次必于是，颠沛必于是。"就是要求修行的君子们哪怕是在逆境中，也要以践"仁"为志向，不断地磨炼自己，修善自己的"仁"德。孔子 不仅强调君子以践"仁"为志，更强调在实践中不断改正犯错误，不断提高认识，《论语·卫灵公》说"过而不改，是为过矣。"而相反，"过而改之，是不过也。"在孔子看来，君子犯错误，并非了不起的事情，只要坚持以践"仁"为志，不断改正，不断提高对仁德的认识，就是真"君子"！

《孟子·告子下》说："天将降大任于斯人也，必先苦其心志，劳其筋骨，饿其体肤，空乏其身，行拂乱其所为；所以动心忍性，曾益其所不能。"君子之修行，必须在社会的大风大浪中锻炼成长，具有坚韧不拔的毅力，能经受各种打击和挫折。只有做到这一点，才是真正修炼君子之性！所以，《孟子·告子下》说："舜发于畎亩之中，傅说举于版筑之间，胶鬲举于鱼盐之中，管夷吾举于士，孙叔举于海，百里奚举于市。"

二、在政治生活中尽忠

《论语》记载齐景公向孔子问政，《论语·颜渊》的回答是："君君、臣臣、父父、子子。"意即组成社会人群的各类不同角色，各自安守本分，只要君尽其君道，臣守其臣道，父尽其父道，子守其子道，则国家政治稳定，社会安宁，天下大治。孔子的这一见解，成为后世儒者政治、道德主张和设计的根本指导思想。作为"臣子"的修身君子，要在"君使臣以礼"的前提下，"臣事君以忠"。如果能"事君，能致其身"，"虽曰未学，吾必谓之学矣"。孟子也强调，君子当辅佐君主以施仁政："君子之事君也，务引其君以当道，忠于仁而已。""忠于仁"，以引导君主行仁政，就是孟子对儒家修身君子的要求。

当然，孔孟论忠，诚如许多学者已经指出的那样，是以"仁"政为基础的，"君子"对于君主忠的前提是君主必行仁政，倘若君主的行为偏离了"仁政"的轨道，君子则可诤谏之，谏之不听，还可以"放伐"之。汤、武之伐桀、纣，不仅不是不忠，而是为天下人诛灭"独夫"民贼的仁人君子行为，是值得歌功颂德的！在他们的眼里，君臣关系尚不似后世的单向臣子对君主的服从和义务关系，而更多地体现为一种以行"仁"道为前提的君臣对等关系。这就是"从道不从君"！这种政治设计，具有明显的民本主义特色。在当时的历史条件下，它只能是一种空想，带有浓烈的理想主义色彩。因此，儒家之能"用世"，与社会政治实践相结合，则必须加以改造！这一改造过程开始于战国中期的荀子，而至汉武帝董仲舒时基本完成。

但是，经过董仲舒改造的，被汉武帝"独尊"了的儒术，已经完全失去了孔孟儒学的民本特性，成了统治者用以"缘饰吏事"的政治装饰品。董仲舒引天道以明君臣之道：天道阴阳，阳为尊，阴为卑，君为尊，臣为卑，君臣关系完全成为尊卑分明的非对等的臣对君的单向服从关系！但在董仲舒君主权力设计中还有"屈民以伸君，屈君以伸天"的限制，在随后的儒者君主专制绝对化的政治设计架构中，其对以君子塑造为核心的儒家思想政治教育的要求也发生了相应的变化。"君子"对于君主的忠，完全屈从于其"三纲五常"的"不变之道"，要尽其"愚忠"，此后更发展到"君要臣死，臣不得不死"的境地！这已经是为专制君主培养专制奴才的教育模式了。

三、在家庭生活中体孝

孔子认为，作为家族成员的君子，其修身的根本是"尽孝道"，明人伦。他强调，君子事亲，不仅仅是供养（供养的事连牲畜也能做到），更重要的是要在感情上投入，遵从父母，《论语·学而》指出："父母在，不远游。""事父母，能竭其力。""事父母，见志不从，又敬不违。"乃至父死之后"三年无改于父之道，可谓孝矣"。目的就是要维护其治国主张的基点——家庭伦理关系。孟子更强调"仁之实，实亲是也；义之实，从兄是也"。家庭生活的第一个细节，都体现出明于仁义之人伦大道。至后世宋儒，则更提出，教育要从"洒扫应对"开始，也就是在日常生活中潜移默化地体孝，使其受教育的未来治国平天下的君子们更加明于人伦之道。关于这一点，我们在前一章中已经详论，此不赘述。

四、在交友与观摩中察义

在孔子看来，交友也是君子修身的成德之路。他要求其弟子学会交朋友，在交友中体察其"义"境的妙用。《论语·季氏》说："益者三友，损者三友。友直、友谅、友多闻，益矣；友便辟，友善柔，友便佞，损矣。"与正直、信实、见闻广博的人交友，就会获得益处，增长自己的学识和品行；与献媚奉承、阳奉阴违、夸夸其谈的人交朋友，就会有损于自己的成德、成君子之路。在交友的过程中，要"以文会友，以友辅仁"。对待别人要做到"己所不欲，勿施于人"。将心比心，多为他人着想，"己欲立而立人，己欲达而达人"。这既是君子修身用世后的"亲民"之道，也是君子在实践中磨炼提升其自身素质的需要。对待朋友的关系，要本于"义"，以国家大义为重，这也是交友的重要前提。孔子强调，君子在交友的过程中，还要善于观摩学习，"见贤思齐焉"。通过模仿学习，进一步增进自己的修养。

总之，儒家对于其思想政治教育目标中的核心——君子教育极端重视，其教育之道的设计与其"内圣外王"的政治总设计目标相一致。强调君子教育从自身出发，发挥其主体能动作用，"以修身为本"，是其君子教育的主要途径；但是儒家思想政治教育目标的设计者们并不排除外在的教育途径对君子成德的重要性，以官学、私学、家庭教育为主体的外烁之道，是儒家教养君子的加速途径。然而，不论是内在的"修身"，还是外在的学校教育，其所成就的只能是明于人伦，知晓仁义之道的坐而论道的斋房书生。其所完成的只是儒家设计的"内圣"之路。因此，自孔子以来的儒家理论设计者，更强调践行其已修之"仁义"之道的"外王"途径。强调君子在践行中不断磨炼、提升，以成仁、成圣，达到其从"明明德"到"亲民"到"止于至善"的君子人格塑造目标。内修、外烁与践行三者紧密结合，就是儒家对其思想政治教育目标核心君子教育的途径设计。

第四章

"亲民"与"教化"：儒家民众思想政治教育论

所谓"教化"，就是儒家倡导的"以教道民""以教化民"，即通过道德教育来感化人民，转移世间的人心风俗。儒家既提倡德治，势必注重教化。对于教化，儒家曾建立了一套比较系统的理论，并在长期的教化实践中形成了一套行之有效的方式方法，其中包含了不少道德教育的一般规律，对今天的社会道德教育仍有重要的借鉴意义。

《论语·阳货》中认为："君子学道则爱人，小人学道则易使。"君子通过"学道"，其目标在于"爱人"——"亲民"，但君子即使已经自成其道，也并不意味着儒家政治理想的实现。要真正实现儒家政治理想，君子还必须"弘道"，孔子说"人能弘道，非道弘人"，"弘道"是君子的责任，同时也是儒家思想政治教育目标设计中的重要一环。君子通过"弘道"的方式，推其"内圣"于"外王"，以教化"小民学道"，使之达于"易使"的境界，才是其思想政治教育目标设计的本质指向。

"教化"二字，是儒家政治设计中政治理念推行于社会，应用于社会治理，感应于百姓人心的根本途径，也是儒家思想政治教育双层结构模式的必然选择。儒家自孔子以下的政治理论家们，无一不视"教化"为其施政的不二门径。刘韶军先生释"小人学道则易使"：我们理解，小人学道，不是君子式的书本式学习，而是在君子们的教化下"由之"性学习。这种学习，严格地讲，是与君子式学习完全不同的，近似于现代的所谓的"社会学习"。① 这就是教化！教化的目的是使"小民""易使"！不让小民犯上作乱。

如何"导"民？《论语·为政》说："道之以政，齐之以刑，民免而无

---

① 刘韶军. 儒家学习思想研究 [M]. 武汉：华中师范大学出版社，2001：124.

耻；道之以德，齐之以礼，有耻且格。"这就是儒家民众思想政治教育的纲领性宣言！这段文字的本义是说，在治国手段的选择上使用政刑、德礼对于民众的引导结果完全不同。如果统治者以政刑导民，民众虽然可以免于犯罪，但没有自觉的思想道德修养；如果导民以德礼，民众就有了道德的自觉，不仅不会犯罪，而且其行为也中规中矩。二者相较，孰优孰劣，判然已分。故儒家强调"为政以德"，德政于天下，则可达于大治。德政的本质则在于"教化"。《孟子·公孙丑下》说："以德服人者，中心悦而诚服也。"《孟子·尽心上》指出："善政不如善教之得民也。善政，民畏之；善教，民爱之。善政得民财，善教得民心。"而得民心者得天下。今就其欲得民心之教化途径略述如下：

第一节　修己以安人：君子感化之道

孔子认为，"君子"的培养，并非仅仅为了完善自身的思想政治道德，做到"独善其身"。这只是其所设计的思想政治教育的第一步，即《大学》之所谓"明明德"，其更进一步的要求则是："亲民"行动。即以己的道德行为，对民众实行教化。《论语·宪问》中要求："推己及人"，"修己以安人"，"修己以安百姓"。如何行教化而"安人"？在孔孟等儒家理论设计者看来，"君子"的导民途径主要有：

一、正己身以为民之榜样

《论语·子路》说，在"为政"的过程中，只要统治者（从政的君子）"其身正，不令而行；其身不正，虽令不从"。"苟其身正矣，于从政乎何有？不能正其身，如正人何？"君子正身是政治统治的基础，也是其思想政治教化的开端。统治者必须以自身高素质的社会道德、政治修养，来感化民众。"季康子问政于孔子。孔子对曰：政者，正也。子帅以正，孰敢不正？"政治就是正己而后正人，只要你自身"正"了，民众还有谁敢不"正"！

君子正身，就是要为民众树立榜样，对民众起表率作用。《论语·子路》说："子路问政。子曰：'先之劳之。'请益，曰：'无倦。'""仲弓为季氏宰，问政。子曰：先有司，赦小过，举贤才。"这就是要求为政者在政治实践中为民做出榜样。要"无倦"地先于民众，先于下属官吏"劳之"。还要做到"己欲立而立人，己欲达而达人"，"己所不欲，勿施于人"。将心比心，不施强迫民众之政，不以"小过"责罚民众，"举贤才"以安抚民众。这样，民众自然会体会君子"为政"之德，潜移默化，逐渐而甘为"易使"之顺民了。

二、导民以事忠孝

忠孝，是儒家思想政治教育目标设计中人格教育的核心内容。孔子强调："弟子入则孝，出则悌，谨而信，泛爱众，而亲仁。行有余力，则以学文。"（《论语·学而》）孝是德之本，也是"教之所由出"。"夫孝，始于事亲，中于事君，终于立身。"（《孝经》）这是儒家德政主张的根基。《孝经》强调，全社会的每一个份子都应该履行"亲亲"的孝道。自天子以至庶人，皆有其孝的社会责任，概莫例外。如天子之孝是："爱敬尽于事亲，而德教加于百姓，刑（型）于四海。"（《教经·天子》）天子之孝，不仅要侍奉双亲，还要行德政教化百姓，做天下人的楷模。因此，只要人人尽孝了，则可以孝为出发点，移孝作忠，使天下人"上下一德，以徵天休"。"忠也者，一其心之谓矣。"以"忠"统一天下人之心，其导民（教化）之旨昭然若揭！

《忠经》还强调，忠是"为国之本"所由，如果一个人，一个家，一个国皆能统一于尽忠之心，那么"身一则百禄至，家一则六亲和，国一则万人理"。一人尽忠则可取官禄，家国安定。这就难怪自汉以后的历代统治者皆倡导"以孝治天下"了，其旌表忠孝之诏书，之行为，充塞于史，正是儒家这一导民理论的具体实践。

三、导民以安贫乐道

孔子说：治理一个国家"不患贫而患不均"，贫困并不是最可怕的，最可怕的是在贫困的时候，民众的"见利忘义"。所以，君子必以自身的行动，导民以"见利思义"！《论语·里仁》说："富与贵，是人之所欲也，不以其道得之，不处也；贫与贱，是人之所恶也，不以其道得之，不去也。"富贵贫贱之得与去，皆应处之以"道"，孔子的所谓"道"，即仁义也。《论语·述而》

说："饭疏食饮水，曲肱而枕之，乐亦在其中矣。不义而富且贵，于我如浮云。"《说苑·贵德》说："上之变下，犹风之靡草也。故为人君者，明贵德而贱利，以道下。"就是教导人们，要安贫乐道，在义和利的选择之间，要见利思义，不要做"喻于利"的"小人"，而要做"喻于义"的"君子"！

四、导民以践仁行礼

《汉书·董仲舒传》说："渐民以仁，摩民以谊（义），节民以礼，故其刑罚轻而禁不犯者，教化行而习俗美也。"《说苑·理政》说："崇礼义之节以示之，则下莫不慕义礼之荣。"导民践仁行礼，以美风俗，是汉儒政治教化的基本精神，其实也是先秦儒家的一贯主张。

孔子论礼仁关系时说："一日克己复礼，天下归仁焉。"仁是孔子理想中的君子修养应达到的最高境界，而礼则是"经国家，定社稷，序民人，利后嗣"的社会治理手段。所以，必须用礼来规范人们的行为。《论语·泰伯》说，如果一个人"恭而无礼则劳，慎而无礼则葸，勇而无礼则乱，直而无礼则绞。君子笃于亲，则民兴于仁，故旧不遗，则民不偷。"只要君子做表率，则民众就能归于仁而"不偷"！

《论语·学而》主张，"礼之用，和为贵"。东汉经学大师马融释之曰："人知礼贵和，而每事从和，不以礼节之，亦不可行也。"宋邢昺进一步疏之曰："此言礼乐为用，相须为美。""'和'谓乐也"，"礼节民心，乐和民声。乐至则无怨，礼至则不争。揖让而天下治者，礼乐之谓也。"若导民以知礼晓乐，则天下"揖让"而定矣。

以上所述，说明儒家君子在治天下过程中起着表率作用。儒家君子将其思想政治教育主张化之于政，导引于民，是其推行政治"教化"的根本所在。

第二节　富之，教之：利导之道

"富教"思想是儒家学派自孔子以后的历代学者对于民众教化，并实施其治国理民的"德治"思想、"仁政"学说乃至于"王霸"理论思想政治教育的重要手段。《论语·子路篇》说："子适卫，冉有仆。子曰：'庶矣哉？'冉有曰：'既庶矣，又何加焉？'曰：'富之。'曰：'既富矣，又何加焉？'曰：
'教之。'"宋代朱熹《论语集注》引胡氏（寅）曰："天生斯民，立之司牧，
而寄以三事。然自三代之后，能举此职者，百无一二。汉之文、景，唐之太
宗，亦云庶且富矣。"庶、富、教"三事"是地方长吏"司牧"的职责，这
已成了历代儒家"君子"的共同看法。这也是孔子行"德政"政治主张的基
本思路：先增长人口（庶），次发展经济，最后教之以礼义。后世的儒者沿着
孔子的这一思路，进一步阐发了富与教的关系。

　　孟子吸收孔子"富教"思想，创设了其"仁政"理论。其理论的出发点
在于"制民以恒产"，"制民以恒产"的目的在于使"有恒产者有恒心"，以
此作为其治民的基础，治国的物质保证，其落脚点在于"教"，因为无恒产而
有恒心，只有修身已成的君子才能做到。其说可归纳为：

　　（1）要正经界，行井田，制民产。《孟子·梁惠王上》说："夫仁政，必
自经界始……经界既正，分田制禄，可坐而定也。""五亩之宅，树之以桑，
五十者可以衣帛矣。鸡豚狗彘之畜，无失其时，七十者可以食肉矣。百亩之
田，勿夺其时，八口之家可以无饥矣。""是故明君制民之产，必使仰足以事
父母，俯足以畜妻子，乐岁终身饱，凶年免于死亡。然后驱而之善，故民之
从之也轻。"而当时现实的情况却令其忧虑，民无恒产，"奚暇治礼义哉？"显
然，恒产是礼义的基础。

　　（2）"使民以时"，统治者为政如果"不违农时，谷不可胜食也；数罟不
入污池，鱼鳖不可胜食也；斧斤以时入山林，木材不可胜用也。"

　　（3）《孟子·梁惠王上》指出："省刑罚，薄税敛"，要"取于民有制"。

　　（4）要恤鳏寡孤独。《孟子·梁惠王上》指出："此四者，天下之穷民无
告者，文王发政施仁，必先施四者。"倘若统治者实行了上述"仁政"，则民
可得于利，致于富。到这时，再"谨庠序之教，申之孝悌之义，颁白者不负
戴于道路矣。老者衣帛食肉，黎民不饥不寒，然而不王者，未之有也"。这种
以物质文明为基础，重点放在精神文明建设的"教化"思想，对于我们今天
从事思想政治教育工作仍有一定的启示。

　　荀子在孔、孟的"富教"思想的基础上，又从理论上加以发挥。《荀子·
大略》中说："不富无以养民情，不教无以理民性。故家五亩宅、百亩田，务
其业而勿夺其时，所以富之也；立大学，设庠序，修六礼，明七教，所以道

之也。《诗》曰：'饮之食之，教之诲之'，王事具矣。"由此可见，孔、孟、荀"富教"思想之一脉相承。

儒家"富教"思想，至西汉董仲舒而发生重大转变。即从理论的设计走向了实践的设计。董氏从"仁者爱人"角度阐发"富教"思想，认为从政治民必"先富而后教"。他在《春秋繁露·仁义法篇》中说："内治反理以正身，据礼以劝福；外治推恩以广施，宽制以容众。孔子谓冉子曰：治民者，先富之而后加教。语樊迟曰：治身者，先难后获。以此之谓治身之与治民所先后不同焉矣。诗曰：'饮之食之，教之诲人。'先饮食而后教诲，谓治人也。"董仲舒认为，内治即是治身，外治即是治民，内治在以义正我，外治在仁者爱人。故引孔子语樊迟曰"治身者，先难后获"，此谓内治也；语冉子曰"治民者，先富之而后加教"，此谓外治也。董仲舒从内治与外治、治身与治民的关系来阐释"富教"，说明他不仅重视内在修养，而且也重视外在事功，这已接近"内圣外王"之学，是儒学理论上的一大进步。① 东汉王符在其《潜夫论》一书中说："夫为国者，以富民为本，以正学为基。富民乃可教，学正乃得义。……故明君之法，务此二者，以为太平之基。"可算是对儒家"富教"思想——以利导民，以义教民的民众教化思想的精辟阐述。

第三节　以刑辅教：强制之道

儒家重视对民众的教化，将其视为思想政治教育的主渠道，但也不放弃刑罚的使用。礼与刑在治民的政治实践中各有其用。《大戴礼记·礼察》中说礼法关系是："礼者，禁将然之前，而法者，禁于已然之后。"可见，其理论预设是民必"然"于犯"禁"，将民众视为其政治治理的对立面。因此必须以礼教潜移默化之，使其从内心深处就不敢犯禁。然而，儒家思想家也清楚地认识到，礼教并非万能。对于那些不受礼教而敢于犯禁者，则必刑之而不赦，所谓"出礼而后刑"也。以礼（教）为主，以刑为辅，明刑的目的在于

---

① 龙显昭. 孔子"富教"思想与汉晋地方行政管理模式［J］. 中华文化论坛, 1998（2）41-46.

辅教。这是儒家民众教化的又一重要途径。

一、先教后刑，反对不教而诛

《论语·尧曰》中说"不教而诛谓之虐，不戒视成谓之暴"。对民众不先教化就处以刑罚就是暴虐！孔子的这一思想，具有一定的人民性。他的这一学说，贯穿了中国古代社会两千多年的政治理论和政治实践，历代儒者均视"为政"者对民众"不教而杀"为一种失职行为，一种亡国之政！《李觏集·安民策第一》说："民有以生之而无以教之，未知为人子而责之以孝，未知为人弟而责之以友，未知为人臣而责之以忠，未知为人朋友交游而责之以信，未知廉之为贵而责以贪，未知让之为美而罪以争，未知男女之别而罪以淫，未知上下之节而罪以骄，是纳民于阱也。"教化就是要让民众通晓知礼义，知忠孝信义之道。只有在教而不听的前提下，才可将其视之为"刁民"，才能加以刑罚。

二、明刑辅教，刑罚立而后教化行

孔子之诛少正卯，以其传播与儒家礼义不同的思想，"盅惑"民心。后之儒家则更强调刑罚在教化中的辅助作用。宋代理学家程颐以为："刑罚立而教化行。"朱熹说："教之不从，以刑督之。"就是强调以刑辅教，以刑督教，以刑罚的手段，推动教化的开展。李觏之论教与刑的关系更加明了，《李觏集·安民策》指出："教以开其前，如得大路，终日行而弗迷失；刑以策其后，使不敢反顾。"这实际上就是孔子提倡的"宽猛相济"的手段。

第四节　神道设教：麻醉之道

所谓神道设教，就是利用宗教或准宗教的手段，宣扬其政治主张及政治统治的合理性，以鬼神迷信的观念欺骗民众以实施其思想政治教育——教化的推行。其目的是让民众畏惧而就范。《周易·观·彖》说："圣人以神道设教而天下服。"《礼记·祭义》说："合鬼与神，教之至也。"又言："明命鬼神，以为黔首则，百众以畏，万民以服。"奉鬼神为"教之至"，可一语点破儒家政治教化的愚民本质。《乐记》则明确地指出了教化的手段要用明暗两手：“明则有礼乐，幽则有鬼神，如此则四海之内合敬同爱矣。”明代理学家吕坤更是说尽了儒家用神道设教来教化人民的“苦心”，《呻吟语·谈道》指出：“敬事鬼神，圣人维持世教之大端也。其义深，其功大，但不可凿求，不可道破耳。”那么，如何实施这“不可凿求，不可道破”的“圣人维持世教之大端”呢？“神道设教”，其关键在于一个“设”字，设什么，设的目标是什么？这是根本问题。综观儒家之“设”教，大略有如下数端：

一、国家宗教

《论语·季氏》说：“君子有三畏：畏天命，畏大人，畏圣人之言。”天命乃中国古代国家宗教之本。它肇始于夏、商、周三代的神权政治观，后为历代政治理论家和政治统治者所继承和改造。这种以天命为核心的古代国家宗教观的体系化应该说开始于西汉的董仲舒。董仲舒改造历代天命观，创造了以“天人合一”“天人感应”“君权神授”为核心内容的政治观，这就是董仲舒所称的普遍的“道”。他说：“道之大原出于天，天不变，道亦不变”。具体地说，董氏所谓“道”，就是儒家学说，就是经过他改造过了、神化过了、系统化过了的儒家“三纲五常”学说！

董仲舒说：“君为臣纲，父为子纲，夫为妻纲。”君主乃上天之子，称为“天子”而“君人者，国之本也”。君主的权力来自上天，所以不可动摇！因为，“三纲”之说来自天道之阴阳，《春秋繁露·基义》指出：“君为阳，臣为阴；父为阳，子为阴；夫为阳，妻为阴。”“王道之三纲，可求于天。”一切都是天的安排，天的意志通过灾异、祥瑞等方式惩罚那些不守天道的人，奖励那些遵循天道行事的人。因此，《春秋繁露·深察名号》提出，人们只能“事各顺于名，名各顺于天。天人之际，合而为一。因而通理，动而相益，顺而相授，谓之德道”。人人顺从于天，顺从天为每一个人安排的名分（这个名分根本的是“君君、臣臣、父父、子子”），按自己的名分要求去做事，就能合于天意，就是“德道”。

二、报应之教

自从佛教传入中国，其因果报应、三世轮回的宗教学说，对于麻醉民众，维护政治统治稳定的作用就被儒家君子们所认识，所利用。清末大儒曾国藩说佛教的教化功能，就是典型代表。《曾文正公文集·纪氏嘉言序》说佛教"警世功能与吾儒略同，亦未可厚贬而概以不然屏之者也"。其言反映了历代儒者及统治阶级的心声。那么，佛教的治世教化功能表现在何处？明人田汝成给出了一个明确的答案："人知忠孝节义有报，则人人伦笃矣；知杀行之有报，则暴殄弭矣；知冤对之有报，则世仇解矣；知领谋之有报，则吞并者惕矣。"① 以儒家所倡导之仁义之教与佛教之"报"完美结合，则天下民众岂敢违拗？

三、山川鬼神之教

汉高祖刘邦初登帝位，即诏告天下，《汉书·郊祀志上》说："吾甚重祠而敬祭。今上帝之祭，及山川诸神当祠者，各以其时祠之如故。"为什么重视山川鬼神之祭，就是因为鬼神可"为黔首则，百众以服，万民以服。"人们敬服鬼神在冥冥中为自己带来幸福的诱惑力，惧怕鬼神冥冥中把握己身前途命运的威慑力。这一敬一惧，正是山川鬼神在教化民众中的神奇力量和作用。

四、宗法祖先之教

儒家政治是典型的伦理型政治，其政治设计的基本单位是以家庭为基础的家族。家族中共同供奉着同一祖先，形成宗庙制度。敬祖之祭，以祖教民，是儒家教化的基本形式。通过祭祖，可以明人伦尊卑之序，可以用先祖之家训教化子孙，一同全族之心，可以强调和灌输儒家忠孝齐家治国平天下的伦理政治观念。因为只要家族和睦，则社会安定，儒家治国平天下的理想就实现了。

第五节　使之，由之：愚民之教

儒家教化的根本在于化民。其化民之道多矣（诚如上述），但是否也可将

---

① 田汝成《夷坚志》序，见（南宋）洪迈著，何卓点校. 夷坚志［M］. 北京：中华书局，1981.

"民"皆化为"君子"呢？显然不是。儒家对民众的教化是有尺度的、有其原则的。这个尺度和原则就是《论语·泰伯》所说："民可使由之，不可使知之。"因为孔子认为，人是分为上智和下愚的，"唯上智与下愚不移"。"上智"者可以通过修身学习而成为"君子"，而"下愚"者则不能改变其愚性，非但不能修成君子之德，能通过"教化"，使其成为"顺民"就相当不易了。这条君子与小民之间的分界是坚定不移的。因此，作为"下愚"者的民众，儒家君子在对他们实施教化时，就只能让他们遵循君子们设立的制度、规范和行为准则去思想、去行动（使由之），而不能让他们知道和了解这些行为规范、制度为什么要制定的理由和过程（不可使知之）。总之，就是要"愚民"！

但民众又不可不使其学道。《论语·阳货》中说："君子学道则爱人，小人学道则易使也。"孔子眼中的"小人"，就是广大的民众。让他们学道，就是对他们进行思想政治教育，目标是十分明确的：就是使他们易于受统治者驱使。这同时也是儒家民众教化的程度标准和知识界限。"易使"的目标设计，暴露了儒家政治设计的阶级本质。他们强调的是民众对于统治者的服从意识，强调的是统治者对民众的主导意识，强调的更是民众在国家治理过程中的客体意识和工具意识！在儒家君子们看来，这种政治设计的安排也是天经地义的。因为"无君子莫治野人，无野人莫养君子。"君子与"野人"（即民众，此称呼就有蔑视的意味。）的关系是"治"与"养"的关系，主动权当然要完全彻底地控制在君子们的手中。正如《孟子·滕文公上》中认为，一个国家的人中，必有"或劳心，或劳力"者，"劳心者治人，劳力者治于人；治于人者食人，治人者食于人，天下之通义也"。劳心者，君子也；劳力者，民众也，君子治民而食于民，此乃"天下之通义"也。

总之，儒家对民众的思想政治教育（"教化"）设计，带有强烈的主体意识和阶级意识，其教化的根本目的在于使民"易使"，做统治者的顺民。其教化的手段以灌输为主，有正面的引导，也有成心地欺骗，更有恶心的歧视；既重视温情脉脉的君子式教导，又不忘用刑罚的手段逼民就范。这是一种成熟而"高超"的治国理民之术。中国古代官僚体制绵延两千多年，岂非儒家教化之功邪？！

第五章

儒家思想政治教育理论设计的思想渊源

儒家思想政治教育理论的思想渊源，悠久而深远。从《史记·五帝本纪》的记载来看，自中华文明始祖黄帝时代开始，国家的治理就是以道德教化为基本方法的。其"顺天地之纪，幽明之占，死生之说，存亡之难。时播百谷草木，淳化鸟兽虫蛾，旁罗日月星辰水波土石金玉，劳勤心力耳目，节用水火材物。有土德之瑞，故号黄帝。"而五帝之一的帝喾更是"生而神灵，自言其名。普施利物，不于其身。聪以知远，明以察微。顺天之义，知民之急。仁而威，惠而信，修身而天下服。取地之财而节用之，抚教万民而利诲之，历日月而迎送之，明鬼神而敬事之。其色郁郁，其德嶷嶷。其动也时，其服也士。帝喾溉执中而遍天下，日月所照，风雨所至，莫不从服。"

教化，就是中国传统政治的原始之道。这种教化治道经历了五帝、三代的传承，到西周初期的周公旦，达到了一个高峰。所谓"周公制礼"，在中国历史上第一次整理完成了一个以"礼乐"为中心，以教化为路径的国家治理体系。但其根本在于"封建"的贵族世袭政治体制。随着春秋战国"礼崩乐坏"，周公的教化治国之道解体，成为诸子百官治国思想的历史遗产和理论渊源，儒家思想政治教育理论正是在继承周公之道的基础上建构出来的。

第一节 "郁郁乎文哉，吾从周"：对礼制传统继承 与以道德教育为主体教育的目标来源

儒家政治的最高理想是"大同"世界。何谓"大同"？《礼记·礼运》说："大道之行也，天下为公，选贤与能，讲信修睦。故人不独亲其亲，不独

子其子。使老有所终，壮有所用，幼有所长，矜寡孤独废疾者，皆有所养。男有分，女有归。货恶其弃于地也，不必藏于己；力恶其不出于身也，不必为己。是故谋闭而不兴，盗窃乱贼而不作，故外户而不闭。是谓大同"。这是一个典型的以伦理关系美好实现为前提的和谐的原始共产主义乌托邦。它在孔子的时代就早已逝去。因而，退而求其次为"小康"之世。

一、"从周"与从德

在孔子看来，"小康"之世正是刚刚离去未远的西周体制。《礼记·礼运》中说所："今大道既隐，天下为家；各亲其亲，各子其子；货力为己，大人世及以为礼；城郭沟池以为固，礼义以为纪。以正君臣，以笃父子，以睦兄弟，以和夫妇；以设制度，以立田里；以贤勇知，以功为己。故谋用是作，而兵由此起；禹、汤、文、武、成王、周公由此其选也。此六君子者，未有不谨于礼者也。以著其义，以考其信，著有过，；刑仁讲让，示民有常；未有不由此者，在势者去，众以为殃。是谓小康。"禹、汤、文、武、成王、周公是儒家学者心目中的"三代"圣王，他们治理天下的行为，被儒家视为治世之楷模。在三代中，孔子尤其看重的是周代的文治。故孔子曰："周监于二代，郁郁乎文哉，吾从周。""从周"是孔子政治设计的根本出发点和终生不渝和追求。以至到他晚年时，更以不复梦见周公为憾事："甚矣，吾衰也，久矣，吾不复梦周公！"足见其对周公及其时代的仰慕。

那么，周公之治的核心是什么？孔子为什么钦慕周制？西周政治的根本在于其以夏、商两代为鉴，从夏、商得天命又失天命的客观事实中，认识到"天命靡常""惟德是辅"的道理。因此强调"明德慎罚"、以德治国的方针。《尚书·召诰》说："我不可不监于有夏，亦不可不监于有殷。我不敢知曰，有夏服命，惟有历年；我不敢知曰，不其延。惟不敬厥德，乃早坠厥命。我不敢知曰，有殷受天命，惟有历年；我不敢知曰，不其延。惟不敬厥德，乃早坠厥命。"因此作为统治者必须"肆惟王其疾敬德！王其德之用，祈天永命"。如何"敬德"？"敬德"在"保民"！《尚书·酒诰》说："古人有言曰：人无于水监，当于民监。"《尚书·康诰》指出："无畏斐忧，民情大可见，小民难保。"大话怎样才能保民？一要明德；二要慎罚。所谓"明德"就是要扬善统治者的美好道德，以自己为榜样，为民之表率；要爱护民众，对民众实施教化，满足其基本生活所需。西周统治的这一指导思想为孔子完全继承，成为其政治设计的直接资料之源，"明德"的统治者正是孔子理想政治实现的保证者——"君子"人格塑造的原型。

　　周公不仅强调"德治"，更"制礼作乐"，制定一整套包括国家政治制度、社会规范及人们行为准则的内容庞杂的礼制。而礼制的核心在于保证以血缘为纽带、以分封制为主体的宗法制的国家政治制度的贯彻实施。礼的本质是讲等级制度，所谓"礼别差等"是也。这一思想也为孔子完完全全地继承了下来，并将其归纳为"君君、臣臣、父父、子子"的纲领性治国原则。到西汉董仲舒时，则更进一步将其发挥为"三纲"学说，成为历两千年官僚政治的不变"天道"。

二、"德治"与仁学

　　孔子的政治理论设计之源基本来自周制。他以儒者治国平天下为"志"，面对已经"礼崩乐坏"了的春秋末年的社会现实，也对周制进行了在继承前提下的改造。这就是创造了"仁"的概念，作为其政治学说的核心。什么是"仁"，孔子的表述很多，学者们对其本质的把握也多不一。我们认为，其根本的在于二条：一是"仁者爱人"，这是对西周德治学说的继承和修正；二是"克己复礼"为仁，这是对西周"礼制"的继承和深化。其核心处仍然在于"君子"的修身，君子的道德修养。这是儒家政治"内圣"的基本要求。当然，"内圣"的目的在"外王"。因此，"仁"的要求又不仅仅局限于修身养性。《论语·宪问》篇就曾记载："子路曰：'桓公杀公子纠，召忽死之，管仲不死。'曰：'未仁乎？'子曰：'桓公九合诸侯，不以兵车，管仲之力也。如其仁，如其仁！'"许管仲为"仁"，说明其对仁之政治功用的极端重视。孔子本人怀抱治平之志周游列国，寻求政治理想的实现之路，为后世儒家开启了一条"内圣外王"之道。追求治平，追求大道之行是儒者的"外王"之壮志，而修善品德、做好人格上的准备，则是"圣王"的修身理想。以内圣开出外王的儒者治国途径设计，正说明了孔子极端重视以修身为本的西周治道的继承与弘扬。

第二节　"性相近，习相远"
——人性假定与教化的本原

　　孔子言性，文辞不多。一句"性相近也，习相远也"，为其思想政治教育以教化为途径奠定理论基础。因认识到人的差别在于"习"的区别，孔子特别强调"习"的重要性。孔子认为，仁是人之为人的最高尚的道德品质，而仁是内在于人的心性之中的，《论语·述而》说："仁远乎哉？我欲仁，斯仁至矣。"所以，习也要如《论语·颜渊》所说："为仁由己，而由人乎哉？"仁的基本含义是"爱人"，《论语·雍也》指出爱人的仁德具体表现在两个方面：一是"己所不欲，勿施于人。二是己欲立而立人，己欲达达人"。这就是儒家君子以"修身为本"的教育途径的根源。

一、性善论与孟子教化观

　　孟子则在孔子的基础上，进一步发挥了其以"性善"为本的人性假设，更为儒家"教化"观增添了浓厚的理论色彩。孟子假定：人具有先验的善性，《孟子·公孙丑上》指出："人性之善也，犹水之就下也。人无有不善，水无有不下。"从性善论出发，孟子又提出四个善端："恻隐之心，仁之端也；羞恶之心，义之端也；辞让之心，礼之端也；是非之心，智之端也。人之有四端也，犹其有四体也，有是四端而自谓不能者，自贼者也。"为此，他仍如孔子一样，强调每个人应从自身修养做起，修善自己的道德。故曰："仁义礼智，非由外铄我也，我固有之也。"因此，《孟子·离娄下》指出："君子所以异于人者，以其存心也。君子以仁存心，以礼存心。""存心"便是君子修德之本。君子成德，将仁义礼智的道德善性从人的心中扩充开来，推己及人，即是《孟子·尽心上》所说"亲亲而仁民，仁民而爱物"的人道——儒家思想政治教育民众教育——"亲民"（教化）之道！这是人之为人的本质——性善所决定的。孟子认为，政治之道就是为人之道，为人之道就是仁义之道，仁义之道就是先王之道，先王之道就是孝悌之道，孝悌之道则直接来源于"教化"！所以《孟子·离娄上》说："仁之实，事亲是也；义之实，从兄是也；智之实，知斯二者弗去是也；礼之实，节文斯二者也；乐之实，乐斯二者。"从为人之道推演出以教化为核心的治国之道正是其政治设计的基本逻辑。《孟子·尽心上》指出："亲亲，仁也；敬长，义也；无他，达之天下也。"《孟子·梁惠王上》指出："未有仁而遗其亲也，未有义而后其君者也。"

二、性恶论与荀子教化说

荀子则与孟子相反，《荀子·性恶》从"性恶论"的观点出发，认为人的伦理道德观念都不是天生而来的，"凡贵尧禹君子者，能化性，能起伪，伪起而生礼义；然则圣人之于礼义积伪也，亦犹陶埏而生之也"。因此，必须以"善德"去教育和引导他们，改变其固有的"恶性"，从而养成良好的品行与德性。"化性起伪"是荀子思想政治教育学说的基础。

荀子认为，人的本质在于他的"能群"——是一种具有社会性的高级动物。《荀子·王制》说："人生不能无群，群而无分则争，争则乱，乱则离，离则弱，弱则不能胜物。"他认为，人所居住的自然环境不足以满足所有人的需求，这决定了人们之间的争夺混乱，本质上体现出一种"恶"的本性。圣人们正是为了纠治人性趋恶，保证人类的生存，才通过"积累虑，习伪故"的自我主动的心性修养，创制了礼义法度。《荀子·性恶》说："古者圣王以人之性恶，以为偏险而不正，悖乱而不治，是以为之起礼义、制法度，以矫饰人之情性而正之，以扰化人之情性而导之也。使皆出于治，合于道者也。""故圣人化性而起伪，伪起而生礼义。礼义生而制法度。然则礼义法度者，是圣人之所生也。故圣人之所以同于众，其不异于众者，性也；所以异而过众者，伪也。"

圣人之制订礼义制度，目的在于"化性起伪"，那么，何以实行呢？在于用"礼治"纠正人的恶性。《荀子·非相》说："人道莫不有辨，辨莫大于分，分莫大于礼，礼莫大于圣王。"而如何纠正人的恶性呢？在于通过教化使人们明"分"，即让人们明白人与人之间有贵贱轻重之分、尊卑长幼之别的礼制。"礼者，贵贱有等、长幼有差、贫富轻重皆有称者也。"所以，《荀子·富国》指出："古者先王分割而等异之也，故使或美，或恶，或厚，或薄，或佚或乐，或劬或劳，非特以为淫泰夸丽之声，将以明仁之文，通仁之顺也。故为之雕琢、刻镂、黼黻文章，使足以辨贵贱而已，不求其观，为之钟鼓管磬，琴瑟竽笙，使足以辨吉凶、合欢定和而已，不求其余；为之宫室台榭，使足以避燥湿、养德、辨轻重而已，不求其外。"《荀子·修身》指出人们"凡用血气、志意、知虑，由礼则治通，不由礼则勃乱提曼；食饮、衣服、居处、动静，由礼则和节，不由礼则触陷生疾；容貌、态度、进退、趋行，由礼则雅，不由礼则夷固僻违，庸众而野。故人无礼则不生，事无礼则不成，国无礼则不宁。"《荀子·礼论》指出只要将礼"立隆以为极，而天下莫之能损益也。本末相顺，终始相应，至文以有别，至察以有说。天下从之者治，不从者乱，从之者安，不从者危，从之者存，不从者亡。"所以，《荀子·君道》说："君者，民之原也。源清则流清，原浊则流浊。"显然荀子更多地继承了孔子礼治的思想，从人性本恶的另一个角度论证了儒家思想政治教育"教化"原则的必要性。

三、性三品说与董仲舒的教化设计

董仲舒批判地继承了孟子的"性善论"和荀子的"性恶论"，指出人性有性、情之分，有善有恶。据此，董仲舒更强化了儒家以教化为本而使人致善的思想政治教育之道。

在董仲舒看来，治国的根本在于"教化"。因为他认为人性有三等，即"圣人之性""中民之性"和"斗筲之性"。"圣人之性"是善的，"斗筲之性"是恶的，这些极善、极恶的人只是极少数，没有代表性，没有普遍意义，故不能叫性。因此，他说："圣人之性，不可以名性，斗筲之性，也不可以名性。"能名性者只是中民之性。他说："名性，不以上，不以下，以其中名之。"因此，他说的"中民之性"即是除了"圣人之性"和"斗筲之性"这两种极端以外的占绝大多数人的"万民之性"。这才是他要研究的人性。性是什么？《春秋繁露·实性》认为"性者天质之朴也，善者王教之化也。无其质，则王教不能化；无其王教，则质朴不善"。从这里可以看出，他把性看作人的一种天生的素质，有经过教化而为善的可能性，但这种可能性变为现实性必须依靠教育。《春秋繁露·实性》中提出："中民之性，如茧如卵，卵待覆二十日而后能为雏，茧待缲以涫汤而后能为丝，性待渐于教训而后能为善。善，教训所然也，非质朴之所能至也。"总之，他认为，民性未善，待教而为善。这就为儒家教化学说提供了理论依据，对中国后世思想政治教育的产生了深远的影响。唐代将"德礼为政教之本"作为了其治国立法的指导思想。儒家以"教化"为本的治国基本方针，成了宋元明清历代封建王朝一以贯之的根本大法。

第三节 "神道设教"
——天道、人道与明人伦、致忠孝思想政治教育目标的设定

儒家政治设计包括思想政治教育设计的价值之源在哪里？其理论的根本依据何在？在"天"！这种从周代开始的"天"为政治设置之源的思想，一直延续至汉唐、宋元明清，并日趋成熟，成为其思想政治教育设计的理论根基。在理论上，儒家所反复论证的"天命""天理"等概念一直具有上帝般的威慑力。孔子虽然"罕言鬼神"，但《论语》中仍列举了其敬天的言论："君子有三畏：畏天命、畏大人、畏圣人之言。""丘之祷久矣。"等等。在漫漫数千年历史长河中，儒家敬天思想及行为模式，显现了某些宗教性特色，故许多学者将其学说称为"儒教"，不无道理。

儒家的"天"就是"天理"，就是天所规定的人间宗法伦理关系。西汉儒学大师董仲舒以"天人合一""天人感应"的理论论证了"君权天授""三纲五常"的人间社会秩序，强调"屈民以伸君，屈君以伸天"这是古今不变之道！因为"王道之三纲可求于天"，"天不变，道亦不变"。这就要求人们对于儒家的"王道"政治主张有一种热切的政治信仰。这种伦理为天的理论中，亦包含着儒家自认为合乎天德的政治理想成分，而这一政治理想的成分也一代一代地激励着儒家人物修养身性、践行伦理，去实践其以"教化"天下为己任的"治国平天下"的伟大抱负。

天理既是人伦的体现，则作为人伦之本的"三纲五常"自然成了儒家思想政治教育的核心内容，明人伦，致忠孝则是其学说的既定目标。

《孟子·滕文公上》第一次提出人伦即是人的五种社会关系："父子有亲，君臣有义，夫妇有别，长幼有序，朋友有信。"董仲舒则把君臣、父子、夫妇这三伦绝对化、神圣化，把它建构为"王道三纲"："君为臣纲，父为子纲，

夫为妻纲。"将臣对君、子对父、妻对夫的义务绝对化，成为我国两千多年官僚制社会最高的政治原则和最高的道德规范。要保证"三纲"之道在社会政治生活中的落实，董仲舒便逻辑地推了其思想政治教育的基本目标：培养事君有忠的臣，事父尽孝的子，事夫顺从的妻。忠、孝、顺三种道德规范，直接与最高政治原则紧密相连。在这三者之中孝是基础，移孝作忠是目的，其实质是强化家族的宗法统治和君主权威——这就是儒家思想政治教育的终极目标体现。

为确保"三纲"的落实，董仲舒还强调，儒家政治教育必须推行"五常"之道。董仲舒的五常说是在孟子的"仁义礼智"四德说的基础上，加上"信"而提出的伦理概念。《汉书·董仲舒传》说："夫仁、谊（义）、礼、知（智）、信五常之道，王者所当修饬也。"为什么"王者"要修"五常之道"？在他看来，仁的教育功能在于使受教育者"其心舒，其志平，其气和，其欲节"。义的教化功能是让人们树立"重义轻利"的义利观，《春秋繁露·制度》指出，"夫人有义者，虽贫能自乐也；而大无义者，虽富莫能自存"，"忘义而殉利，去理而走邪"就会招致"以贼其身，而祸其家"。礼的作用是使人民"贵贱有等，衣服有别，朝廷有位，乡党有序，则民有所让而不敢争，所以一之也"。《春秋繁露·必仁且智》指出，智的作用在于使人能"见祸福远，其知利害蚤，物动而知其化，事兴而知其归，见始而知其终"。《春秋繁露·仁义法》指出："民患"能"先觉其萌，绝乱塞害于将然而未行之时"，更在于使人难"其动中伦，其言当务"。信则被儒家视为"进德修世之本""立人之道"和"立政之本"。"民无信不立"！

如上所说，"三纲"是匡正王朝统治的人伦尊卑、主从关系的主体伦理规范，"五常"则是人伦关系的道德准则，二者紧密结合，其根本在于使人"明人伦，致忠孝"，安定社会秩序。这也就是儒家思想政治教育的基本目标。"三纲五常"学说自从董仲舒将其系统化、理论化以后，就成了中国社会道德的基本内容和价值准则、学校德育的基本内容、民众教化的根本导向。

第四节 "更化"
——权变之术与其外王（"教化"）之道的实践途径

儒家"更化"思想在荀子的"法后王"学说那里，已开其端，西汉董仲舒则继承了荀学的精华，结合汉代的政治形势，适时地提出了"更化"主张，使儒家思想从政治理想变成了政治实践。董仲舒认为，在治国的政治原则上，作为纲常伦理层面上的"三纲五常"之道是永远不变的，《汉书·董仲舒传》指出："天不变，道亦不变"，"继治世者其道同"，但在具体政治制度上，则"继乱世者其道变"，即使是"继治世"，新朝建立伊始，也需改正朔，易服色，"明易姓非继人，通以己受之于天也"。董仲舒说："窃譬之琴瑟不调，甚者必解而更张之，乃可鼓也；为政而不行，甚者必变而更化之，乃可理也。当更张而不更张，虽有良工不能善调也；当更化而不更化，虽有大贤不能善治也。"董仲舒甚至认为，到汉武帝时汉朝得天下已七十余年，"常欲善治而至今不可善治者"，关键就在于没有更化。

那么，如何更化？更化些什么内容呢？其根本在于"复修教化"，包括以教化为核心的改革弊政、改正朔、易服色，重新受命等一些具体政治制度的变更。如何实施教化？

董仲舒认为，首先要充分认识教化的极端重要性。《汉书·董仲舒传》说："教化不立而万民不正也。夫万民之从利也，如水之走下，不以教化堤防之，不能止也。是故教化立而奸邪皆止者，其堤防完也；教化废而奸邪并出，刑罚不能胜者，其堤防坏也。古之王者明于此，是故南面而治天下，莫不以教化为大务。"教化是防民走向邪恶的堤防，这是历代明君都明白的道理，所以治天下都把教化作为头等大事。《汉书·董仲舒传》也认为"任德教而任刑，刑者不可任治世"。以德教治国，则国家长治久安；重刑罚而治，则亡国灭身。因此，教化之成否关系到国家的存亡兴衰。

其次，必须设定实施教化的途径和措施。董仲舒提出，第一，要建立一套从上而下的教育机构，充分发挥学校在培养人才和实行社会教化的作用。即"立太学以教于国"，培养治国的贤人君子；"设庠序以化于邑"，对民众施行社会教育，达到"教化行而习俗美"的目的。第二，以各级官吏为民"师帅"，担负起教化的职责："今之郡守县令，民之师帅，所使承流而宣化也。"第三，在基层广置"三老"和"孝悌力田"为民表率。第四，建立一套礼乐制度，使民众可以遵守。董仲舒认为礼可以节制民众的行为，乐可以陶冶民众的道德情操，所以他说"节民以礼"，"乐成其德"，乐有"变民风化民俗"的作用。

董仲舒是一个较为彻底的更化论者。他不但强调"继乱世者其道变"，并根据秦汉政治具体状况提出了更化的具体办法，其实质在于以"更化"之名行"教化"之实，实践儒家的政治理想。这就为儒家思想政治教育指出了一条切实可行的用世途径。中国两千多年的儒学统治，正是由董仲舒发其端的。

第五节　"大一统"：思想政治教育内修与外化的终极目标

孔子以"从周"为其政治理想，要复礼，要天下做到"君君、臣臣、父父、子子"，要恢复"礼乐征伐自天子出"的局面，就要恢复周天子的一统天下，统一于承天命的"余一人"之天子。孔子认为，这才叫作"天下有道"，才是理想的政治格局。孔子的这种思想为后世的儒士所继承，并加以发展，甚至成为儒士们杀身成仁的思想信念之支柱。儒家思想政治教育理论也是在这一思想基础上建立起来的。"大一统"是儒家思想政治教育理论通过君子修身和民众教化所要达到和极力维护"平天下"的理想局面。其实现的途径便是"内圣外王"之道。

首先，儒家认为，个体的道德完善，尤其是治国者的修身成德，是政治教化得以运行的首要前提。《孟子·离娄上》指出："天子不仁，不保四海；诸侯不仁，不保社稷；卿大夫不仁，不保宗庙；士庶人不仁，不保四体。"因此，治道必须从作为统治者的君子的自身道德品质的完善开始。《论语·述而》说："德之不修，学之不讲，闻义不能徙，不善不能改，是吾忧也。"《孟子·离娄下》亦说："君子有终身之忧，而无一朝之患。"《荀子·儒效》指出："君子务修其内而让之于外，务积德于身而处之以遵道。"君子自身道德的不修善，是孔、孟、荀等儒家政治设计者心中最大的担忧。因此他们强调，君子必须坚持不懈地努力做到《论语·学而》中说的"君子食无求饱，居无求安，敏于事而慎于言，就有道而正焉"。《论语·里仁》指出："君子无终食之间违仁也，造次必于是，颠沛必于是。"做到杀身成仁，舍生取义，穷不失义，达不离道，只有这样，才能造就儒家思想政治教育的"内圣"之境，才能为"教化"天下打下良好基础。

其次，君王仁政德治，推"内圣"而"外王"——实施"亲民""教化"是完善儒家平天下理想的根本途径。儒家认为，德治运行的关键在于以君王为核心的治国者的行为。他们要求，在施政方面，君王要为政以德，任用贤能德良之士，实行保民养民仁政，确定人们的社会地位，规范人们的社会行为。《荀子·君子》说："故尚贤使能，等贵贱，分亲疏，序长幼，此先王之道也。"《孟子·梁惠王上》指出："养生丧死无憾，王道之始也。"《荀子·儒效》指出："明主谲德而序位，所以为不乱也；忠臣诚能然后敢受职，所以为不穷也。分不乱于上，能不穷于下，治辨之极也。"君王要节用爱人，使民以时，易其田畴，薄其税敛，乐民之乐，忧民之忧。这是实施教化使民众乐于接受的前提。在具体的教化实践上，儒家认为，君王要修养完善自身的道德，引导民众践德向善。故《论语·子路》说："上好礼，则民莫敢不敬；上好义，则民莫敢不服；上好信，则民莫敢不用情。"《孟子·离娄上》亦言："君仁，莫不仁；君义，莫不义；君正，莫不正。"因此，君王自身道德的修养完善，对于整个社会的道德发展具有重要的引导和教化作用，同时也是人道在社会中得以运行的重要保证。由此可见，从"君子"之明明德到亲民到止于至善的儒家思想政治教育之路，正与其君子修身、齐家治国、平天下，内圣、外王、大一统的政治理想相一致，体现了其政治理想与教化思想的高度统一，这也就是儒家一以贯之的道。

综上所述，儒家思想政治教育的理论与其基本政治设计相一致，从某种意义上说，儒家政治学说就是思想政治教育——"教化"的学说。其理论的基调来自对西周传统的继承和改造、创新。表现为从人性假定上寻找教化的本原；从价值之源——天道与人道关系的探究上，确立其理论的合理性依据；从"变"与"不变"的辩证政治实践中标举"更化"主张，为其"教化"学说用世开辟道路；从政治理想的"终极关怀"或最高目标——"大一统"的要求出发，综合利用内修与外化相结合的"内圣外王"之道，最终实现其"平天下"的根本目标。

下篇　两汉时期儒家思想政治教育的实践

第六章

两汉时期儒家思想政治教育的制度化

儒家思想政治教育的目标是使受教育者"明人伦","致忠孝",以培养实现其德治政治理想的仁人君子、依顺小民,这是一个典型的双重伦理结构,具有强烈的理想主义色彩。所以,历春秋战国至秦、汉之初,虽有从孔子开始的众多儒者们奔走呼号,欲求大用于世俗政治,却被世人视之以"迂远而阔于世事",屡遭统治者抛弃。秦始皇一统六合,仍斥其为"迂阔之论"而以为无补于治道,刘邦更有"溲溺儒冠"而贱儒的惊人之举。然则,世道沧桑,此一时也,彼一时也。汉代"大一统"的形势为儒学出世提供了必要的社会条件。当刘邦饱受大臣无礼于朝堂尴尬之苦时,"曲学阿世"的"汉家儒宗"叔孙通告诉刘邦:儒者难于成事,易于守成。他自告奋勇地杂采《秦仪》、儒典,为汉起《朝仪》,使刘邦这位"无赖"皇帝尽享帝王之乐。于是汉家帝王们开始留心于儒学可治国者,乃在于其能增添威仪、"缘饰吏事",为其野蛮的政治统治寻找到了一块"遮羞布"。自此之后,欲求"利禄之途"的儒者们,纷纷放弃儒家理想主义的独立人格,而屈身求用世于当前,以推销其儒术。儒术这一被改造和扭曲了的儒学,经叔孙通、贾谊、董仲舒诸人的推波助澜,终于在汉武帝时被定为一尊,走上中国历史的政治舞台,成为两千年中国的治国正统指导思想,开始了其思想政治教育理论的实践。本章拟结合史实,从其政权建设的需要为出发点,探讨汉代在全国推行儒家思想政治教育的行政运行机制。

第一节　钦定以儒学为独尊的思想政治
教育目标和内容体系

历史进入公元前 140 年，雄才大略的汉武帝登上了历史舞台。登基伊始，他便向天下"贤良"发出《天人三策》，向这些统治者的智囊们征询答案：

> 三代受命，其符安在？灾异之变，何缘而起？性命之情，或天或寿，或仁或鄙，习闻其号，未烛厥理。伊俗风流而令行，刑轻而奸改，百姓和乐，政事宣昭。何修何饰而膏露降，百谷登，德润四海，泽臻草木。三光全，寒暑平，受天之祐，享鬼神之灵，德泽洋溢，施乎方外，延及群生？（《汉书·董仲舒传》）

> 天人之道何以本始？吉凶之效，安所期焉？禹、汤水旱，厥咎何由？仁、义、礼、知四者之宜，当安设施？属统垂业，物鬼变化，天命之符，废兴何如？（《汉书·公孙弘传》）

这一连串发问，归结起来，就是三个本质问题：其一，政治信仰问题。包括政权合理性何在？国家宗教如何建立？等等。他要从天人之道的本始追问，为汉王朝统治寻找合理性的终极价值之源。在汉武帝看来，建立起人们对于皇权的信仰，这是一个政权得以存在的首要的、根本性问题。其二，伦理（或道德）信仰问题。欲从人的"性命之情"中去寻找，从"天人"本体关系中去探索伦理道德建设之理，这也是社会持续安定和谐的关键所在。其三，政治施为问题。"何修何饰"而能为人民求福，满足天道对皇权保民的要求？仁、义、礼、知如何在政治实践中体现？等等。以上三个问题，说到底，就是要从意识形态的自觉高度，建立起满足"大一统"政治需要的国家宗教，伦理道德信仰，以完成其天下思想"大一统"之格局。于是，儒家悬空了近三百年的政治理想，终于找到了其实践于现实的机缘。

贤良们针对这一系列问题发表了各自的见解。其优秀者，大儒如董仲舒、公孙弘之流脱颖而出。董仲舒在其《天人三策》的对答中，为汉武帝提供了一个较为满意的答案。

《汉书·董仲舒传》指出："道之大原出于天，天不变，道亦不变"。而"天道之大者在阴阳"，"王者承天意以从事"。政治、伦理、道德的根本来源是"天"，这是亘古不变的。王权的授受完全取决于天意，一个王朝的兴起，并有受天命之符。《汉书·董仲舒传》说，如周兴之时，"白鱼入于王舟，有火复于王屋，流为乌"。此盖受命之符也。而其之所以能受天命，则是因其"积善累德，天下之人同心归之，若归父母，故天瑞应诚而至"。即君权神授，这是对政治信仰的答案。

在董仲舒看来，社会伦理秩序的安定也来自上天的意志。《春秋繁露·基义》说："凡物必有合，合，必有上，必有下，必有左，必有右，必有前，必有后，必有表，必有里。有美必有恶，有顺必有逆，有喜必有怒，有寒必有暑，有昼必有这夜，此皆其合也。阴者阳之合，妻者夫之合，子者父之合，臣者君之合。物莫不合，而合各有阴阳。阳兼于阴，夫兼于妻，父兼于子，君兼于臣。君臣、父子、夫妇之义，皆取阴阳之道。君为阳，臣为阴；父为阳，子为阴；夫为阳，妻为阴……王道之三纲可求于天。""君为臣纲，父为子纲，夫为妻纲"，是其所谓"三纲"也。"三纲"之外，还有所谓"五常"，即仁、义、礼、智、信。"三纲五常"是董仲舒总结自孔子以来儒家政治伦理学说，在新的历史条件下，对儒家学说的新发展，是此后儒家学说的核心。"三纲五常"均来自天的意志的假设，神化了人间的伦理秩序和道德信仰。

治国的根本在哪里？依董仲舒的观点来看，在于"教化"！是要将"王心"加于百姓，让百姓们都能知天命，明尊卑，异贵贱，以礼乐文之，以仁义化之。他对汉武帝说："曾子曰：'尊其所闻，则高明矣；行其所知，则光大矣。高明光大，不在于它，在乎加之意而已。'愿陛下因用所闻，设诚于内而致行之，则三五何异哉？"而"古之王者"皆明白"教化不立而万民不正"的道理，"是故南面而治天下，莫不以教化为大务。立太学以教于国，设庠序以化于邑。渐民以仁，摩民以谊（义），节民以礼，故其刑罚甚轻而禁不犯者，教化行而习俗美也"。以神道设教，以教化崇道，一归天下人心，正是董仲舒为"大一统"政治开出的"大一统"思想的治理药方。在对策的最后，《汉书·董仲舒传》建议道："《春秋》大一统者，天地之常经，古今之通谊也。今师异道，人异论，百家殊方，指意不同，是以上亡以持一统；法制数变，下不知所守。臣愚以为诸不在六艺之科，孔子之术者，皆绝其道，勿使并进。邪避之说灭息，然后统纪可一而法度可明，民知所从矣"。汉武帝欣然接受了董仲舒的建议，这就是后来班固归纳为"罢黜百家，独尊儒术"的政策。武帝是否"罢黜百家"，学界尚有不同意见，但"独尊儒术"则应是历史的事实。自此而始，汉统治者以儒术为指导，开启了其"教化"天下为治的思想政治教育实践。

第二节　确立以"教化"为职责的行政网络体系

自汉武帝"独尊儒术"后，汉政权不遗余力地推行以"教化"为核心的思想政治教育运动，逐步建立起了一套较为完善的儒家思想政治教育行政网络体系。这一体系是一个纵向的正君、养士、化民行政责任体制；是一个上自朝廷，下至乡里，上自君主，下及黎民的结构缜密的思想政治教育网络体系。

董仲舒是这个网络体系的设计者和推动者。董氏继承孔子思想政治教育思想的核心内容，并结合汉代政治形势的需要，对先秦传统儒家思想进行改造，推动了儒学的政治实践化。他强调，治国要从正君开始，思想政治教育要从君主的行为开始。《汉书·董仲舒传》中董仲舒对汉武帝说："臣谨案《春秋》之文，求王道之端，得之于正。正次王，王次春，春者，天之所为也；正者，王之所为也。其意曰，上承天之所为，而下以正其所为，正王道之端云尔。""故为人君者，正心以正朝廷，正朝廷以正百官，正百官以正万民，正万民以正四方。"董仲舒认为，君主正，则朝廷正；朝廷正，则百官正；百官正，则万民正，万民正，则四方正。"正"，就是董仲舒所主张的思想政治教育的根本内容。是他继承孔子思想政治教育的根本精神，为汉王朝设计的儒家思想政治教育的行政网络体系。

一、关于"正"君

正君是儒家思想政治教育实践的关键一环，也是其"以德治国"主张付诸实践的根本所在。在他们看来，治理天下，只要君主正，则天下正矣。

（一）太子教育

两汉儒家正君理论的实践是从太子教育开始的。自贾谊以来，儒者就十分重视太子教育。太子教育是其"正君"的基本手段。贾谊劝谏汉文帝应当选拔学高身正之士教育太子，以保证"太子正则天下正矣"，他托言西周制度为太子设太师、太傅，教诲太子讽诵诗书礼乐，《贾谊新书·傅职》指出："谕先圣人之德，君国畜民之道"。通过教育，使太子"德智长而治道得矣！"惜乎汉文帝未纳其言。汉代太子教育的实践是从汉景帝开始的。汉景帝立刘彻为太子，以儒者卫绾为太傅，后又以大儒申公的弟子王臧为太子少傅，刘彻在师傅们的教授下开始学习儒学，此后便成了"独尊儒术"的一代英主——汉武帝。这是儒家政治教育的成功。从此以后，汉王室之贵族子弟（以太子为主）研习儒学成了传统。东汉时以皇太子出身登位的君主仅明、章、和、顺四帝，其余诸帝皆是以诸侯王支系入继大统，故后期帝王没有经过太子阶段的师傅教育，而是依靠儒臣侍讲之制实施经学教育。东汉时，朝廷设侍讲为皇太子讲诵儒经成为定制。

（二）天子、王室及诸侯王的教化

汉代儒家正君的第二个手段是对即位的君主延师入廷讲授，以保证其每时每刻都受到儒家思想的熏陶。如汉武帝时有倪宽为之讲《尚书》，蔡义为之说《诗》（见二人《汉书》各本传），此后便形成制度。东汉时，朝廷设侍讲为皇帝讲诵儒经亦成为定制。

皇室贵族子弟是两汉政权最可靠、最为重要的后备力量。将儒家政治理念从小灌输到他们的言行之中，使之懂得用儒家伦理规范约束自己，是汉代儒家思想政治教育最重要的实践保证。从汉武帝"独尊儒术"之后，历代君主均为王室人员聘请名儒，学习五经，使之在"霸王道杂之"的政治治理中，领悟儒家文治对于王朝政权稳定的重要作用。而自东汉始，儒生出身、"以习经术而涉大位"的东汉光武帝，更是格外重视包括太子在内的皇室子弟的教化，要求他们学习儒经，接受儒家伦理政治的教育。光武、明、章时期，三帝不仅自身精通五经，并在他们的努力下，将五经统一在了帝王意志之下，完成了自春秋"礼崩乐坏"君统与圣统分裂之后的再度君圣合一，撰定中国历史上第一部官方政治学著作——《白虎通义》，奠定了中国传统政治学的理论基础。① 在这种历史背景下，东汉皇族、贵族的儒学教育得到更加重视，后汉班彪曾说，当时诸王"结发学问，修习礼乐"。由于自幼熏陶，诸侯王中好儒者为数不少。除诸侯王的儒学教育外，东汉明帝还为外戚樊、郭、阴、马四家的子弟开设学校，又称"四姓子侯学"。《后汉书·皇后纪》记载，汉安帝时邓太后"征和帝弟济北、河间王子男女年五岁以上四十余人，又邓氏近亲子孙三十余人，并为开邸第，教学经书，躬自监视"。在这种强制措施下，贵族子弟通过习经深入了解和逐步接受儒家伦理道德规范，扩大了道德教化的范围与影响。上行则下效，东汉统治者带头学习儒家经典，遵守儒家的伦理道德，带动了全社会的伦理道德教育，社会上攻读儒经蔚然成风。

二、关于"养士"以正朝廷百官

"养士"在董仲舒思想政治教育行政网络设计中处于中间环节。他对汉武帝说，你"夙寤晨兴，忧劳万民"，而之所以天下仍不治，是因为"士子不厉也"。（《汉书·董仲舒传》）而"养士之大者，莫大乎太学。太学者，贤士之所关也，教化之本原也"。以太学养士，是对孔子"君子"教育思想的继承和发展，目的就在于培养造就一大批精通儒家政治主张，具有高尚道德品质，并实践力行的治国"贤才"。董仲舒告诉汉武帝，只有养士，才能具备治国所需的"贤才"，然则求"贤才"又何为？"可得而官使也。遍得天下之贤人，则三王之盛易为，而尧、舜之名可及也。""今以一郡一国之众，对亡应书者，是王道往往而绝也。""今之郡守、县令，民之师帅，所使承流而宣化也；故师帅不贤，则主德不宣，恩泽不流"。（《汉书·董仲舒传》）所以，养士—任官—宣化—教民是其思想政治教育（教化）的逻辑秩序。汉武帝纳董仲舒之策，兴太学，设五经博士以教弟子。其结果是"自武帝立五经博士，开弟子员，设科射策，劝以官禄，迄于元始，百有余年，传业者浸盛，支叶藩滋，一经说至百余万言，大师众至千余人，盖利禄之路然也"。（《汉书·儒林

---

① 查文献资料，《史记》以前无"圣上"之称谓，"圣上"一词始用于班固所著之《汉书》，而班固正是《白虎通义》的编撰者。这表明，自《白虎通义》后，儒者承认了皇帝的学统地位，圣与王经历了近千年的分离后，走向合一，标志着儒学与皇权的正式合并，其所形成的传统政治学模式虽然在其后的历史演变中稍有变更，但其本质依然。正是："天不变，道亦不变"，所变者器也。

传》）而朝廷及地方的官员，也渐渐为儒生们所控制。据有的学者统计，根据《史记》《汉书》中所载的汉武帝时 28 位地方长吏分析，以儒生担任地方长官的约有 12 位，占 42%左右，是为地方长官儒家化的开端。而至元、成二帝时，儒生所占地方长官的比例上升到 80%以上。[①]这就为汉代推行儒家思想政治教育蓄备了中层的行政基础。

三、关于“教民”

化民成俗是儒家思想政治教育落脚点。汉政府在中央到地方官吏的基本职责就是承宣朝廷的旨意，为“民之师帅”，教化百姓。《汉书·董仲舒传》说：“古者修教训之官，务以德化民，民已大化之后，天下常亡一人之狱矣。”因此，汉政权在中央设有专门掌“教化”的司徒之官，规定了各级地方官员的教化任务：郡国长官，《汉书·百官志》中要求“进贤劝功”，并举孝廉；县令（长）要“显善劝义”，“恤民时务”。在教民之道上，《汉书·董仲舒传》强调，各级官员要做到“食禄而已，不与民争业”，因为“天子大夫者，下民之所视效，远方之所四面而内望也。近者视而放之，远者望而效之，岂可居贤人之位而为庶人行哉”？“居君子之位而为庶人之行者，其患祸必至也”。君子就要行君子之事，就是要以教化百姓为己任，而教化百姓，就必须自己以身作则，作民众的表率。从史实的记载来看，两汉大多数地方官员正是这样以教化之师帅的身份，对民间父老、子弟施行宣传教化的。他们充当了两汉思想政治教育行政体系中的中间环节，起到了教化的中坚作用。如《后汉书·寇恂传》记载寇恂为颍川太守，“乃修乡学，教生徒，聘能为《左氏春秋》者，亲受学焉”。《后汉书·刘宽传》记载刘宽在汉桓帝时历任三郡，“每行县止息亭传，辄引百官祭酒及处士诸生对讲。见父老慰以农里之言，少年勉以孝悌之训。人感德兴行，日有所化”。这类记载，在两汉书中随处可见，兹不赘引。根据刘玉琴的研究，一般民众的儒家道德教化，东汉政府通过学校、家庭、社会三种方式普及对一般民众的儒家道德教化，提高民众的道德水准，美化社会风俗。

学校教育是普及一般民众道德教化的方式之一。东汉统治者非常重视儒

---

① 刘厚琴. 儒学与汉代社会 [M]. 济南：齐鲁书社，2010：36-41.

家伦理道德教育在培养人才中的作用，把学校教育作为推行伦理道德教育的重要方式。东汉的学校分官学和私学，而官学又分中央的太学和郡国的地方学校。中央的太学是国家最高学府和全国学校的典范，教授儒家经学。通过传授圣贤之道，灌输封建的伦理道德，培养贤才，来为社会做表率。东汉地方普遍设学，郡国曰学，县、道、邑、侯国曰校，皆置经师一人，乡的学校叫庠，聚的学校为序，都置孝经师一人。其主要任务是奖进礼乐，推广教化，主要学习儒家经典，不仅教授生徒，而且面向社会，灌输封建道德思想，推广礼教，移风易俗。除官办学校外，东汉的私学也相当发达，远超过官学。东汉有许多著名儒家学者开办私人教育，他们德行出众，在当地或者全国皆有相当的影响，被视为楷模，具有极大的凝聚力和影响力。其学生来源十分广泛，"教授门徒常千人"，多者近万人。私学以儒家经典教授弟子，在教授过程中，不仅对儒经进行讲解和阐发，更为重要的是，通过讲解和阐发使受经者接受儒家伦理道德教育，提高他们的道德修养。私学教化与官学教化相结合，扩大了儒家伦理道德的影响。家庭、家族教育也是普及一般民众道德教化的方式之一。家庭、家族是人们接受道德教化的第一场所，这种教化具有长期、稳定、持久、易接受等特点，它始终与学校教化和社会教化相辅相成，是道德教化不可或缺的一部分。东汉家庭、家族内的道德教化主要表现为长辈对后代以及同族兄弟姊妹之间的教化；教化的内容为儒家的忠孝、仁爱、廉洁、节俭等伦理道德；教化的目的是造就仁人贤士，为家族赢得声誉，防止出现叛臣逆子危及家族的地位乃至生存。

四、关于基层教化体系

两汉思想政治教育行政体系的最后一环，也是最基础的一环——地方的乡官："三老""孝悌""力田"。汉初置乡官的意义主要是为民表率，垂范乡里，其次才是行政职能。《汉书·高帝纪》云："举民年五十以上，有修行，能率众为善，置以为三老，乡一人。"其职能是"劝导乡里，助成风化"。"掌教化"，从思想上领导和教育整个乡村的成员。《后汉书·百官志》指出："凡有孝子顺孙，贞女义妇，让财救患，及学士为民法式者，皆扁表其门，以兴善行。"他们是众民之师，他们如果不尽职，还要受到皇帝的责罚。如汉武帝就曾派司马相如晓谕巴蜀，"让三老、孝悌以不教诲之过。"皇帝如此重视乡官的教化作用，由此可见其在汉王朝思想政治教育体系的地位。由此可见，三老制度的实质就是一种以道德教育为核心的思想政治教育制度。三老之设置，在思想政治教育方面的表率作用是显而易见的。

综上所述，汉武帝独尊儒术后，两汉王朝建立了自正君至朝廷到地方郡县以及于官的纵向思想政治教育行政运行体系。各级官员以"教化"为本职，成为两汉思想政治教育网络的主线。

第三节　实行"以孝治天下"为核心的政策激励机制

孝，是儒家思想政治教育的根本内容，孝子与忠臣连接在一起，是我国古代以宗法为基础的家国同构的伦理型政治统治的基本出发点。汉王朝是中国历史上第一个推行"以孝治天下"的王朝。史载，汉"孝惠内修亲"。《汉书·惠帝纪》说："孝子善述父之志，故汉家之谥，自惠帝以下皆称孝也。"汉代帝王自汉惠帝始，其谥号上均有"孝"字，"孝"是刘姓皇朝为保证其统治长治久安的法宝之一。

一、"以孝治天下"是两汉思想政治教育的核心政策，在"教化"民众的过程中起到了核心的政策导向作用

（一）褒奖孝悌，建立新的社会伦理秩序

根据两本《汉书》的记载，两汉时期，全国性的褒奖孝悌行动就达几十次之多，地方性的奖励更是不计其数。帝王巡行各地，亦常有褒奖孝悌之事。如，后汉的江革，因受皇帝的表彰而被称为"江臣孝"，成为天下民众的榜样，对民众行为起着重要的导向作用。

首先，汉王朝以复除与赐帛的形式来优待孝子。《汉书·惠帝纪》载惠帝四年（公元前191年），"春正月，举民孝悌力田者复其身"。孝悌复除乃是汉家创制，历代承袭。对孝子赐帛奖励是由汉文帝刘恒创始的制度。《汉书·文帝纪》记载文帝十二年（公元前168年）三月诏："遣谒者劳赐三老、孝者帛人五匹，悌者、力田二匹，廉吏二百石以上率百石者三匹。"这种优抚"孝悌"的诏令不断发布，几与两汉皇朝相始终；其次，以《孝经》教天下。汉武帝时立五经博士，以后增《论语》为六经，再增《孝经》为七经。"孝"的思想通过《孝经》立为经典而成为汉代的指导思想之一。形成了一个上自最高统治者，下至平民百姓都学习《孝经》，以孝经为行动指南的运动。最高统治者之读《孝经》如，汉昭帝诏书云："（朕）修古帝王之事，育《保傅传》《孝经》《论语》《尚书》，未云有明。"汉宣帝地节三年（公元前67年），选疏广教授皇太子以《孝经》。民间读《孝经》则表现为汉代的《孝经》教育已经普及到农村。如《四民月令》说："十月，砚冰冻，令幼童读《孝经》《论语》"。《孝经》成为普及民间的初级启蒙读物。东汉时，又令武人也习《孝经》："自期门、羽林之士，悉令通《孝经》。"《后汉书·荀爽传》指出："汉制使天下诵《孝经》，选吏、举孝廉。"使"孝"的观念，成为一种舆论导向和社会认可的处世原则，渗透到汉代社会生活的一切方面，在社会生活中发挥着它的巨大作用，使得汉朝在整个封建社会中成为名副其实的以孝治天下的典范。

（二）重视养老活动，树立良好的敬老社会风尚

敬老亦是孝的重要内容，即孔子所谓"老吾老以及人之老"的社会实践化。汉文帝时，已把尊养"三老"具为令，《汉书·文帝纪》说："老者非帛不煖，非肉不饱。今岁首，不时使人存问（省视）长老，又无布帛酒肉之赐，将何以佐天下子孙孝养其亲？……年八十以上，赐米人月一石，肉二十斤，酒五斗。其九十以上，又赐帛人二匹，絮三斤。"此后两汉历代君主均有类似诏书，形成制度。

（三）乡里教化，表彰楷模，以利民风

汉代在推行教化的过程中，十分重视奖励机制，《后汉书·百官志》："凡有孝子贤孙，贞女义妇、让财救患及学士为民法式者，皆扁表其门，以兴善行。"汉武帝时，河南人卜式出资助贫，"乃召拜式为中郎，赐爵左庶长，田十顷，布告天下，尊显以风百姓"。东汉安众令程文矩丧于官，其妻穆姜对程前妻四子慈爱温仁，四子却以非己生母，憎毁日积。穆姜母道益隆，四子省悟，自诣狱受刑，"县言之于郡，郡守表异其母，蠲免家徭，遣散四子，许以

修革"。沛郡桓鸾之女，丧夫失子，单身守寡，为防嫌疑，乃豫刑其耳以示贞顺，"沛相王吉上奏高行，显其门闾，号曰'行义桓'。"对于穆姜和桓鸾之女的表彰，旨在激励乡民以自束，从而实现乡里教化。推举品德高尚、志节清远者"复身"或"入仕"，也是一种奖励机制。汉惠帝四年（公元前192年）"举民孝悌力田者，复其身"。当时的乡举里选，其主要依据就是乡里之誉。东汉时，蔡邕与叔父从弟同居，三世不分财，"乡党高其义"，蔡邕被推举入仕。冯豹"长好儒学，以《易》《春秋》教于丽山下，乡里之语曰：'道德彬彬冯仲文。'"冯豹被"举孝廉，拜尚书郎"。为了鼓励事孝，政府还将"举孝"也作为官吏进身的正途，有汉一代，举孝为官者，不下百人，这种政府行为，对乡里教化起了很大的促进作用。同时，乡举里选的基础是乡里之誉，只有在乡里享有隆誉，才有可能被乡举里选时推举出来，从而激励乡里民众严于律己，修身求誉，从而达到推行教化的目的。

二、汉政府大力提倡尊孔崇儒，引导社会习儒从化之风，也是其思想政治教育政策体系的重要组成部分

自汉武帝接受董仲舒"独尊儒术"兴办学校养士以来，儒学受统治者空前的重视。表现为：第一，罢黜百家之学所设博士官，在学校中独以儒术为教；其二，汉武帝"建藏书之策，置写书之官"，搜集天下遗书，"皆充秘府"，完备儒家经典；其三，大力表彰读经习儒有成就者。如，太学生的学习，以通经之多寡定其前途。《史论·儒林列传》记载："能通一艺以上，补文学掌故缺，其高第可以为郎中者，太常籍奏。即有秀才异等，辄以名闻。其不事学若下材及不能通一艺，辄罢之，而请诸不称者罚。"

受儒家思想的熏陶，汉代的许多帝王也养成了崇儒好学、尊师重教的风气。汉武帝、汉元帝、光武帝、汉明帝、汉章帝、汉灵帝、汉献帝等都是崇儒好学的典型。明、章二帝尊师重傅的举动更是传为佳话。东郡太守张酺曾授汉章帝《尚书》，汉章帝"东巡狩，幸东郡，引酺及门生并郡县椽史并会庭中。帝先备弟子仪，使酺讲《尚书》一篇，然后修君臣之记"。最高统治者的言行举动，对汉代崇儒好学、尊师重教风气的形成无疑起了巨大的推动作用。使尊师崇儒的意识观念渗透到了两汉社会各阶层之中。养成了两汉社会崇儒好学、尊师重教的社会风气。

三、任官用人上的政策导向

官吏选拔与思想政治教育相结合，是汉代思想政治教育的成功经验。主要表现在其任官的主要渠道察举和以太学为中心的学校教育中生员的任用上。

察举：汉代倡导以孝治天下，在任官政策上即向"孝子"倾斜，设立了专门推举孝子入仕的制度，即举孝廉。汉武帝元光元年（公元前134年）十一月，"初令郡国举孝廉各一人"。孝指孝子，廉指廉吏。举孝兴廉是为了树立官员的行为规范、作民表率。此后，"兴廉举孝"便"庶几成风"。对那些"阖郡不荐一人"的地方官，汉武帝则下诏指责其不重纲纪人伦，不举孝，令有司拟定制裁法条。有司奏："今诏书昭先帝圣绪，令二千石举孝廉，所以化元元，移风易俗也，不举孝、不奉诏，当以不敬论；不察廉，不胜任也，当免。"汉武帝把兴廉举孝提高到封建纲纪人伦的高度，并以法令的形式将其固定下来，推动了儒家思想政治教育在全国范围的实践。举孝廉是汉代选官制度的重要一环，其察举制中其他几种方式同样反映了以儒家伦理为标准的用人精神。

学校：其教育的目标就是精通儒术的儒家君子，合格的各级官员。其选拔的标准更离不开儒家思想政治教育的基本内容。

第四节　建立以学校教育为主导的灌输体系

一种学说仅仅靠行政力量压抑其他学派还不能完全确立其无可争议的地位，它还必须借助官方的扶植和使人由于研习它而获得实际的利益，才能为大部分学者和世人所乐于接受。两汉思想政治教育体系中，在董仲舒的倡导下，继承了孔子"学而优则仁"的传统，强调教育与官职和利益相结合。这种教育形式应该说倡导于董仲舒，而落实于公孙弘。其基本形式是中央立太学以养士，培养官吏及其候补人员；地方设乡庠序以教民。

一、太学的思想政治教育灌输体系

公孙弘在当丞相之前为学官时，就提出以法律的形式，制定"功令"，劝学兴礼，以明教化，得到了汉武帝的同意。其内容大致是：

> "为博士官置弟子五十人，复其身。太常择民年十八以上，仪状端正者，补博士弟子。郡国县道邑有好文学，敬长上，肃政教，顺乡里，出入不悖所闻者，令相长丞上属所二千石，二千石谨察可者，当与计偕，诣太常，得受业如弟子。"（《汉书·儒林传》）

> "一岁皆辄试，能通一艺以上，补文学掌故缺，其高第可以为郎中者，太常籍奏。即有秀才异等，辄以名闻。其不事学若下材及不能通一艺，辄罢之，而请诸不称者罚。"（汉书·儒林传）

> "诏书律令下者，明天人分际，通古今之义，文章尔雅，训辞深厚，恩施甚美。小吏浅闻，不能究宣，无以明布谕下。治礼次治掌故，以文学礼义为官，迁留滞。请选择其秩比二百石以上，及吏百石通一艺以上，补左右内史、大行卒史；比百石已下，补郡太守卒史，皆各两人，边郡一人。先用诵多者，若不足，乃择掌故补中二千石属，文学掌故补郡属，备员。"（汉书·儒林传）

不难看出，这一"功令"的实质是用儒学培养和改造未来各级官员的思想政治素质。将是否能够背诵理解儒家经典作为任职的必要条件，保证了儒家政治教育的贯彻执行。

与上述办学宗旨相一致的是，其教学的内容便限定在研修儒家的五经，儒家经典是唯一的法定课程。教学的方式则是教师——博士对弟子实行灌输性教导。其教育的结果便是，当时人们不论干什么事情都要到经书中去找依据，上自朝廷的封禅、巡狩、郊祀、宗庙一类大事，下至庶民的"冠婚吉凶，终始制度"，都以儒家经典为准绳。官僚上朝言事、礼仪外宾，缙绅大夫待人接物、举措应对，都必须引经据典。就连皇帝的诏书，也要引用经典。

汉代的这种太学教育，从形式上看，应该说是大获成功的。《汉书·儒林传》中描述："儒者公孙弘以春秋，白衣为天子三公，封以平津侯。天下之学士靡然乡风矣。"它培养造就了一批敢于为民请命、直言极谏，又以儒学律己，修身砺志，保持高尚的道德操行的忠义之士，同时也滋生了一批阿世取荣的章句小儒。但不管怎样，它在中国政治儒家化的道路上，确实扮演了重要角色。

二、地方乡里教育体制

汉代乡里学校的主要职责就是助成教化。其乡里学校的师资主要是书师和经师。书师主要教授篇章和书算，经师则教授儒家经典，其中又以《孝经》为主。汉王朝以孝治天下，"使天下皆诵《孝经》，选吏举孝廉。"因此，乡里学校中以《孝经》师为最多，他们以儒家经典为教学内容，以扩大教化为主要任务，在乡里具有较高的社会地位。乡里学校还向学生传授封建礼仪，《后汉书·秦彭传》曰："修明庠序，每春秋乡射，辄修升降揖逊之仪。"乡里之间，以礼作为教化的工具，左右相教，老少相传，即使是饮食、衣服、住行、婚丧、祭祀等也都具有一定的礼数，它既是人际关系的准则，也是人们遵循的道德规范，具有很大的社会性。当时，每年的十月，乡里学校还举行乡饮酒礼，以礼属民，而饮酒于序，以正尊卑长幼之位。这些以推广教化为目的的礼仪活动，无疑对造成淳厚民风起了推动作用。

第五节　制订以法律为手段的强制施行体制

汉代自独尊儒术后，改变了其治国的指导思想，儒家的基本精神，贯穿在立法与司法的过程中，造成了一个强势的法律儒家化和儒家法律化的双向融合运动，推动了儒家思想政治教育主张的实践。

一、确立了德主刑辅的汉律指导思想

董仲舒从天地阴阳本体论的高度论证了治国"德刑并用、德主刑辅"。他认为，一方面德刑必须并用，《春秋繁露·四时》指出："天之道，春暖以生，夏暑以养，秋清以杀，冬寒以藏，暖暑清藏，气异而同功，皆王者之所以成德也。……庆为春，赏为夏，罚为秋，刑为冬，庆赏刑罚不可不具备也，如春夏秋冬之不可不具备也。"这就是天道。但另一方面又必须以德为主，以刑为辅："天道之大者在阴阳，阳为德，阴为刑，刑主杀而德主生，是故阳常居大夏，而以生养为事；阴常居大冬，而积于空虚不用之处。此见天之任德不

任刑也。……王者承天意以从事，故任德而不任刑。刑者不可任以治国世，犹阴之不可任以成岁也。为政而任刑，不顺于天，故先王莫之肯为也。"这同样也是天道。此后的汉代儒者基本继承了董仲舒的学说，并为帝王们所接受，成为汉代立法的根本指导思想，是中国法制史上划时代的变革。

二、新型儒家法制原则在司法实践中的确立

（一）亲属相隐原则的确立

汉宣帝时制定的法律，允许亲属相隐而能获得减免，《汉书·宣帝纪》指出："自今子首匿父母，妻匿夫，孙匿大父母（即祖父母），皆勿坐。其父母匿子，夫匿妻，大父母匿孙，罪殊死，皆上请廷尉以闻。"亲亲相隐的儒家学说被正式定为法律。

（二）家庭伦理犯罪加重处罚原则

不孝罪，一般要处以死刑。《孝经·五刑章》说："五刑之属三千，罪莫大于不孝。"规定对不孝者要"斩首枭之"。在夫妻关系上，反映出"夫为妻纲"、男尊女卑的显著特征。在汉代成书的儒家著作《大戴礼记》里规定："妇有七去，不顺父母去；无子去；淫去；妒去；有恶疾去；多言去；窃盗去。"在父子关系上则以"父为子纲"为准绳，将家庭成员以下犯上、以卑犯尊的行为视为"逆天理""乱人伦"的大罪，甚至视为"禽兽行"，予以严惩。

（三）上请原则

源于《周礼》中的"八辟"，就是对皇帝的本家（亲）、故旧、官吏、功臣、贤者、能者、贵族、先朝后代等八种权贵贤能之人给予法律优待。他们犯罪，当先请示皇帝，可以免罪或者减轻处罚。如《汉书·平帝纪》记载："公、列侯嗣子有罪，耐以上先请。"

（四）恤刑原则

法律明文规定，年龄在七岁以下，八十岁以上者犯罪，可免于处罚。对于妇女犯罪根据不同情节，也给予优待。《春秋繁露·三代改制质文》说："法不刑有怀妊新产，是月不杀，听朔废刑发德。"就是要求司法官吏对怀孕生养、哺乳期间的妇女讲道德、有爱心而不用刑罚。

三、春秋决狱与法制实践

春秋决狱，又称经义断狱，就是以《春秋》中的义理来断案。随着儒术独尊地位的逐渐取得，孔子所著《春秋》成为西汉中期以后人们伦理道德的最高标准，也成了当时法学体系建立和司法实践的指南。《春秋繁露·精华》说："《春秋》之听狱也，必本其事而原其志。志邪者不待成，首恶者罪特重，本直者论轻。""原志"断狱，即是以犯罪心理动机为判断的主要标准，这就叫作"原心论罪"。这里的关键是"心"善与否的标准。在董仲舒看来，这个标准就是儒家的政治伦理。《春秋繁露·义证》记载，董仲舒断狱，就是纯粹以《春秋》大义为断："曰：甲父乙与丙争言相斗。丙以佩刀刺乙，甲即以杖击丙，误伤乙。甲当何论？或曰：殴父也，当枭首。论曰：臣愚以父子至亲也，闻其斗，莫不有怵惕之心，挟杖而救之，非所以欲殴父也。《春秋》之义，许止父病，进药于其父而卒，君子原心赦而不诛。甲非律所谓殴父，不当坐。"这里甲无罪的理由就是依据《春秋》之大义。

董仲舒以《春秋》这部儒学经典作为最高的法典，作为法学体系建立和司法实践的指导原则，并创造性地用于司法实践中，目的是明确的。就是要用儒家思想占领法制领域，使儒学达到真正的"独尊"地位。董仲舒的这种"君子原心"断狱的做法，得到了汉武帝的认可，并迅速在各级政府官员那里蔓延开来，成为汉中期以后司法领域里主导思想和司法原则。《汉书·张汤传》记载张汤为廷尉，"决大狱，欲傅古文，乃请博士弟子治《尚书》，……补廷尉史，平亭疑法"。汤以酷吏闻名，而傅会儒术，可见儒术其时在司法领域的重要地位。

汉代儒家思想之深入法制原则并指导司法实践的后果就是，儒家以"三纲五常"为核心的宗法伦理观念，通过国家强制力的手段深入社会各个阶层，为其以"教化"天下为核心的思想政治教育起到了保驾护航的重要作用。

秦始皇一统六合，欲以法家学说重建国家信仰体系、维持社会稳定，但因其为政之"刻削""急法"而导致民变，终以"二世而亡"失败。在秦朝废墟上建立的汉王朝，同样面临着政治信仰的危机，以及伴随而来的社会伦理危机，连年战争带来的经济危机，在如此深重的三重危机的压力下，"少文多质"的汉初"布衣君臣"们对如何治理天下产生了许多疑惑：秦何以亡？

汉何以兴？治何以能久？民何以能安？国何以能富？……在这众多的问题之中，对于汉初的形势而言，安定乃是第一位的。信仰问题（汉何以兴？）难以摆到议程上来。因此，"汉承秦制"，在秦制的基础上，"因世而权行"，对秦制进行微调，予以改作，便形成了汉初七十余年"黄老无为而治"的政治局面。其目标在"安"，其本质在"权"，就是"摸着石头过河"！凡是有用的，就是好的，就是需要的。历史告诉我们，汉初行"权"政策的结果是好的，安定的目标是实现了的。不仅实现了"安"的目标，而且也实现了"富"的美梦。然而，"权"也带来了许多负面的因素。如网疏民富，豪强兼并；郡国并行，王权不尊；学者殊方，舆论不一，而其最根本的是国家"大一统"的政治信仰的严重缺位！汉武帝自即位伊始，就以高度的自觉，为其政权的合法性寻找理论依据和长治久安之策，其《天人三策》所关心的主要问题是政治信仰问题、伦理（道德）重建问题，以及政治施为的问题。（如前文所述）这些问题，实际上是春秋时期"礼崩乐坏"，人们的政治、伦理信仰体系解体后在政治实践领域中一直未能得到解决的问题。重建新的信仰体系和政治秩序便可以看成是此后中国历史演变的主题。汉武帝以弱冠之年，初登帝位，便如此敏锐地抓住了这一本质问题，其卓识确实超越了往古帝王。正是带着对汉初国家治理过程中留下的这诸多问题的困惑，汉武帝登上帝位。"更化"就成了他治国施政的唯一选择！寻求"治术"的汉武帝与以董仲舒、公孙弘等人为代表的期待用世的儒家学者一拍即合，共同开启了中国历史上儒家成为正统治国指导思想的历程。汉武帝任用儒者公孙弘为相，接受董仲舒"独尊儒术"的主张，在全国开展了大规模的儒家思想政治教育运动。"教化"成了各级官员的主要职责；"以孝治天下"成了其治国的根本决策；学校培养精通儒家经术的预备官员；选官以通经为导向；法制建设以儒家经典为指导思想。这一套上自帝王下至平民；纵自政策、法制，横至学校、家庭的全方位的教育网络体系，保证了儒家思想政治教育的全面贯彻落实。其结果是"民俗大化"，《日知录·秦汉风俗》记载清顾炎武赞东汉风俗曰："三代以下，风俗之淳美莫尚于东京者。"儒家教民成俗的政治理想几成现实，此后两千余年的思想政治教育体制由此定型。

第七章

汉代太学的思想政治教育功能

太学是中国古代官立的培养高等政治人才的学府，以传授、研习儒家经典为主，而所谓"儒家经典"，实际上是经帝王认可，符合其政治利益的钦定"政治学"教科书。太学之名，西周已有之。《大戴礼记·保傅》记载："帝入太学，承师问道。"但据康有为的考证，其时太学的入学者皆为贵胄子弟，教授的课程也只有"乐"教。目的是为未来统治者提供良好的心理素质和完善的圣贤人格。① 直到西汉汉武帝接受董仲舒"罢黜百家，独尊儒术"的建议，由公孙弘拟制，开设太学，设五经博士，置博士弟子员，才是真正意义上的太学建立之始。

第一节　教化治国：汉代太学创设的动因与演进

汉代太学创设于汉武帝元朔五年，即公元前 124 年。太学的建立，使儒家独尊的汉代意识形态建设有了培养统治人才的正式官立培训机构。有的学者将其视为中国传统官立大学制度建立的标志。其实太学与现代的大学有着太多的差异，太学的建立，其根本目标并不完全指向文化传播与教育，而是

---

① 据康有为先生考证，在西周时代的太学中仅有乐教："大学则大司乐以乐德、乐语教国子》。"……"原先王之教学，所以舍弃六行、六艺、百职与一切名物、度数、方技，而专崇乐者，所以养德也。德成为上，行成次之，名物、度数为下。"乐教的目标在"养德"。"太子既与国子习于司乐，诸子又辨其等，正其位，有事则师致于太子，兵甲、祭祀、会同、宾客、政事，群子皆从……但当以乐养其身心，以礼习其容节，以政习其见闻，然后举而授之以政，莫不绰裕也。"出自康有为. 康有为经典文存［M］. 上海：上海大学出版社，2003：44-46.

儒家理想政治化、儒家政治社会化的工具。

一、教化的需要——太学建立的动因辨析

太学的建立，是汉代政治发展的必然产物，也是儒术独尊后其政治主张实践化的迫切要求。一批儒家理论掌握者通过儒术来影响政治权力运作，是儒家理论政治化、儒家政治社会化需求的必然结果。按照通行的说法，太学建立的原因主要有：第一，太学的建立，是"大一统"政治对思想文化"大一统"（统一意识形态）的需要。第二，太学的建立，是汉代皇权专制，政治"更化"，对各级官员德、才基本素质培养的必然产物。第三，太学的建立，是对汉初"因世而权行"的政治指导思想反动的需要，是诸子百家在"大一统"政治格局下，相互竞争、相互融合的产物。第四，太学的建立，是汉初七十年经济发展后，为适应社会进一步发展的需要而产生的。从汉初的经济凋敝，"自天子不能具钧驷，而将相或乘牛车"，经过"文景之治"，到汉武帝时，生产恢复、经济发展、政治安定、国家统一，具备了创办太学的条件。

以上各点，均可视为解释太学出现的客观因素。但笔者认为，汉武帝及其统治集团，有着高度自觉的意志，有意识地推行一种学说，作为统治者唯一的意识形态的行为，反映出传统中国学术与政治的不解之缘。从刘邦时的叔孙通说儒术"强于守成"开始，汉王朝的最高统治者在逐渐摆脱诸侯王割据势力威胁的同时，也逐渐在政治实践中体会到了儒术"缘饰吏事"的高妙之处。有学者认为，在春秋战国"礼崩乐坏"，周代统治者赖以维系政权的"君统"和"宗统"散失以来，统治者的政权合法性，就呈现出了多重的危机。如姜生撰文认为："秦汉时期，中国实现了国家统一，然而社会思想文化的统一与融合，尚未完成。就在这个统一的社会肌体内部，不仅经历着社会政治经济的危机，而且经历着深刻的信仰危机和伦理危机。"[①]有的学者认为，"汉代思想家所设计的汉政是以'亲亲'救'尊尊'，也就是以'宗统'救'君统'"[②]。"总之，中国古代社会的人伦关系主要表现为'君统'与'宗

---

① 姜生. 论秦汉时期的信仰——伦理危机［J］. 徐州师范学院学报（哲学社会科学版），1996（2）：11-17.

② 季乃礼. 三纲六纲与社会整合——由〈白虎通〉看汉代社会人伦关系［M］. 北京：中国人民大学出版社，2004：18.

'的关系、王权和父权的关系、'尊尊'与'亲亲'的关系。"① 这对汉王朝的当权者有着极大的吸引力，所以当董仲舒在其《天人三策》中提出"独尊儒术"的主张时，汉武帝才能毫不犹豫地加以采纳。但在全国范围内推行一种学说，就必须有一个急速解决问题的办法，而开办太学，以及随后的各郡县地方学校，就是最快，也是最有效的途径。其关键之处就是解决推行"教化"所需的"人才极端匮乏"的问题。也就是说，要推行教化，必先建设有效的吏治；要建设有效的吏治，必先培养合格的人才，这才是创办太学的强大动因。

二、太学的创办及其规制

汉代太学的创办，汉武帝得力于两位治《春秋》学的儒家学者：一位是有"汉家儒宗"之称的董仲舒献策于前，另一位是通达干练的公孙弘以丞相之职贯彻于后。董仲舒在《天人三策》中从理论高度阐发了求贤必先养士的道理，《汉书·董仲舒传》说："夫不素养士而欲求贤，譬犹不琢玉而求文采也。"董仲舒建议兴建太学以培养人才，并以此作为教化天下，提高吏治水平的基础。汉武帝采纳了董仲舒的建议，并责成丞相、太常等贯彻实行。元朔五年（前124），公孙弘拟订创办太学的具体方案：

> 丞相、御史言，制曰："盖闻导民以礼，风之以乐。婚姻者，居屋之大伦也。今礼废乐崩，朕甚愍焉。故详延天下方正博闻之士，咸登诸朝。其令礼官劝学，讲议洽闻兴礼，以为天下先。太常议，与博士弟子崇乡里之化，以厉贤材焉。"
>
> 谨与太常臧、博士平等议曰：闻三代之道，乡里有教，夏曰校，殷曰庠，周曰序。其劝善也，显之朝廷；其惩恶也，加之刑罚。故教化之行也，建首善自京师始，由内及外。今陛下昭至德，开大明，配天地，本人伦，劝学修礼，崇化厉贤，以风四方，太平之原也。
>
> 古者政教未洽，不备其礼，请因旧官而兴焉。为博士官置弟子五十

---

① 季乃礼. 三纲六纪与社会整合——由〈白虎通〉看汉代社会人伦关系 [M]. 北京：中国人民大学出版社，2004：18.

人，复其身。太常择民年十八以上，仪状端正者，补博士弟子。郡国县道邑有好文学，敬长上，肃政教，顺乡里，出入不悖所闻者，令相长丞上属所二千石，二千石谨察可者，当与计偕，诣太常，得受业如弟子。一岁皆辄试，能通一艺以上，补文学掌故缺；其高第可以为郎中者，太常籍奏。即有秀才异等，辄以名闻。其不事学若下材及不能通一艺，辄罢之，而请诸不称者罚。

臣谨按：诏书律令下者，明天人分际，通古今之义，文章尔雅，训辞深厚，恩施甚美。小吏浅闻，不能究宣，无以明布谕下，治礼次治掌故，以文学礼义为官，迁留滞。请选择其秩比二百石以上，及吏百石通一艺以上，补左右内史、大行卒史。比百石已下，补郡太守卒史。皆各二人，边郡一人。先用诵多者，若不足，乃择掌故补中二千石属，文学掌故补郡属，备员。请著功令，佗如律令。①

这一建议的主要内容可归纳为：（1）建立太学的目的是"导民以礼，风之以乐"，是三代以来教化治国思想的延续；（2）建立博士弟子员制度，即在原有博士官的基础上创立太学，规定博士弟子的限额、身份及选送办法；（3）提出太学管理及博士弟子出路的建议。公孙弘建议，太学生一年要进行一次考试，成绩中、上等者可以任官，成绩下等者以及不勤学的黜令退学。公孙弘的提案体现了注重考试的思想，并把育士与选才紧密结合。公孙弘拟订的具体方案得到汉武帝的批准，并在当年贯彻实施，自此，汉代太学正式建立。

三、太学规模的不断扩大

西汉太学设在都城长安。汉代太学初创时规模很小，只有五经博士数人和博士弟子五十人。在汉昭帝时学生人数增至一百人，到汉宣帝时增至二百人，《汉书·儒林传》记载"成帝末……于是增弟子员三千人"。到汉平帝时，好儒的王莽执政，为与汉政权争夺士人的支持，完成其篡汉的既定目标，加大了对太学的投入：第一，扩建太学，为太学修建校舍"万区"；第二，增

① 《请为博士置弟子员议》，见《史记·儒林传序》：弘为学官，悼道之郁滞，乃请云云。制曰可。

设博士名额，增加招生人数；第三，扩大博士弟子毕业任官名额等。虽然王莽扩建太学怀有强烈的个人政治目的，但他在客观上促进了儒家思想政治教育事业的发展。

东汉时期，太学生出身的东汉光武帝刘秀于建武五年（29）在洛阳重建太学，形成太学"内外讲堂，诸生横巷"的盛况。汉明帝为了加强吏治，十分重视发展太学教育。他继东汉光武帝刘秀之后建成了明堂、辟雍、灵台，即"三雍"，还亲临行礼，以示尊师重道，崇儒好学之旨，其汉明帝本人也精通《春秋》和《尚书》，永平二年（59）亲临太学讲经论道。汉章帝以后，东汉政治陷入黑暗时代，太学教育跌入低谷。汉质帝时，梁太后临政，极为推崇儒学，广招太学生多至三万人，这种盛况一直延续到东汉末年。办学规模扩大，尽管不可避免地出现了教育质量下降的问题，《后汉书·儒林列传》指出："自是游学增盛，至三万余生。然章句渐疏，而多以浮华相尚，儒者之风盖衰矣。"但对于儒学在东汉社会中的广泛传播，儒家政治理念的社会化，起到了十分重要的作用，是儒家思想进一步被社会认可、政治地位不断上升的表征。

第二节　传王业与尊道德：太学博士与弟子遴选的政治思想标准

一、博士选拔以政治素质为先

博士，在汉代是太学的"教授"，是儒家思想政治教育体系的掌握者和传授者。对于整体性的儒学政治化、社会化的传播起着关键作用。因此，两汉统治者对"博士官"的选取极其重视。班固著《汉书》，在《成帝纪》中对汉代遴选博士的标准进行了高度概括：

> "古之立太学，将以传先王之业，流化于天下也。儒林之官，四海渊源，宜皆明于古今，温故知新，通达国体，故谓之博士。否则学者无述焉，为下所轻，非所以尊道德也"。

这段引文是汉成帝的诏书，具有至高无上的法律效力。它明确提出博士必须德才兼备，既要有"明于古今""通达国体"的渊博学识，也要有"温故知新"的治学才能，还要有"尊道德"，为人师表，被学者"述"，即拥有成为学生学习榜样的人格魅力。显然，其选拔博士的目的与太学开办的目的是一致的，即"传先王之业，流化于天下"。所谓"先王之业"，即儒家政治思想的核心；所谓"流化于天下"，就是要将儒家政治思想彻底地社会化，这实际上就是一个思想政治教育的目标。

博士官的名额，西汉初，置五经博士各一人（五经：《诗》《书》《礼》《易》《春秋》），到汉元帝时增至十五人，汉平帝时，王莽增五经为六经，每经设博士五人，共置三十名博士。"严于择师"是汉代太学固有的传统。西汉的博士多由学术名流充当，采用征拜或举荐的方式选拔。东汉选择博士，不仅要考试，而且还要基层单位写"保举状"。经过严格地遴选，在汉代太学执教的博士不仅多为当世博通古今、通体达用、道德高尚的鸿师硕儒，而且其后大多成为汉政权的实际掌握者，对推动汉代儒家思想政治教育起到了重要作用。身为重要大臣——帝国政治理论奠基者如贾谊、孔安国、戴凭、夏侯胜、董仲舒等；身为丞相者则有公孙弘、韦贤、匡衡、翟方进等。他们不仅是儒家政治的理论家，也是儒家政治理论社会化的实践家。正是这一批"教授"与"高官"并作的儒家政治实践者，开启了汉代，乃至中国传统社会儒家思想政治教育实践的新局面，导致儒家思想成为此后中国传统社会人民的主导政治思想，儒家成为人民生存的基本理念。儒家思想政治教育的成功，正与这些"博士"的努力不可分割。由他们执教太学，对达成太学儒家思想教育的目标起到了关键作用。

二、太学生的选拔、考核擢升以道德为标准

（一）太学生的选拔

汉代太学的学生，西汉称"博士弟子"或"弟子"，东汉称"诸生"或"太学生"。太学生的来源较为复杂，可以由太常补送，可以由郡国举荐，也可以经过考试选拔，还可以由"父任"而升入太学。但主要的来源有两个：一是由太常在京师和地方直接挑选。挑选条件是"年十八以上，仪状端正者，

补博士弟子"。二是由郡国道邑等地方举送，其条件是"好文学，敬长上，肃政教，顺乡里，出入不悖"。

显然，太常与郡国选拔的标准不完全相同，具有较大的地域不公平性。其待遇也不完全相等。由太常选送的太学生为正式生，享有俸禄。由其他途径入学的为非正式生，费用自理。这当然体现了京师官僚子弟的受教育和出仕特权。这两者选拔对象的身份有不同之处：太常所选多为"年十八以上"的未从业的贵族子弟；而地方官员所选则多是已从政的"好文学，敬长上，肃政教"的地方小吏。但两者也有同一类型的标准，那就是道德品质。太常所选太学生要求"仪状端正"，"仪"即举止行为符合道德标准，"状"即体貌符合礼仪要求，端庄得体；郡国所选者则要求有一定的文化基础，在工作岗位上尊敬长辈，服从长官，能教化一方，有一定政绩。这种道德标准在已推行"独尊儒术"路线而又以儒者为丞相的汉武帝时代，即是儒家的忠孝之道。可以想见，两汉太学生的选拔即已蕴含了其政治教化的根本目的——培养以儒术为主体统一天下政治思想的教化人才。

汉代太学生的选拔首先是以德为标准，而郡国选择地方官吏为太学生，"能"也是标准之一。按今天的话说，就是讲究德才兼备。太学生的选拔不太看重学生的家庭条件，家境贫寒无力支付学费的太学生可以半工半读，这体现了选拔对全社会人员的相对公平性和选拔范围的广泛性。比如，后来身居三公高位的倪宽、匡衡、翟方进等人进太学学习时，由于家境不好，都是靠自己或家人做工来支付学习费用的。

（二）太学生的考核与擢升

汉代太学生的考核与擢升，与其选拔的目标及办学的宗旨完全一致，即培养能行教化于天下，实现儒家政治理想的各级官员，借以提高官员的政治理论素质。为达到这一目的，汉代太学实行了养士与选材相结合的政策导向，将文官补官与晋级的规定进行改革，使之与太学的选材相结合，把太学生的考试成绩直接与仕途挂钩，完善了太学生的考核擢升制度。如前文所引公孙弘拟请方案中所述，就是设计了一条"学而优则仕"的道路。汉代太学的考试作用有二：一是通过考试发现人才、选拔人才，充实官吏队伍；二是督促学生学习儒家经典，完善其以道德为主体的思想政治教育工作能力。其考试的内容毫不例外都是儒家的"五经六艺"，成绩标准则是精通儒家经典的多寡。但其所谓精通，并非仅止于能背诵，而是要求了解经文中的微言大义，即儒家政治思想之精髓。

汉代太学考试方法主要有三种：①射策，是常用考试方法，有些类似于后世的抽签考试。考试内容侧重于应试者对儒家经典的政治解释与阐发，成绩合格者根据其等级分别授予相应的官职。但每科规定的取官名额均很少。②策试，所谓"策试"类似于今天的论述题，就是教师事先按照"师法""家法"章名分科出好五十个题目，学生凡是回答得多且好者被评为"上等"，"五经各取上第六人"，张榜公布，作为政府录用官员的依据。③口试，所谓"试通说"就是通过口试考查学生的能力和水平。以上这些考试方法一直推行到西汉末年，王莽执政时稍有改动，仍是每年考试一次，增加了录取名额。在那个"官本位"的传统社会中，官员的选拔不仅对国家的治理举足轻重，而且对个人而言，一朝为官，也就成为社会的上等"公民"，可以为民父母，掌握社会的主要资源了。这对那些欲求仕进的年轻后进者来说，无疑具有巨大的导向作用，对全社会儒家学术的普及有着不可预见的重要推动力。

由此可见，汉代太学既是培养儒家政治人才的最高学府，也是为推行教化的政治目的而选拔官吏的考试机关，它是汉代儒家教化——思想政治教育的策源地和发动机。汉武帝开创太学时，规定太学每年考试一次，称谓"岁试"。东汉改为每两年考试一次。汉代太学通过组织重大的选拔考试，吸引学生潜心经典，培养了大批人才。汉代太学的考试制度和选拔人才方式，促进了以儒术为核心的汉代思想政治教育事业的发展，对儒学政治社会化的普及，实现儒家治国安民理想起到了重要作用。

但是，汉代太学通过考试鼓励学生研究经学，并将其引入仕途，这使得广大青年学子一头钻进经学圈里，把毕生心血都浇注在经书上，而经学那烦琐的章句，强调"师法""家法"的门户之见，不仅束缚了知识分子的头脑，也限制了学术的发展，使得汉代太学满门经风。这是汉代经学意识形态化的必经之路，也是其政治教化设计路径必须付出的代价。

第三节 尊儒术与重师法：教学内容贯穿
儒家思想政治教育理论原则

汉代太学以五经立博士，收门徒，也就确定了其五个相对固定的"专业"，每个"专业"的主要课程就是其相对应的经典，所以，五经也就成为其法定的必修教材，经学教育成为其教学的核心内容。然而，虽然五经各有师承，但其根本还是儒家思想政治教育整体的一部分，从不同角度阐发儒家王道政治的宗旨。

一、以五经为教材，进行以博士师法或家法为中心的思想政治教育

值得注意的是，汉武帝设立五经博士之际，崇尚的并非五经文本，而是以五经文本为主体的儒家诠释之学，其中最为显赫的就是《春秋公羊学》，这是汉代学者，特别是董仲舒对《春秋》大义的发挥与阐扬从而形成的汉代官方政治学说的核心。笔者认为，从本质上说，这种从先秦经典中诠释出来的"儒术"，其内涵早已背离了孔子学说，而成为汉代大一统政治的理论依据，成为汉代国家正统的意识形态。所以，汉代尊儒术，并非尊五经，而是尊对于五经进行阐释的"传"，即汉代学者针对现实政治"因世而权行"的新解读，绝非先秦孔孟儒学的复兴。

在汉代，五经的"传"者自成体系，各自有其不能逾越的师法和家法。清人皮锡瑞在《经学历史》中记载："前汉重师法，后汉重家法。先有师法，而后能成一家之言。师法者，溯其源；家法者，衍其流。"这一论述为近世以来的大多数学者所认同。家法、师法虽有不同，但都是以先师传下来的"经文"和"经说"作为尊奉的楷模，从宗师的立场来说，二者没什么本质区别。这些由国家选定的经师，代表着国家意识形态的最高权威，其学说则需要从制度与实践的双重层面上对国家政治设计、政治运行提供方案。严格的师法、家法，使师生之间的关系紧密地联系起来，开创了求师问学和尊师重道的学风。教师的学术，实质上是政治理论被视为弟子学习的渊源，其学术继承关系类似父子关系，即所谓"一日为师，终身为父"。太学的这种教育模式，表

面上看，显得过于程式化，实则是在受教育者身上，完整地体现了其所接受的政治理念教育，并将其政治实践化。《后汉书·独行传·戴封》记载了戴封为其师送丧的事迹：

> 戴封字平仲，济北刚人也。年十五，诣太学，师事鄜令东海申君。申君卒，送丧到东海，道当经其家，父母以封当还，豫为娶妻。封暂过拜亲，不宿而去。还京师卒业。

太学生戴封的老师申君病逝于太学，戴封亲自送丧到其老家东海。路经其家，父母准备为他娶妻，戴封因师丧在身，只"暂过拜亲，不宿而去"。这种远赴师丧的风气，对后世师生关系影响深远。实质上其送丧过程本身就是对世人的一次生动的人生观教育。汉代太学的这种恪守师法、家法的思想政治教育模式，增强了其坚韧性、持久性，显现出世袭性的特色。就在这种"世袭"的教化过程中，师法得以代代相传，也就保证了儒家"道统"在思想政治教育领域中连续不断的血脉。

事实上，五经学术就是儒家政治理论。所以，汉代太学的教育，从本质上看，就是以思想政治教育为主体的官僚政治教育。这种教育的宗旨就是为现实的政治服务，为统治者的合法性论证，为统治者的政策进行宣传教育。

二、教材的审定与儒家思想政治教育的标准化

从汉武帝独尊儒术开始，使用的五经教材，都是博士——经师自己的一家之言，经帝国政治最高集团认可的传本，但在具体的实践之中，则表现出博士与博士之间对经术理解的巨大差异。这种差异自然不利于思想的统一，到汉宣帝之时，儒术之间的纷争达到了白热化的程度，于是，汉宣帝就专门召集太学博士和名儒在石渠阁讨论五经的异同，最后由皇帝亲自裁决，这就是"石渠阁会议"。汉宣帝对教材和教学内容进行较为严格的审定，这是儒家思想独尊后统治者提倡与发展的必然结果。

汉章帝时，为求五经同义，又专门召集了由太学博士和各地名儒学者参加的"白虎观会议"，会期长达数月之久，汉章帝仿汉宣帝例，出席。会议的记录者班固在会后奉旨撰集《白虎通》一书，即是钦定的会议决议，具有法

典效用。至汉灵帝时，又命蔡邕等人评定今文五经及《春秋公羊传》和《论语》的文字，约二十万字，用古文、篆书、隶书三种字体写好刊刻在石碑上，立于太学门外，作为太学的统一教材，这就是"熹平石经"。熹平石经是我国古代由政府统一颁布的第一套儒学标准教材，是经学发展史上第一部公之于世的官定经书，也是儒家思想政治教育要求统一思想的重要举措。

三、"五经"的基本内涵及其教化功能

两汉所谓五经六艺，即先王政典，亦即汉代学者在孔子整理古代典籍的基础上对儒家经典进行"创造性诠释"而写就的适应帝国政治的新型政治学文本①。《汉书·艺文志》所见之书"凡六艺一百三家，三千一百二十三篇。入三家，一百五十九篇；出重十一篇"。

六艺之文的大旨，《汉书·艺文志》记载："《乐》以和神，仁之表也；《诗》以正言，义之用也；《礼》以明体，明者著见，故无训也；《书》以广听，知之术也；《春秋》以断事，信之符也。五者，盖五常之道，相须而备，而《易》为之原。"其体系是以《易》为政治合法性的依据，而其他五经则分别详述儒家学说的核心——五常之道：仁、义、礼、智、信。分而言之，《易》言天道，《乐》《诗》《礼》言人道，《书》《春秋》言治道。天道、人道、治道的三者合一，即为儒家完整的"圣王之道""先王之道"。② 而其中之天道则是政治基本原则，贯穿于"六艺"政治学之始终：

> 故曰"《易》不可见，则乾坤或几乎息矣"，言与天地为终始也。至于五学，世有变改，犹五行之更用事焉。

《易》是不变之道，即董仲舒所说的"天不变，道亦不变"之"天道"，而至于其他五种经书的内涵则是顺应天道，随"世变"可以改变的。这就为汉代学者得以阐释儒家经典，根据时代需要提供新型政治理论提供了坚实的

---

① 熊铁基. 汉代对先秦典籍的全面改造［N］. 光明日报，2005-7-24.
② 唐国军. 帝制初期中国传统政治学体系建构——以〈新语〉整体性文本解读为基点［M］. 北京：中国社会科学出版社，2008：1-22.

理论依据。而与此同时，班固也指出了汉代学者在阐释经典的过程中所形成的经学有一个致命的痼疾：因穷经而失去了作为实践的政治学理论的现实意义：

> 古之学者耕且养，三年而通一艺，存其大体，玩经文而已，是故用日少而畜德多，三十而五经立也。后世经传既已乖离，博学者又不思多闻阙疑之义，而务碎义逃难，便辞巧说，破坏形体；说五字之文，至于二三万言。后进弥以驰逐，故幼童而守一艺，白首而后能言；安其所习，毁所不见，终以自蔽。此学者之大患也。（《汉书·艺文志》）

这说明，汉代经学，只是从汉武帝开始，在形式上确立了官方政治学文本，而在政治实践中，则依当政者对具体的形势采取相应的政策措施，而在汉初汉武帝之前，则完全是一种"合则用，不合则去"的实用主义态度，即陆贾主张而被刘邦等当权者确认的"因世而权行"的政治指导原则。

根据熊十力先生的论述，六经政治学主要包含如下内容体系。他说，"综群经之言治也，无过下述诸义"①：

> 一曰仁以为本。"仁者，言其生生不息也"，仁为治道之本；二曰格物为用；三曰诚恕均平为经；四曰随时更化为权；五曰利用厚生，本之正德；六曰道政齐刑，归于礼让；七曰始乎以人治人；八曰极于万物各得其所；九曰终之以群龙无首。

九条的根本在于仁政，而仁政实现的关键在于礼让教民。这些都是说给统治者听的，因为古代学者都以干预政治为著书立说的目标，"务为治也"（司马谈语）。六经的根本在于站在治国者的立场上对人民实行教化。

关于六经的教化功能，《礼记·经解》云："孔子曰：'入其国，其教可知也。其为人也温柔敦厚，《诗》教也；疏通知远，《书》教也；广博易良，《乐》教也；洁静精微，《易》教也；恭俭庄敬，《礼》教也；属辞比事，《春

---

① 熊十力. 读经示要［M］. 北京：中国人民大学出版社，2006：17-48.

秋》教也。'"所以，经书的社会治理功能最显著者正在于其发而教化之宏效也。《荀子·劝学》云："学恶乎始？恶乎终？曰：其数，则始乎诵《经》，终乎读《礼》；其义则始乎为士，终乎为圣人。……故《书》者，政事之纪也；《诗》者，中声之所止也；《礼》者，法之大分，类之纲纪也。故学至乎《礼》而止矣。夫是之谓道德之极。《礼》之敬文也，《乐》之中和也，《诗》《书》之博也，《春秋》之微也，在天地之间者毕矣。"是又以经书为入学之门而跻乎圣域之康衢矣。班固在《汉书·艺文志》中也指出："儒家者流，盖出于司徒之官，助人君顺阴阳明教化者也。"此又说明，儒家的根本就在于教化，即进行思想政治教育。

第四节　承问对与教弟子：汉代博士官对思想政治教育的职责和作用

汉代的博士之职承秦而设。但由于秦汉两代在制度上的一些区别，博士在汉代又被称为"学官"，其职掌亦较秦代开始有所变化。其主要职责有三项：第一是"掌教弟子"，以教学为主。第二是"国有疑事，掌承问对"，即政府遇到疑难问题，博士要提供咨询意见，博士要参加朝廷的政治、学术讨论。第三是承担巡视地方政教的工作。下面就此三项职责与思想政治教育的关系探讨其对汉代儒家教化实践的重要作用。

从本质上说，汉武帝始立太学，博士之职名副其实地开始成为教授于太学的学官。其意在于将民间的私学教育纳入国家体制之中，即将春秋战国时代已经崩溃的"王官之学"传统加以恢复。这是对秦国法家政治系统中的教育制度——以法为教，以吏为师的变革。由于秦的教育体制被法家官吏垄断，其他学派的学者即使有博士的头衔，也无教授子弟的权力①。因此，只能流行

---

① 《汉书·百官表》谓："博士，秦官，掌通古今。"是乃承秦旧制，无立学教弟子之制。《后汉书·百官志》则谓博士之职有"掌教弟子"的内容，是乃汉代立太学，设博士教弟子制度的记录。

战国之习，民间私学流行，各自聚徒讲授①。造成了国家意识形态与民间文化之间惨烈的冲突，迫使秦廷不得不下令禁学，"焚书坑儒"导致了秦文化建构与统一的失败。汉之博士官本为承秦而来，但汉武帝对其职能的改造，将其与意识形态的宣传和思想政治教育紧密联系，改变了秦的败政，取得了良好的效果②。

一、"掌教弟子"对汉代官吏思想政治教育素质的培养与提高

（一）博士分类与其思想教育功能

汉代最早的博士官当为高祖时所拜的叔孙通，其时虽未立学校，但叔孙通身边常有弟子百余人。叔孙通与其弟子们为汉代第一批真正趋向政治舞台的儒者，在刘邦"溲溺儒冠"、以"马上治天下"的历史条件下，叔孙通鼓足勇气，告诉刘邦"儒者难与成事，但可与守成"，并自告奋勇地欲为朝廷制定《朝仪》，得到刘邦的认可。叔孙通所制定的《朝仪》，虽然不是正宗的儒家主张，但他的成功，第一次将儒家写在了统治者的统治策略库之中，成为日后儒家得以独尊的先导。其弟子百余人同时进入统治阶层，在一定程度上改变了汉初政治官僚以军功为执政者的结构，为儒者入仕开辟了道路。叔孙通虽然背着"曲学阿世"的千古骂名，却被具有远见卓识的史家司马迁称颂为"汉家儒宗"！汉武帝兴立太学后，博士成为五经学者所专有的名号，其事详载于《史记》《汉书》之《儒林传》。从思想政治教育理论的探讨而言，他们大致可以分为三类：

第一类为纯理论探讨者。这些学者大致具有如下基本特征：

（1）以传注经典、教授生徒为主业，不在意官职大小及其得失。他们以

---

① 据《汉书·楚元王传》，刘交少时与鲁穆生、白生、申公俱从荀卿弟子浮丘伯学《诗》，"及秦焚书，各别去"。说明民间的私授之盛行。而秦焚书后，得到禁止。

② 有学者认为，唯汉武帝立太学始，博士得授弟子于太学，于是学校之官始具，即博士开始真正成为教授于太学的学官。从此，博士不再如秦代以吏为师的性质兼传弟子于博士官署，而另以议政备顾问为本职。同时因汉武帝之后教授太学弟子已成博士本职，故《后汉书·百官志》及《通典》所载汉代博士职掌，俱有以五经教弟子的内容。总之，汉武帝立太学使博士之职为之始变。但需要指出的是，两汉博士之职仍多对秦制的继承，即仍有被君主顾问及参与朝议等职责，汉末以后则日渐成为纯粹的太学教官。因博士成为教授于太学的学官，故博士弟子又可称为"学官弟子"。

传经立说，接续孔、孟《六艺》道统为目标，是儒生中政治参与意识相对薄弱者，在他们身上更多地体现出学术性的特征。例如，鲁人申公，曾为楚王戊之傅，然戊无礼于申公，《史记·儒林列传》记载："申公耻之，归鲁，退居家教，终身不出门，复谢绝宾客，独王命召之乃往。弟子自远方至受业者百余人。申公独以《诗经》为训以教。"又汉武帝召申公问治乱之事，申公不谀汉武帝，而答以"为治者不在多言，顾力行何如耳"。直言指陈汉武帝之失，而放弃面谀得以封官授爵之机会，此有如孔子视"富贵如浮云"之气度，令人敬仰。

（2）诚言不讳，正学不阿的人生态度。除了前文所言申公答汉武帝问治外，齐人辕固生与黄生争论于汉景帝前，及答窦太后问老子书等事，皆可见其不畏权势、彰弘儒学的决心与勇气。

（3）具有廉直之行。申公耻于楚王之辱而归隐授徒，其弟子孔安国、周霸、夏宽、缪生、徐偃等人为官治民，皆有廉节；辕固生则因汉景帝以其廉直而拜为清河王太傅；孔安国弟子儿宽为人温良，有廉智（皆见于《儒林列传》），此等皆是具有君子之德的一端。

第二类为主张政治"更化"者。他们是儒家思想政治教育理论的主要奠基者和政治社会化的倡导者。

"更化"儒生。他们往往具有远大的政治理想，以国计民生为念，对传统儒学进行改造，以与现实政治相适应，但仍不忘以建构新儒家政治理想秩序为目标，以为"王者师"为圭臬，他们既坚持儒家理想，又希望为现实政治所用，既希望其政治主张为现实政治所用，又未彻底抛弃士大夫独立人格，是新时代杰出的儒家代表人物。以贾谊和董仲舒为代表。其基本特点是：

（1）勇于任事，刚直不阿。贾谊之《治安策》、董仲舒之《天人三策》可谓殚精竭虑为天下秩序而谋的鸿篇巨制。

（2）政途不平，多受权贵排斥。如董仲舒因《天人三策》显名，然终生不能被汉武帝大用，并差点死于狱中。

（3）形成一套完整的思想政治教育理论，是那个时代儒家传统政治理论与汉代政治实践相结合的最高理论成就。贾谊的礼治政治学和董仲舒的德治政治学体系成为此后两千年中国实践中的政治学理论的核心。徐复观说："汉代知识分子的真正精神，可以说完全落在现实政治之上。西汉第一流的知识分子所争的是要以儒家的德治，代替汉承秦后的法家的刑治，更进而争政权的天下为公。……不了解汉代知识分子的真精神是在当时现实政治之上，便根本不了解两汉的学术。"① 此应该指的就是这类博士儒者有历史作用。

第三类为儒家思想政治教育的实践者。

传统上都受到"曲学阿世"的舆论讥评，他们被批评为丢失了儒家君子的独立人格，是面谀取容、逢迎趋合、以取功名利禄为目标的"小人"。此在博士官中以叔孙通、公孙弘为典型代表。笔者认为，这都是郁于传统知识分子道统与君统对立的陈腐思维模式得出的结论。的确，在《史记》《汉书》的记载中，此类儒者确实与先秦儒家所追求的"君子"价值有巨大的差异，甚至被描写成为具有道德瑕疵的小人。如公孙弘被描写成为人谀诈，善于顺承上意，颇得上悦，借以取得利禄，而终至丞相三公之位。又如，史书上描写的叔孙通，一生侍奉十主，都以谄谀而得宠。为迎合汉高祖不喜儒之心，乃去儒服而改穿楚制的短衣，并为汉高祖制定《朝仪》，使汉高祖尝到皇帝尊贵的滋味，叔孙通也因此而拜为太常，获赐金五百斤，随叔孙通之儒生皆封为郎。于是诸儒生大喜，称叔孙通为"圣人"，颇能知"当世之要务"。但司马迁称叔孙通为"汉家儒宗"，有学者认为，这是实话，也是反话。实话是汉初礼仪制度多出自叔孙通之手，汉儒多趋从利禄，叔孙通也起了带头作用；反话是讥其辱没了儒学的真精神。胡适说："所谓'汉家儒宗'，他的绝大贡献不过能教汉高祖学秦始皇学得更像一点而已。"② 这个说法明显带有现代"自由主义"的有色眼镜。对于公孙弘，清代学者方苞曾说："由弘以前，儒之道虽郁滞而未尝亡；由弘以后，儒之途通而其道亡矣。"③ 学者多从负面意义上解释，说公孙弘背离了儒家理想人格，成了帝王应用的工具。但反过来说，公孙弘将儒术变为帝国选官的标准，不正是儒家政治化，儒家思想政治教育普及汉帝国的功绩吗？

从制度的层面上看，《汉书·武帝纪》有诏书曰："其令礼官劝学，讲义洽闻，举遗兴礼，以为天下先。太常其议予博士弟子，崇乡党之化，以厉贤

---

①　徐复观. 中国思想史论集 [M]. 上海：世纪出版集团，上海书店出版社，2004：226.

②　胡适. 中国中古思想史长编 [M]. 北京：北京大学出版社，1998：493.

③　（清）方苞. 方望溪先生全集 [M]. 台北：文海出版社，1970：149.

材焉。"汉武帝之诏，核心在于立学，以此达到其"独尊儒术"的意识形态目标。这正与公孙弘奉诏所制定的"太常博士弟子之制"、考课取士之法相一致，将国家选举与博士教育紧密地联系起来，进一步促进了儒家思想政治教育理论与政治实践的结合。

（二）博士弟子的类别、出路与儒家思想政治教育的展开

事实上，汉代博士官从汉武帝时期就开始掌教弟子，而这正是汉代儒家社会化、思想政治教育普及化的关键之举。主要体现在两个方面。其一是通过国家政策确立了儒术为国家唯一正统的地位，对儒术的独尊起到了制度的保障作用，而大量博士弟子的培养，恰足以更进一步广泛传播儒术，使全社会成员养成学习儒术的正统导向。汉武帝时的法吏纷纷以儒术"缘饰吏事"的行为就是最好的说明；其二是博士及其弟子成为"利禄之途"的高级捷径，成为学者走向政治的基本平台，使得儒术的地位在诸子中脱颖而出，成为不可抗拒的主流思想，从而也就促使儒家思想政治教育在社会中的实现，使儒术成为全社会成员的基本价值观念。董仲舒于汉景帝时成为博士，"下帷讲诵，弟子传以久次相授业"。《汉书》本传中记载其弟子最显赫的事迹就是出了许多大官。而博士弟子名额的不断增加，则表现出民间的趋儒倾向越来越明显。《汉书·儒林传》所载公孙弘上书有曰："太常择民年十八以上，仪状端正者，补博士弟子。郡国县官有好文学，敬长上，肃政教，顺乡里，出入不悖所闻者，令相长丞上所属二千石。二千石谨察可者，当与计偕，诣太常，得受业如弟子。"关于这段记载，据学者考证，太学中的博士弟子似应分为两种身份，其一为博士弟子正员，应为五十名；其二为"得受业如弟子"，应为正员之外的副员，其员额多少不清。按《汉书·儒林传》曰："平帝时王莽秉政，增元士之子得受业如弟子，勿以为员。"颜师古注："常员之外，更开此路。""得受业如弟子"乃用以称正员之外不立员额者之称。说明汉代太学除正式的弟子之外，民间原学而有根基者经地方官员举荐，是可以到太学学习的，这就大大地增广了儒家思想政治教育的途径。

除太学外，汉代地方亦立郡国学官，这是儒家思想政治教育向地方的延伸。《汉书·循吏传》谓："至武帝时，乃令天下郡国皆立学校官。"汉武帝所立郡国学官，其详细情况已难考证。到西汉后期学校则延伸到了乡村。据

《汉书·儒林传》载，汉元帝时，"郡国置五经百石卒史"。王先谦《补注》引沈钦韩曰："此乡学教官之始。"《汉书·平帝纪》记载了元始三年（3）立学的整体情况："立官稷及学官。郡国曰学，县、道、邑、侯国曰校。校、学置经师一人。乡曰庠，聚曰序。序、庠置《孝经》师一人。"这说明，自汉武帝起到西汉元平之际，汉代政府建立了自京师太学至地方郡国学以至乡学的自上而下的儒家教育体系。这些学校里，所置学官大多为儒家学者，他们教授弟子的主要内容是儒家经学，汉代统治者通过这种官方教育途径成为思想文化的主流，实现了汉代意识形态自上而下的以儒家思想政治教育为特征的统一。

（三）从博士掌教弟子设置的目标看，太学的教化功能最为显著

郜积意、黄珊在《论置博士弟子员与意识形态的关系》一文中认为，"关于置博士弟子员，与置五经博士一样，都是汉武帝意识形态建设的一部分。根据《史记·儒林列传》的记载，置博士弟子员的直接动机是崇乡里之化"。也就是通过儒家思想政治教育，使儒术成为全社会成员的共同信仰，从而实现其以"移风易俗"为中心的教化目标。《史记·儒林列传》云：

> 公孙弘为学官，悼道之郁滞，乃请曰："丞相御史言：制曰'盖闻导民以礼，风之以乐。婚姻者，居屋之大伦也。今礼废乐崩，朕甚愍焉。故详延天下方正博闻之士，咸登诸朝。其令礼官劝学，讲议洽闻兴礼，以为天下先。太常议，与博士弟子，崇乡里之化，以广贤材焉。'"

公孙弘建议置博士弟子员的真实原因即是这段汉武帝的制令。《史记》记载得明明白白。在汉武帝的制令中，说明了置博士弟子员是为了"崇乡里之化，以广贤材"，或者上升到理论的高度，是为了"导民以礼，风之以乐"，"以为天下先"。按照诏书上的说法，要想达到"化俗"的效果，礼、乐的复兴是至关重要的，因此必须"详延天下方正博闻之士"。这一说法的逻辑就是天下方正博闻之士对于礼、乐的复兴，对于化俗都是极为重要的。因而，同样的逻辑就是博士弟子员可以"崇乡里之化"。关于这点，元朔元年（前128）的下诏，议不举孝廉者之罪也可说明：

《汉书·武帝纪》记载："公卿大夫，所使总方略，壹统类，广教化，美风俗也。夫本仁祖义，褒德禄贤，劝善刑暴，五帝三王所由昌也。朕夙兴夜寐，嘉与宇内之士臻于斯路。故旅耆老，复孝敬，选豪俊，讲文学，稽参政事，祈进民心，深诏执事，兴廉举孝，庶几成风，绍休圣绪。夫十室之邑，必有忠信；三人并行，厥有我师。今或至阖郡而不荐一人，是化不下究，而积行之君子雍于上闻也。二千石官长纪纲人伦，将何以佐朕烛幽隐，劝元元，厉蒸庶，崇乡党之训哉？且进贤受上赏，蔽贤蒙显戮，古之道也。其与中二千石、礼官、博士议不举者罪。"

汉武帝在此诏书中明白说出"举孝廉"是为了"烛幽隐，劝元元，厉蒸庶，崇乡党之训"，与置博士弟子员"崇乡里之化"的目标是一致的，都是为了贯彻化俗的效果。司马迁认为，因为公孙弘为丞相，所以请置博士弟子而获得汉武帝的批准，从此"则公卿士大夫多文学之士"。司马迁还认为，"公孙弘以《春秋》白衣为天子三公，封以平津侯，天下之学士靡然向风矣"。说的都是公孙弘在担任丞相期间对儒学的贡献。后来人们对公孙弘置博士弟子的评价并不统一。有人认为，为博士置弟子开启了学问与利禄的结合，从此以后，学问的功利主义倾向日益明显。也有人认为，这种做法在当时具有特别重要的意义。在秦朝"焚书坑儒"之后，要在尽可能短的时间内恢复学问传统，与利禄之途结合是个极简便的途径，因而可以说是"势之无可如何者也"。前一种意见以方苞为代表，后一种意见以皮锡瑞为代表，但不论如何评价，公孙弘此举对汉代儒术与政治的结合起到的关键作用是不容置疑的。

二、博士议政与汉代政治儒家化趋势的加速

据安作璋、刘德增《齐鲁博士与两汉儒学》一文表述，汉代博士官的基本职掌为："备顾问，议政事，是博士的主要职掌。具体说来，形式有二：一是与公卿大夫共同议政。"① 据统计，见诸《史记》《汉书》和《后汉书》的

---

① 安作璋，刘德增. 齐鲁博士与两汉儒学 [J]. 史学月刊, 2000 (1): 46-52.

这种形式的议政凡 43 例。① 二是以个人身份上书言政治得失，仅《齐博士奏议》一书就收录 23 人 95 篇（李伯齐主编，齐鲁书社 1998 年出版的《齐文化丛书》之一种）。除此之外，齐博士还参与了其他一些政事活动，且成绩突出。如孔子第十四代孙孔光，"成帝初即位，举为博士，数使录冤狱，行风俗，振赡流民，奉使称旨，由是知名"（《汉书·匡张孔马传》）。

博士成为教授于太学的学官，对汉代思想政治教育发挥着重要的导向功能。而其另一职能，即直接参与国家政治决策的讨论，则加速了汉代政治意识形态中儒家思想的成分，是汉代政治儒家化的重要途径。在两汉议政史上，"曲学阿世"的博士大有人在，而敢于仗义执言、以君道绳墨皇帝的博士不乏其人，如夏侯胜、王吉、朱云、彭宣等，皆以直言敢谏而知名见纪。这些都使汉代政治涂上了浓烈的儒家色彩。

汉武帝要想确立"儒术"在国家政治理论的独尊地位，就必须在汉帝国全面推行这一理论的社会认知、认同，从而形成共同的政治信念，达到国家意识形态统一的目标。这既是一个儒家政治理论社会化的过程，也是一个全面"教化"的思想政治教育过程。在这一过程中，太学的开办与功能显然起到了关键的作用。

汉代太学建立的基本目标是"养士"，即为汉政权培育合格的政治人才，推行儒家政治理想，是董仲舒政治"更化"主张的重要组成部分。这说明，太学从一开始就是与政治现实紧密联系在一起的，它是汉代思想政治教育的中心，是汉代思想政治教育人才培训基地和理论创造基地。研究汉代太学对全国思想政治教育起着关键的导向作用，对于我们今天的思想政治教育改革仍有许多借鉴之处。

---

① 张汉东. 论秦汉博士制度［M］//安作璋，熊铁基. 秦汉官制史稿. 济南：齐鲁书社，1984：409.

第八章

士大夫与两汉思想政治教育的实践

按照两汉儒家主要设计者的意愿，士大夫是整个政治教化——思想政治教育的主体，是其核心力量。阎步克在《士大夫政治演生史稿》中论述了两汉儒者与政治的结合，余英时在《士与中国文化》中对两汉的循吏政治做了详尽的考察。两位先生的研究表明，两汉士大夫（以儒生为主体）与先秦时代士人的政治理想主义已有了天壤之别，他们更多的是要抓住现实的环节，变通自己的学术，以求与统治者的政治需求相契和。如叔孙通、贾谊、贾山、韩婴等汉初儒者，皆杂糅诸家学说以为己用，而对儒学自身予以修正，但由于时机未到，其政治理想只能在抗争中发出微弱的声音。自汉武帝"罢黜百家，独尊儒术"之后，儒者迎来了其永世为民、成名成圣的新契机。太学的开办，儒家讲学之风的兴盛，使得自西汉中期以后，儒家思想逐渐成为汉人的"思想律"。特别是汉宣帝之后，汉元帝在治国路线上做出了一个重大调整，即从"霸王道杂之"的"汉家制度"，转向"纯任德政"的儒家路线，以恢复"周政"礼乐之治为目标的国家治理方向得到确认，于是大批儒者开始走上政治前台。充任治世的各级官吏，他们的共同努力，改变了中国历史的思想传统，使儒术逐渐深入人心，成为两千年中国传统政治思想的主旋律。从这个意义上说，其教化之功至伟，即其思想政治教育之效至显。两汉士大夫们的政治节操、政治施为直到今天仍值得我们从事思想政治工作的人去总结和思考。

第一节　两汉士大夫"教化"观
——思想政治教育信念的形成

汉代文献中的"教化"不仅是道德教育，而且是政治思想教育，更是其实现国家治理理想的基本路径。而对以道德为治国先务的儒家来说，道德教育就是思想政治教育的核心。从事这一事业的人们，首先必须坚定自己的信念，然后才能有坚定的行为。总结两汉士大夫的思想政治教育经验，还是相当成功的。汉初，政治思想家们在总结秦亡教训时，多将其原因归之为独任刑罚、教化不施。基于此，他们把汉代施政的重心调整为以"教化"为核心的"更化"（董仲舒语）行动。

一、士大夫对教化为治国之大务的共识

汉代建国之初，刘邦找不到治国的根本策略，因此，打算继承秦政，"马上得之，马上治之"，谋士陆贾告诉他要用《诗》《书》，行德政，刘邦初被感悟。刘邦接纳了陆贾所著《新语》的建议，推行以"无为而治"为中心、"因世而权行"的政治策略，其实际也就是提出了"教化"运动的课题。陆贾在《新语·无为》中提出了"尚宽舒、行中和"的思想，旨在使民"渐渍于道德，被服于中和"，从而达到天下大治。陆贾的"无为"，不同于老子的无为，他是在诸子学说综合之下提出的新的治世策略。《新语·道基》中提出"是以君子握道而治，据德而行，席仁而坐，杖义而强，虚无寂寞，通动无量"。就是要以道德为皈依，行仁义之道，实行以德化民，实现人人尚德、处处有序的理想社会。

《新语·至德》中记载："君子之为治也，块然若无事，寂然若无声，官府若无吏，亭落若无民。闾里不讼于巷，老幼不愁于庭，近者无所议，远者无所听，邮驿无夜行之吏，乡闾无夜名之征，犬不夜吠，鸟不夜鸣。老者息于堂，丁壮者耕耘于田，在朝者忠于君，在家者孝于亲。于是，赏善罚恶而润色之，兴辟雍庠序而教诲之。然后贤愚异议，廉鄙异科，

长幼异节，上下有差，强弱相扶，大小相怀，尊卑相承，雁行相随，不言而信，不怒而威。岂恃坚甲利兵，深刑刻法，朝夕切切，而后行哉！”

这段话，即可看作陆贾的政治理想。其政治设计的终极目标，称之为"至德之世"，同时也可以看出，这是陆贾因诸家学说综合而成的全新的政治理念。这就是以道家"无为"作为政治的总纲，达到社会安定的目标（自"君子之为治也"至"鸟不夜鸣"）。以儒家之礼教确保社会秩序的和谐，这为政治统治的长治久安奠定基础（自"老者息于堂"至"在家者孝于亲"及自"兴辟雍庠序而教诲之"以下至"不怒而威"）。然后再以法家之赏善罚恶辅助之。这样不仅解决了现实政治的需要，也为统治者的长远统治指明了正确的道路。以"道"为本，以"儒"为用，以"法"为辅，就是陆贾"因世"之所需而对传统政治理论取舍的结果。而要达到"至德之世"的目标，关键还在于教民——兴辟雍庠序而教诲之。

汉武帝时，董仲舒对儒家教化学说进一步强化，《汉书·董仲舒传》说："夫万民之从利也，如水之走下，不以教化堤防之，不能止也。是故教化立而奸邪皆止者，其堤防完也；教化废而奸邪并出，刑罚不能胜者，其堤防坏也。古之王者明于此，是故南面而治天下，莫不以教化为大务，立太学以教于国，设庠序以化于邑，渐民以仁，摩民以谊，节民以礼，故其刑罚甚轻而禁不犯者，教化行而习俗美也。"董仲舒强调"教化"为治国之"大务"，随后的公孙弘则用实践行动建议汉武帝开设太学，立五经博士，从此研习儒家经典成为显名入仕的主要途径，教化治国逐渐形成制度，成为儒者之共识，影响两汉社会治理至深。

二、教化与刑罚的关系

儒家强调教化，但并不否定法制，在处理德与刑的关系时，遵循德主刑辅的基本原则。汉初陆贾劝导刘邦要无为、法制、教化治国。而以教化为基本路径，这是一种因世而权行的政治指导思想。他提倡无为，崇尚教化，但也承认"夫法令者，所以诛恶"，将法令的诛恶功能视为教化劝善功能的补充形式。汉武帝时，董仲舒说汉代建国七十年没有带领国家治理走向正轨的原因在于当"更化"时没有"更化"，而更化的中心就是德主刑辅的教化学说。

"刑者，德之辅"，董仲舒从"性三品"的人性论假设出发，认为部分人（下品之性的人）是难以教化的。因此，对国家的治理者来说，仅靠道德的教化还是不够的，还必须用刑罚手段辅助教化。这种以德为主、以刑为辅的教化理论因此而确立。西汉末年的学者扬雄则用阴阳五行学说和天人合一学说，来论述教化与德刑的关系：

> 《法言义疏·先知》指出："春而后秋，地先生而后凋，日月先明而后幽，圣人则之，故先教而后刑。"《说苑·政理》指出："政有三品：王者之政化之；霸者之政威之；强者之政胁之。夫此三者各有所施，而化之为贵矣。夫化之不变而后威之；威之不变而后胁之；胁之不变而后刑之。夫至于刑者，则非王者之所得已也，是以圣王先德教而后刑罚。"

这就是强调治国之道，首倡德义教化，若教化达不到目的，才不得已而用刑罚。

三、教化以"移风易俗"为最后归宿

中国传统政治理论的设计者，先秦时期儒、墨、道、法、名、阴阳是最为关键的六家学派。在其早期的政治理论设计中，就已将教化与移风易俗紧密地联系在一起。国家的治理方式，必然依赖于人民的生存模式，适应于人民的生存模式，而风俗正是人民生存模式的具体呈现。所以风俗问题就被纳入早期的政治理论建构之中，成为其理论建构的现实基础。儒家着眼于政治教化为主导、法令刑罚为辅助的治国之道，而其治理的重要体现就是风俗变迁。因此，"移风易俗"就是其政治理念是否得以实现的标志。法家倡导政令易俗，儒家则主张教化易俗，由是形成了国家治理目标以"移风易俗"为最后归宿的政治理论雏形。秦始皇统一中国后，企图以"焚书坑儒"的超强手段，压制反映东方六国风俗的思想文化，以法家之政令，在全国推行风俗的统一，其结果不仅导致六国"苦秦"的结局，而且成为其亡国的重要因素。陈苏镇先生在《西汉政治与〈公羊学〉》一书中，敏锐地发掘出，秦亡与其东方政策——对地域文化的强制有着密切的关系，并且成为汉初推行郡国并行制的事实前提。汉初统治者因之采取"因世而权行"的政治策略，不仅承

认东方地域文化的存在合理性，同时也规定了"郡国自拊其民"的自治主义统治政策。于是，风俗统一的问题又成为时代重要的课题。汉初以儒家为代表的中央王朝政治理论发言人陆贾、贾谊、董仲舒则极力主张"大一统"政治的实现——不仅要政权统一，而且要思想统一，更为迫切的是民风统一。

汉初陆贾倡言"节奢侈，正风俗，通文雅"，把"正风俗"列为立国的根基。贾谊从总结亡秦教训出发，论证了风俗的善恶关系到国家的兴衰。《新书·时变》中记载，贾谊认为商鞅辅佐秦孝公"内立法度，务耕织，修守战之具，外连衡而斗诸侯"，使秦国富强起来，有其历史功绩。但是《新书·时变》中也指出"商君违礼义，弃伦理"，"不知反廉耻之节、仁义之厚"，从而使秦国风俗败坏，家庭伦理关系恶化。商鞅之法"行之二岁，秦俗日败。秦人有子，家富子壮则出分，家贫子壮则出赘。借父耰鉏杖彗耳，虑有德色；母取瓢碗箕帚，虑立谇语。抱哺其子，与公并踞；妇姑不相说，则反唇而睨。其慈子嗜利，而轻简父母也，念罪非有伦理也，其不同禽兽勤焉耳"。社会道德水准堕落，"众掩寡，智欺愚，勇威怯，壮陵弱，其乱至矣"。"君臣乖乱，六亲殃戮，奸人并起，万民离叛，凡十三岁，社稷为虚。"这是商鞅变法的负效应。《新书·论定制度兴礼乐疏》中认为："汉承秦之败俗，废礼义，捐廉耻，今其甚者杀父兄，盗者取庙器，而大臣特以薄书不报期会为故，至于风俗流溢，恬而不怪，以为是适然耳。夫移风易俗，使天下回心而乡道，类非俗吏之所能为也。"贾谊痛心疾首于对风俗败坏处之泰然、不思进取的俗吏庸行，提出"定制度，兴礼乐"等一系列建议，把移风易俗视为改良政治的根本途径。

经过几十年的休养生息，汉代社会经济得以恢复发展，国力强盛，民间殷富，《汉书·食货志上》指出："然俗奢侈，不以畜聚为意。"汉武帝时期，奢风盛起；昭宣时代，浮侈风气弥荡全社会；明帝以后直至汉末，浮侈现象亦是一时风气，"时俗奢移"，以至民间往往因此"倾家竭产"。东汉时期的应劭认为："为政之要，辨风正俗，最其上也。"并撰著《风俗通》一书，意在存大义于乱世，整齐风俗，使上下之心咸归于正，以为佐治之具。

汉代诸生清醒地意识到了风俗的社会作用，认识到风俗的优劣与整个国家的治乱兴衰密切相关，尤其看到风俗败坏导致了深刻的社会危机，他们凭借自己的政治见识和历史责任感纷纷指陈时弊，强烈呼吁改变腐风陋俗，使得"移风易俗"思想成为时代共识。

第二节 地方官员对教化的推动

我们知道，在汉初政治中，实际存在着不同层级政治实体共存的局面，诸侯王国与地方长吏皆"自拊其民"，因此，在地方政治中推行着不同的政治理念，有长者政治、循吏政治，同时也有法吏政治。其中循吏中多儒生，对教化的推动最为努力，成果也最为显著。

一、地方官员中的儒家循吏极力倡导学习儒家经典与大义

在中国传统社会中，儒家是教育领域的主导者，也是社会伦理的设计者。社会中习儒之人愈多，政治教化、道德教化的效果理念就愈深入人心，人们遵循儒家所教化的人生准则就愈加显著，《论衡·量知》中认为，"儒生多仁义""儒生不为非"，他们是社会道德的楷模，是君子，同样也是社会教化的实践者和引导者，这是儒家理论赋予他们的历史使命。

西汉儒者从早期的贾谊开始就将这一使命担在了自己的肩上，董仲舒则是儒家教化理论在汉代的促成者与践行者。东汉时期，由于光武、明、章三帝，在国家治理的初期，就将儒术与其国家意识形态高度统一起来，东汉光武帝是太学生出身的帝王，其本身对于儒术治国就有着深刻的理解。与西汉诸帝始终站在儒家阵营之外甚至与儒术相对抗博弈不同，他是以儒者的身份参考儒术的改造，成为太学之师。汉明帝更是以帝王之尊，集天下大儒于白虎观，纵论儒术经义的是非，并予以亲自决断，完成了儒者与帝王身份的融合——君师合一。这次会议对经义统一的整理者班固而言，为这不同于前代帝王的身份造出了一个新的最高称谓——圣上。这个君师合一身份的皇帝出现，标志着君权与儒术的完整结合。也使儒家思想政治教育从帝王之外在的儒家地方官员推动，变成了以君权引导、地方官员全面推动的方式来进行。教化成了地方官员的基本职能，因此，地方官员不得不将崇尚儒学，提倡教化，教育民众研习儒家经典，特别是《孝经》，作为任期内必须完成的重要事务。事实上，倡导儒学，就是倡导对君权的认同、对国家政治的认同、对儒

家学说心理的认同。

也正因为如此，与西汉官吏不同，东汉地方官吏尊崇儒学，已是普遍现象。儒家化者层出不穷。《后汉书·邓寇列传》记载，寇恂做颍川太守，修学堂，亲自教导：

> "乃修乡校，教生徒，聘能为《左氏春秋》者，亲受学焉"。

汝南太守何敞、王堂；南阳太守刘宽等，也都在其任上，致力于儒家教育。此外，东汉时的许多地方官员都致力于营造儒家教化理想得以实践的社会氛围。他们通过礼遇儒生、举荐和擢用儒生、创办或修缮学校、教化生徒、感化百姓等一系列措施，影响社会对儒学的尊崇。通过教习儒经，使其治下的社会各阶层形成研习儒经、崇尚仁义的风气，致使其境内教化大行，最终达到百姓对皇帝的认同、对国家的认同、对政权的认同，人民的道德品质得到质的提高。因为在他们看来，这就是稳定地方秩序最佳的国家治理之道。

二、地方官员对民众的礼乐教化极端重视

礼乐教化是儒家思想政治教育实现的基本路径。据《后汉书·刘宽传》载：

> 桓帝时，大将军辟，五迁司徒长史。……延熹八年，征拜尚书令，迁南阳太守。典历三郡，温仁多恕，虽在仓卒，未尝疾言遽色。常以为"齐之以刑，民免而无耻"。吏人有过，但用蒲鞭罚之，示辱而已，终不加苦。事有功善，推之自下。灾异或见，引躬克责。每行县止息亭传，辄引学官祭酒及处士诸生执经对讲。见父老慰以农里之言，少年勉以孝悌之训。人感德兴行，日有所化。

这种"每行县止息亭传，辄引学官祭酒及处士诸生执经对讲"的精神可见其对儒家教化的苦心坚持！其"见父老慰以农里之言，少年勉以孝悌之训"，则是因材施教，最后达到"人感德兴行，日有所化"的结果。由于东汉时期儒术已经与君权合二为一，各级地方官员是君权的延伸，帝王为圣人、

为天下之师、为天下父，地方官吏皆为君子——自然就是其治下的人民之师、人民之父。为天下教化之师，官员以教化师的身份，完全站在道德的制高点上，其对民间教化的影响力，自然不可小觑，其尊者的身份，给施行礼乐教化极大便利。

其教化的基本方式是：与汉王朝以孝治天下的基本国策相一致，极端注重子弟孝行的培养，"举孝廉"是国家的基本官吏选拔制度。因此，汉王朝通过表彰、举荐、擢拔孝子，以激励民众的行孝侍亲行为。《后汉书·陈纪列传》中记载，有将孝子"表上尚书，图象百城，以厉风俗"者，亦有力争使不孝者改过成为行孝者。如桓帝时，考城县阳遂亭长仇览，矢志不必，力教"凶恶不孝"羊元，使其"深改悔，……遂修孝道，后成佳士"，"期年称大化"。这说明，东汉官员推行儒家教化的努力实践，使儒家伦理道德理念逐渐渗透到民间百姓的生活之中。

三、儒家地方官员身体力行，以其自身的礼让节俭行为感召民众

儒家强调君子为治，以德化民，其身正，不教而行，其身不正，虽教不成。儒家的核心理念在于"礼"和"仁"，礼别差等，是一切社会秩序的根基。仁则是君子为政处事的基本态度。王者执政以仁，这都是圣人、君子治理国家的基本原则。而落实到民众生活，则成为"让"和"俭"，成为基本道德规范和美德。如若百姓人人懂得礼让，社会秩序中人与人之间的关系，就会变得和睦，甚至减少争端，使社会得以安定。百姓崇尚节俭，不仅能改变西汉初年以来形成的社会奢侈之风，而且能让天下人衣食满足。因此，汉代的地方官员都会将礼让和节俭，这两个最基本又最易在民间推行的重要伦理道德予以大力提倡和推行。东汉章帝时，鲁恭为中牟县令：

> 恭专以德化为理，不任刑罚。讼人许伯等争田，累守令不能决，恭为平理曲直，皆退而自责，辍耕相让。亭长从人借牛而不肯还之，牛主讼于恭。恭召亭长，敕令归牛者再三，犹不从。恭叹曰："是教化不行也。"欲解印绶去。掾史涕泣共留之，亭长乃惭悔，还牛，诣狱受罪，恭贳不问。于是吏人信服。……恭再在公位，选辟高第，至列卿郡守者数十人。而其耆旧大姓，或不蒙荐举，至有怨望者。恭闻之，曰："学之不

讲，是吾忧也。诸生不有乡举者乎？”终无所言。恭性谦退，奏议依经，潜有补益，然终不自显，故不以刚直为称。三年，以老病策罢。六年，年八十一，卒于家。（《后汉书·鲁恭传》）

“让”和“俭”是儒家倡导的重要道德规范。对百姓进行这方面的教化，可以使人与人之间和睦相处，减少争端，安定社会。东汉地方官员将礼让和节俭作为重要的伦理道德并予以大力提倡和推行。汉章帝时，中牟县令鲁恭以礼让的道德规范教化属吏和百姓，使为田产归属而纷争不已的百姓“皆退而自责，辍耕相让”；使争功好胜，互不相让的县吏认错改过，这就是以身作则的教化之功。

汉桓帝时，南阳太守王畅，面对“帝乡”南阳贵戚众多、奢靡成风的情况，自己“常布衣皮褥，车马羸败”，以自己作为当地最高行政长官的行为来教化奢侈者，纠正奢靡的风气等，都是这方面的典型事例。

除了中央政府和地方官员大力加强对民众的社会教化外，东汉社会乡里之间也有民众自发的道德教化。乡里是中国封建时代大多数人口的聚居地，是人们日常生活和交往的基本区域。乡里中道德教化的推行，直接影响着当地的社会风气和人们生活的安宁。东汉乡里间的教化，较为典型的有平原人王烈，他不仅对父母极为孝敬，而且出资修建学校，教授儒经，又散粮救荒，劝恶为善。在他的影响下，“宗族称孝，乡党归仁”，使他的家乡境内，“大化隆行”。可见，乡里间的道德教化不仅改变了一乡一地的道德风气，显然也对整个社会的稳定极为有利。

第三节　未仕士人对教化的作用

东汉有许多著名的儒家学者开办私人教育，他们德行出众，在当地或者全国皆有相当的影响，被视为楷模，具有极大的凝聚力和影响力。其学生来源十分广泛，教授门徒常千人，多者近万人。私学以儒家经典教授弟子，在教授过程中，不仅对儒经进行讲解和阐发，更为重要的是，通过讲解和阐发使受经者接受儒家伦理道德教育，提高他们的道德修养。私学教化与官学教化相结合，扩大了儒家伦理道德的影响。

家庭、家族教育也是普及一般民众道德教化的方式之一。家庭、家族是人们接受道德教化的第一场所，这种教化具有长期、稳定、持久、易接受等特点，它始终与学校教化和社会教化相辅相成，是道德教化不可缺少的一部分。东汉家庭、家族内的道德教化主要表现为长辈对后代以及同族兄弟姊妹之间的教化；教化的内容为儒家的忠孝、仁爱、廉洁、节俭等伦理道德；教化的目的是造就仁人贤士，为家族赢得声誉，防止出现叛臣逆子危及家族的地位乃至生存。总之，士大夫阶层，尤其是其中的儒家学者及其政治理念信奉者，是汉代儒家思想政治教育的实践主体，是儒家教化出来的具有良好自身修养的君子。他们有着高度的政治理论智慧、政治理想自觉，他们设计并实践了汉代以教化为主体的思想政治教育，且收到了良好的效果。

第九章

汉代地方基层组织与思想政治教育的实践

基层思想政治教育，是儒家"教化"理论设计的落脚点。乡村社会是中国古代社会的基础，也是历代帝制王朝控制的重心所在。自秦汉时代起，随着郡县制、官僚制成为国家行政制度的基本样态，中国古代的乡村治理体系日渐成熟，并在中国传统政治、经济秩序的运作中发挥着重要作用。因此，对乡村治理体系的研究，特别是人际关系、道德伦理关系的研究，是了解与把握中国古代社会的一把重要钥匙，有鉴于此，对两汉时代的乡村治理体系与其基层思想政治教育理想的落实进行探索，就是汉代教化体系最末端，也是最基础的实践模式之展现。

第一节　两汉地方基层组织的构成
及其"教化"功能的设置

一、乡的组织建构及乡官教化职能的设置

乡是县以下的一级政府机构，是乡村管理的基本渠道。在这一机构中，设有三老：有秩、啬夫、游徼。《汉书·百官公卿表》记载：

> 乡有三老，有秩、啬夫、游徼。三老掌教化；啬夫职听讼，收赋税；游徼徼循，禁贼盗。

《后汉书·百官志》记得更为清晰：

乡置有秩、三老、游徼。本注曰：有秩，郡所署，秩百石，掌一乡人；其乡小者，县置啬夫一人。皆主知民善恶，为役先后，知民贫富，为赋多少，平其差品。三老掌教化。凡有孝子顺孙，贞女义妇，让财救患，及学士为民法式者，皆扁表其门，以兴善行。游徼掌徼循，禁司奸盗。又有乡佐，属乡，主民收赋税。

汉代的乡级政权，上承县府，下治里间，其职能包括户籍、赋税、徭役、教化、选举、治安等，几乎是无所不管、无所不能。而其中的"三老掌教化。凡有孝子顺孙，贞女义妇，让财救患，及学士为民法式者，皆扁表其门，以兴善行"，则说明，汉代民众的思想政治教育，已然渗透到了社会的最底层。

"三老"之制的设置，初始于汉高祖二年（前205）。《汉书·高帝纪》规定："举民年五十以上，有修行，能帅众为善，置以为三老，乡一人。择乡三老一人为县三老，与县令、丞、尉以事相教，复勿徭戍。"东汉时也有规定："有遵奉教化者，擢为乡三老。"

由上可知，汉代三老的任职条件为：年高德劭，帅众为善。其基本职能是：遵奉教化。以自己的表率作用，规劝乡民做到：尽忠尽孝，贞洁廉耻，好义疏财。为乡民树立榜样，鼓励善行。三老就是汉代最基层的教化官吏，其设置对民间的影响是巨大的，在西汉末年农民起义中，军中最尊者号"三老"，后分万人为一营，每营的首领也称"三老"，形象地说明了这一问题。

汉代官吏选拔中有选举之制，选举的基本单位是乡里，所以又称"乡举里选"，实际上，在"乡举里选"中，贯穿了儒家思想政治教育的基本原则，贯穿了以德为先的用人标准，特别是儒家道德理想中的核心理念——忠孝观。通过"乡举里选"中乡的主导作用，且利用选举的导向，引导人们的忠孝服从意识。正如汉顺帝时张衡所言："自初举孝廉，迄今二百岁矣，皆先孝行，行有余力，始学文法。"就是说孝行为先，学识与才能在选举中是次要的。因此，才会出现韩信始为布衣时，"贫无行，不得推择为吏"，司马迁"少负不羁之才，长无乡曲之誉"的情况。

二、里的设置与其管理体制

两汉时代，里是乡亭之下的最为基层的地方组织。春秋战国时代就有设置。汉代的里，其规模大小有着不同的记载，司马彪的《续汉书·百官志》说"一里百家"，应劭的《风俗通》则说"里有司，司五十家，为居止同事"。《汉书·晁错传》与《释名·释州国》均谓"五十家一里"。《汉书·张安世传》记载，（宣帝）遂下诏曰："其为故掖庭令张贺置守冢三十家。上自处置其里，居冢西斗鸡翁舍南。"这是三十户为一里者。《汉书·戾太子传》曰："故皇太子谥曰戾，置奉邑二百家……以湖阌乡邪里聚为戾园。"这里又有二百家为一里的说法。这应该是按自然聚落形成设置的，并不强求整齐划一。不论这些数据的多少，自春秋战国至两汉，里一直都是乡村社会中最基本的编制单位，它与乡村居民的自然聚落实际上是合而为一的。总体而言后两者并非常态，制度上的里，大致是以五十户为标准，以汉代基本家庭五口之家计算，二百五十人左右，是乡村最基层的聚居单位。

作为最基层的民间聚落，每个里也都有自成一体的防卫与监控体系，一般来说，每个里都由壕沟和土墙环绕，《春秋繁露·求雨》中有"诸闾社通于闾外之沟"即可为证。到西汉末年和东汉后期，由于社会矛盾激化，盗贼蜂起，为了防御需要，各里都于外围建造高大结实的堑、营垒、营壁等，有的还筑有便于观察瞭望的门楼。这时的里实际上是一座小城堡。汉代里的建筑布局是比较严密、整齐的，这可能是统治者出于管理、监控的需要。

据史料表明，里设有供居民出入的大门，称"外门""闾""里门""闾门"等。① 并建有严格的门卫制度，由专人负责看管，称为"里监门""门者"等。里作为乡村基层组织，事务繁多，各种职能俱全。政府的一切政令、任务都由乡传到里，由里具体贯彻执行，而具体负责组织管理者则是里吏。

里吏既不是政府正式官吏，也不是朝廷命官，按《春秋公羊传》的说法是："比庶人在官之吏。"据史料来看，汉代里吏主要有里魁（里正）、监门、什伍之长等。里正的职责，据《后汉书·百官志》记载："里有里魁，民有什伍，善恶以告。本注曰：里魁掌一里百家，什主十家，伍主五家，以相检察。民有善事恶事，以告监官。"

---

① 《汉书·石奋传》："万石君徙居陵里，内史庆醉归，入外门不下车。万石君闻之，不食。……（后）庆及诸子入里门，趋至家。"又《汉书·循吏传》云："及至孝、宣，由仄陋而登至尊，兴于闾阎。"师古注曰："闾，里门也。阎，里中门也。"

从上述看来，里正的主要职责便是监控一里之人，有情况随时上报，但无权处置。汉代乡村社会中的所有权力都集中在乡亭长官处，这是与后代不同的。

为了配合里正，里中还专设监门人。作为里正的主要助手，主要负责一里之中的警卫、治安，监督来往居民。如《史记·张耳陈余列传》云：

"秦诏书购求（张耳、陈余）两人，两人亦反用门者以令里中。"

里长之下，又设什伍之长，对于他们的职掌，《后汉书·百官志》记道："里有里魁，民有什伍，善恶以告。"《汉书·食货志》所言古代："春将出民，里胥平旦坐于右塾，邻长坐于左塾，毕出然后归，夕亦如此。"孟康注曰："里胥，如今之里吏也。"这些恐怕也都有汉代乡里社会的影子。

据史料记载，汉代的里吏虽然没有处事的职权，主要是对地方秩序的监察，但仍然具有思想政治教育的功能。《汉书·韩延寿传》记载，延寿为颍川郡守时，要求里正："相率以孝悌，不得舍奸人，闾里阡陌有非常，吏辄闻知，奸人莫敢入界。"《汉书·尹赏传》亦云："赏以三辅高第选守长安令，得壹切便宜从事。……乃部户曹掾吏，与乡吏、亭长、里正、父老、伍人，杂举长安中轻薄少年恶子，无市籍商贩作务，而鲜衣凶服被铠扞持刀兵者，悉籍记之，得数百人。"

一方面是相率以孝悌，导民向善的职能；另一方面，则是防止人民舍奸，更不得犯奸。里胥们严密监控着农民的一举一动，从政治生活、经济生活到起居生活都在教化在氛围之中。

第二节 乡村学校以《孝经》为基本教学内容的"教化"模式

一、三代"王官之学"以明教、行礼而视化为目标

在中国传统社会治理中，乡里教化，是儒家思想政治教育助成风化的重要途径。有其悠久的历史传统。乡里学校教育，早在夏、殷时就已出现，到西周时期，形成了相对完整的教育制度，这应该都属于"王官之学"。

《文献通考·学校》中指出："夏曰校，殷曰序，周曰庠，皆乡学也。"这些乡里学校的主要职能就是加强乡里教化，对乡民进行道德教育。《文献通考·学校》中记载："里有序而乡有庠，序以明教，庠则行礼而视化焉。"春秋战国以来，私学兴起，"王官失守"，学术下移，乡里教育得到进一步发展。但秦"焚书坑儒"后，"以法为教"，乡里教育形式一度有所变更。《文献通考·学校》中记载，汉兴，"高帝尚有干戈，平定四海，未遑庠序之事"。直到汉武帝时，随着经济的繁荣和国力的强大，才不仅"立太学以教于国"，而且"设庠序以化于邑"，建立起了一套系统的乡里教育体制。

二、汉代乡里教育体系形成，主要职责就是助成教化

汉代乡里学校的主要职责就是助成教化，当时乡里学校的师资主要是书师和经师，而最为重要的则是《孝经》师，这体现了汉代"以孝治天下"的思想政治教育内涵。《汉书·艺文志》中记载："汉兴，闾里书师合《仓颉》《爰历》《博学》三篇，断六十字以为一章，凡五十五章，并为《仓颉篇》。"《汉书·平帝纪》记载："元始三年，立官稷及学官。……乡曰庠，聚曰序，庠、序置《孝经》师一人。"

书师主要教授篇章和书算，经师则教授儒家经典。崔实《四民月令》："十一月，砚冰冻，命幼童读《孝经》《论语》。"《东观汉记》（卷十七）云："乡里徐子盛者，以《春秋经》授诸生数百人。"

三、乡里教化以孝道养成为主要内容

由于乡里学生年龄较小，未必全通五经，其中以学习《孝经》为主，终汉一朝，以孝治天下，《后汉书·荀爽传》中提出："使天下皆诵《孝经》，选吏举孝廉。"因此，乡里学校中以《孝经》师为最多，他们以儒家经典为教学内容，以扩大教化为主要任务，在乡里具有较高的社会地位。乡里学校还向学生传授道德礼仪，《后汉书·秦彭传》曰："修明庠序，每春秋乡射，辄修升降揖逊之仪。"

乡里之间，以礼作为教化工具，左右相教，老少相传，即使是饮食、衣服、住行、婚丧、祭祀等也都具有一定的礼数，它既是人际关系的准则，也是人们遵循的道德规范，具有普遍的社会性。当时，每年的十月，乡里学校还举行乡饮酒礼，以礼属民，而饮酒于序，以正齿位。这些以推广教化为目的的礼仪活动，无疑对形成淳厚民风起了推动作用。

四、汉代以孝治天下，尊老、重老是孝行的具体表现

孝是最基本的社会伦理道德，孝观念渗透到乡里教化中，尊老思想便得以传播开来，重老思想反过来也会加强乡里重孝的社会氛围，二者相辅相成，相互促进。

汉高祖就非常尊老重孝，身为皇帝，还要五日一朝太公，行家人父子之礼，而且尊敬"太上皇"，皇帝为太上皇行父子之礼，既有尊老敬老的孝子之心，又不失礼。汉朝谥法，惠帝以后，谥号皆有"孝"字。《汉书·惠帝纪》中记载，颜师古曰："孝子善述父之志，故汉家之谥，自惠帝以下皆称孝也。"皇帝以"孝"为谥的目的在于表明这些皇帝生前都曾恭行孝道，堪为天下人之表率，是全国效仿的榜样。汉高祖在自身尊老重孝的同时，也非常重视对乡里尊老重孝的教育，如《汉书·高帝纪上》记载：

> 举民年五十以上，有修行，能帅众为善，置以为三老，乡一人。择乡三老一人为县三老，与县令、丞、尉以事相教，复勿摇戍。

此次举三老，最重要的不是令其教化乡里，而是利用他们的号召力收揽

民心，同时也有对县令、丞、尉的钳制作用。

汉武帝时，"举民孝悌力田，复其身"，以后遂成为普遍现象。建元元年（前140）夏四月，诏令郡县曰：

> "古之立孝，乡里以齿，朝廷以爵，扶世导民，莫善于德。然则于乡里先耆艾，奉高年，古之道也。今天下孝子顺孙愿自竭尽以承其亲，外迫公事，内乏资财，是以孝心阙焉。朕甚哀之。民年九十以上，已有《受鬻法》，为复子若孙，令得身帅妻妾遂其供养之事。"

《汉书·武帝纪》中记载，元狩元年（前122）夏四月·诏曰：

> "朕嘉孝悌、力田，哀夫老眊、孤、寡、鳏、独或匮于衣食，甚怜愍焉。其遣谒者巡行天下，存问致赐。曰：'皇帝使谒者赐县三老、孝者帛，人五匹；乡三老、悌者、力田帛，人三匹；年九十以上及鳏、寡、孤、独帛，人二匹，絮三斤；八十以上米，人三石。有冤失职，使者以闻。县、乡即赐，毋赘聚。'"

通过物质奖励的方式，来推行其以孝治天下的政策。自此以后，西汉诸帝继承了这一传统，成为西汉帝国基本国策。

第三节　社区活动中的各种民间"教化"活动形式

一、大力推行乡饮酒礼

《后汉书·礼仪志上》载：

> （东汉时）郡、县、道行乡饮酒于学校，皆祀圣师周公、孔子，牲以犬。于是七郊礼乐三雍之义备矣。养三老、五更之仪，先吉日，司徒上太傅若讲师故三公人名，用其德行年耆高者一人为老，次一人为更也。皆

服都纻大袍单衣，皂缘领袖中衣，冠进贤，扶玉杖。五更亦如之，不杖。皆斋于太学讲堂。

乡饮酒礼成为汉代以后中国民间政治教化的理想设置秩序。据《礼记·乡饮酒义》载，乡饮酒礼的基本意义是：

> 乡饮酒之义。主人拜迎宾于庠门之外，入，三揖而后至阶，三让而后升，所以致尊让也。盥洗扬觯，所以致洁也。拜至，拜洗，拜受，拜送，拜既，所以致敬也。尊让洁敬也者，君子之所以相接也。君子尊让则不争，洁敬则不慢，不慢不争，则远于斗辨矣，不斗辨则无暴乱之祸矣，斯君子所以免于人祸也，故圣人制之以道。

这是圣人之道，其目的就是确立乡里的社会等级秩序，以尊者为尊，长幼有序，各自以自己的身份参加统一的公共活动。即所谓：

> 乡饮酒之礼，六十者坐，五十者立侍，以听政役，所以明尊长也。六十者三豆，七十者四豆，八十者五豆，九十者六豆，所以明养老也。民知尊长养老，而后乃能入孝悌。民入孝悌，出尊长养老，而后成教，成教而后国可安也。君子之所谓孝者，非家至而日见之也，合诸乡射，教之乡饮酒之礼，而孝悌之行立矣。

这一礼仪制度，显示了儒家乡里教化的本质，尊者为上，晚辈则要以孝悌之心敬奉之，所以孔子曰："吾观于乡，而知王道之易易也。"这就是王道在乡里教化的显现！不仅如此，在一系列的礼仪规范行为中，也体现了上下尊卑的社会等级秩序，不得逾越：

> 主人亲速宾及介，而众宾自从之。至于门外，主人拜宾及介，而众宾自入。贵贱之义别矣。三揖至于阶，三让以宾升，拜至、献、酬、辞让之节繁。及介省矣。至于众宾升受，坐祭，立饮，不酢而降。隆杀之义别矣。

主人酬介工入，升歌三终，主人献之。笙入三终，主人献之。间歌三终，合乐三终，工告乐备，遂出。一人扬觯，乃立司正焉。知其能和乐而不流也。

宾酬主人，主人酬介，介酬众宾，少长以齿，终于沃洗者焉。知其能弟长而无遗矣。

降，说屦升坐，修爵无数。饮酒之节，朝不废朝，莫不废夕。宾出，主人拜送，节文终遂焉。知其能安燕而不乱也。

贵贱明，隆杀辨，和乐而不流，弟长而无遗，安燕而不乱，此五行者，足以正身安国矣。彼国安而天下安。故曰："吾观于乡，而知王道之易易也。"

为加强此礼仪的合法性认证，儒家学者还将其上升到合于天道的高度，视其为教民之本、礼之大参：

乡饮酒之义，立宾以象天，立主以象地，设介僎以象日月，立三宾以象三光。古之制礼也，经之以天地，纪之以日月，参之以三光，政教之本也。

亨狗于东方，祖阳气之发于东方也。洗之在阼，其水在洗东，祖天地之左海也。尊有玄酒，教民不忘本也。

宾必南乡，东方者春，春之为言蠢也，产万物者圣也。南方者夏，夏之为言假也，养之，长之，假之，仁也。西方者秋，秋之为言愁也，愁之以时察，守义者也。北方者冬，冬之为言中也，中者藏也。是以天子之立也，左圣乡仁，右义偝藏也。介必东乡，介宾主也。主人必居东方，东方者春，春之为言蠢也，产万物者也。主人者造之，产万物者也。月者三日则成魄，三月则成时，是以礼有三让，建国必立三卿。三宾者，政教之本，礼之大参也。

《汉书·杨胡朱梅云传》中记载："欲以承平之法治暴秦之绪，犹以乡饮酒之礼理军市也。今陛下既不纳天下之言，又加戮焉。夫鸢鹊遭害，则仁鸟增逝；愚者蒙戮，则知士深退。间者愚民上疏，多触不急之法，或下廷尉，而死者众。自阳朔以来，天下以言为讳，朝廷尤甚，群臣皆承顺上指，莫有执正。何以明其然也？取民所上书，陛下之所善，试下之廷尉，廷尉必曰'非所宜言，大不敬。'"这是批评皇帝不重视礼仪，为此将有严重的恶果。

二、民间社区的公共生活与神道设教

汉代是一个传统的农业社会。农业是古代中国最重要的生产部门，对土地神的祭祀是古代社会最重要的公共活动。统治者推行教化，利用传统的神道信仰，亦是其应有的题中之义，这就是神道设教。《左传·昭公二十九年》："社稷五祀，是尊是奉。……后土为社；稷，田正也。"后土是土地神，对土地神的祭祀称为"社"。《诗经·小雅·甫田》："以我齐明，与我牺羊，以社以方。我田既臧，农夫之庆。"由于社神是聚落共同体的保护神，春秋战国以前，聚落共同体有时也直接称为"社"。秦汉时代，农村公社已经瓦解，但社祭作为民间社区的一项重要公共活动，仍然保存下来。

《礼记·祭法》在谈到"社"的制度时说："王为群姓立社，曰大社。王自为立社，曰王社。诸侯为百姓立社，曰国社。诸侯自立社，曰侯社。大夫以下，成群立社，曰置社。"郑玄注解此条内容时说："大夫以下，谓下至庶人也。大夫不得特立社，与民族居，百家以上，则共立一社，今时里社是也。"孙诒让在《周礼正义》中说："王侯乡遂都鄙之社并为公社，置社则为私社。"即既有官方所立的公社，也有民间置立的"私社"。

（一）社之祭祀与神道设教的教化实践

"公社"一词最早见于《吕氏春秋·孟冬纪》和《礼记·月令》。设置"公社"的初义就是聚落共同体的土地神祭祀之处。王侯是主祭者、代表者，古之祭祀是大事，"国之大事，在祀与戎"，王侯既是政权的掌握者，也是祭祀权力的掌管者。因此，王侯之社也可以称为"公社"。而郑玄所说的"今时里社"，却是民间置社，虽然为官府所认可，已是"公社"的本义，当属于"私社"。

汉代有"公社"，刘邦自立为汉王的第二年，"悉召故秦祝官，复置太祝、太宰，如其故仪礼。因令县为公社"。汉代的"公社"，仅限于县以上的官社和国社。其祭祀费用是由国家承担的，所以"公社"，就是"官社"，是官方

引导的神道设教。

民间有里社，其祭祀费用则由里中居民分摊，可称"私社"。是民间信仰的自发形式。《史记·封禅书》载："高祖十年春，有司请令县常以春月及腊祠社稷以羊豕，民里社各自财以祠。制曰：'可。'"但里社的祭祀要得到官方的支持，才有其合法性，这就是政府对民间神道设教的引导。那些带有秘密结社性质或触犯国家统治秩序的民间私社，则为官府所不容。如《汉书·五行志》中记载："建昭五年，兖州刺史浩赏禁民私所自立社。"

（二）社祭等公共活动与乡里教化

汉代闾里居民可以自己置社，并且举行社祭娱乐等公共活动，这是乡里民间习俗的自我表现形式。社祭之外，还有腊祭，用来祭祀祖先和百神，也是统一信仰的表现。《礼记·月令》说，孟冬之月"腊先祖五祀，劳农以休息之"。《礼记·郊特牲》："蜡也者，索也。岁十二月，合聚万物而索飨之也。"汉高祖十年"令县常以春月及腊祠社稷以羊豕"。社祭和腊祭都是民间最重要的公共活动。

秦汉乡里公共活动的教化功能，还表现在乡三老和里父老等乡里官吏对地方事务的参与和引导。"睡虎地秦简"有两条秦律：

> 匿敖童，及占癃不审，典、老赎耐。百姓不当老，至老时不用请，敢为诈伪者，赀二甲；典、老弗告，赀各一甲；伍人，户一盾，皆迁之.傅律。

> 贼入甲室，贼伤甲，甲号寇，其四邻、典、老皆出不存，不闻号寇，问当论不当？审不存，不当论；典、老虽不存，当论。

这里说明当道德教化不能防止盗贼入室杀伤居民的犯罪出现时，作为乡官的父老和里典要共同承担责任而受到惩罚。这种事例在史书中还有不少记载。如《汉书·黄霸传》记载，宣帝时，颍川太守黄霸"为条教，置父老师帅伍长，班行之于民间，劝以为善防奸之意，及务耕桑，节用殖财，种树畜养，去食谷马"。京兆尹张敞"既视事，求问长安父老"，得知"偷盗酋长数人"。《汉书·张敞传》中也记载："敞皆召见责问，因贳其罪，把其宿负，令致诸偷以自赎。"《汉书·尹赏传》中记载，成帝时，长安令尹赏"部户曹掾史，与乡吏、亭长、里正、父老、伍人，杂举长安中轻薄少年恶子，无市籍商贩作务，而鲜衣凶服被铠扞持刀兵者，悉籍记之，得数百人。赏一朝会长安吏，车数百辆，分行收捕"。

第四节 乡官在地方思想政治教育中的表率和引导作用

乡官里吏，自为民之表率，其基本职能就是教以化民的思想政治教育。《管子·度地》云："三老、里有司、伍长者，所以为率也。"至汉代，乡官里吏的表率作用仍居于重要的地位。其时每乡皆置三老，就是一种民间教化制度。"三老"并非正式的国家行政职务，也无俸禄，只因其为民推举的地位和威望高于民众，具有一定参与和处理乡里事务的权力，人们才将其比作官吏。《史记集解》引如淳曰："非吏而得与吏比者，官谓三老。"东汉《三老掾赵宽碑》中亦有"优号三老，师而不臣"的话，可见各级官吏都不把"三老"视为属吏。

汉代三老之设，教化职能的表率作用显而易见。《汉书·高帝纪》云："举民年五十以上，有修行，能率众为善，置以为三老，乡一人。"《东观记》："（秦彭为山阳太守）择民能率众者，以为乡三老。"

为了配合三老教化的推行，在乡里还设有孝悌、力田等乡官。《汉书·文帝纪》十二年三月，诏曰："孝悌，天下之大顺也；力田，为生之本也；三老，众民之师也；廉吏，民之表也。朕甚嘉此二三大夫之行。"《汉书·黄霸传》亦载："宜令贵臣明饬长吏（史）守丞，归告二千石，举三老、孝悌、力田、孝廉、廉吏，务得其人，郡事皆以义法令捡式，毋得擅为条件。"

《汉书·黄霸传》中说，汉代在乡以下，又有里，设置里正、伍长、父老等职务，其职能也主要是"劝导乡里，助成风化"。《汉书·韩延寿传》："又置里正、伍长，相率以孝悌，不得舍奸人。"《汉书·黄霸传》："然后为教条，置父老师帅伍长，班行之于民间。"

汉政权在乡里设置的三老、孝悌、力田、里正、伍长、里父老的乡村官吏的共同职责就是在社会的最底层推行教化，为民表率。并有严格的考核机制，如果乡里教化不善，出现犯罪，或民风不淳，三老等乡官需要承担失职责任。汉武帝时，就曾派遣司马相如以檄书晓谕巴蜀之地："让三老孝悌以不教诲之过。"批评乡官们教化不力的失职行为。韩延寿为左冯翊，有昆弟争田，"啬夫、三老亦皆自系待罪"。可见，三老等乡官之设，在民间推行教化，是在切实贯彻执行中的。

第五节　以地方安宁，人民德化为教化基本目标

作为国家的治理者，汉政府是实施乡里教化的主体，是政策的制定者，也是推动者、实践者，目的就是通过教化使民众认同其政权的合法性，认同其政治治理思想的权威性。其所推动的道德教化的合理性，使其深入民众的心理，得到不自觉的思想认同和行为一致，从而达到社会政治稳定、国家长治久安的目的，这就是儒家教化的本质，也是儒家政治社会化运动的宗旨。

一、乡里教化以地方秩序稳定、民风淳朴为目标

有意识地改善乡里社会秩序，使之从战乱之中走向稳定，这是教化的基本目标。如何实现这一目标？首先，教化的内容和指导思想必须由政府制定或认可。西汉年初，陆贾造《新语》，并时时在刘邦面前讲论《诗》《书》，且提出无为、法制、教化三者并行的治国方略，得到汉高祖及朝廷的一致赞同。乡里教化开始实行，以《诗》《书》为主的儒家经典及其义理成为教化的主要内容。贾谊是汉初政治家中的礼治派，《新书·礼》中认为要以礼作为推行教化的依据："礼者，所以固国家，定社稷，使君无失其民者也。主主臣臣，礼之正也，威德在君，礼之分也，尊卑大小，强弱有位，礼之数也。"同时，他也指出教化的目标是让民众懂得"礼、义、廉、耻"四维，并强调，"一维不张，国乃灭亡"。把教化上升到国家存亡的高度来认识，显而易见其理论的出发点就是为了国家的长久安宁。汉代儒家思想教育——教化理论的奠基者董仲舒将"五经"与其提出的"三纲五纪""五常"等理论共同作为教化的纲领和内容，其最终目的，同样是为了维护国家的长治久安，乡里的和谐稳定。

因为上述三位思想家的教化理论并非仅仅是学术讨论，而是直接向皇帝提出的治国之策，其主张得到皇帝同意和认可，并运用于政治实践之中，自然就成了当政者推行教化的主导思想。这样的教化，自然具有极强的政治性，就是一种思想政治教育。

但高明的是，西汉乡里教化的政治性体现在民间民风淳朴、道德品质培养的路径之中。

"孝悌"是人们倡导的最基本的人伦道德。这是社会基本细胞家庭维系的稳定剂。汉政权无论是从国家的稳定考虑，还是从乡里秩序的维持着手，都将其放在了民风改善的首选方案之中。在传统中国，孝是人伦基础，对尊长的孝，可以成为对君主忠的基础，"君子之事亲孝，故忠可移于君"。有了"忠""孝"这两大道德基础，国家就能得以稳定。董仲舒指出：

> 立大学以教于国，设庠序以化于邑，渐民以仁，摩民以谊（义），节民以礼，故其刑罚甚轻而禁不犯者，教化行而习俗美也。

"仁""义""礼"等本属于道德范畴的观念，却在儒家教化理论中不仅成了化民成俗的重要工具，而且成了国家治理的基本手段。"礼乐"教化是儒家思想中治国的理想道路，其内涵就是对人们进行道德品质的培养，从而形成统一的思想意识，共同维护国家的长治久安。

将伦理道德教育作为主要实践路径的儒家思想政治教育，在乡里之治方面，目标十分明确，就是要造就民间百姓亲睦和乐的淳厚民风。乡里官吏，由民推举，皆为道德楷模。乡官的职能就是劝善惩恶，要求乡民自束，人人自厉，形成良好的社会风气。汉政权利用儒家这种以民治民、崇尚德化的治国之策，使教化在民间大行其道。

二、乡里教化以乡里社会道德养成为目标

第一，从家族认同到国家认同。在传统社会中，家族血缘观念是处理人际关系和行为准则的基础。所以，"孝悌"成为最基本的道德要求，由家到国，家族伦理自然而然地推行为社会伦理，"君子之事亲孝，故忠可移于君；事兄悌，故顺可移于长；居家理，故治可移于官"。孝亲与忠君有机地联系在一起，修身齐家的目的也便成了治国、平天下，这就使家国合一的观念深入民心，忠孝观就是家族认同与国家认同一体的思想政治教育观。

第二，修身以应礼的道德认同。汉代教化以修身为要务，修身则有君子、小人之别，但不论身份如何，都要遵循"三纲五常"的政治伦理道德要求。在处理君臣、父子、夫妇、兄弟、朋友为主体的五伦关系中，自我角色定位最为关键。这个定位的规范就是礼。

《礼记·礼运》中提出："礼者，君之大柄也，所以别嫌明微，傧鬼神，考制度，别仁义，所以治政安君也。"

每个个体都是国家的一分子，自然有其在国家中的地位。礼的功用就在于设置并维护尊卑有别、贵贱既分的等级社会秩序。个人道德，就是符合其身份角色的道德定位，其言行举止必须完全符合于礼的规范。

第三，道德融入社会，个体的共同体意识养成。乡里教化，就是要造就淳厚民风，即群体共同信奉的生活模式。这个共同的美好的生活模式正如《新语·至德》中描述的：

"闾里不讼于巷，老幼不愁于庭，近者无所议，远者无所听，邮驿无夜行之吏，乡闾无夜名之征，犬不夜吠，鸟不夜鸣，老者息于堂，丁壮者耕耘于田，在朝者忠于君，在家者孝于亲。"

这就是个体角色意识融入社会之中所形成的理想社会图景。为实现这一理想，汉代各级官吏及儒家学者，莫不以教化为己任，以身作则，为民表率；劝民善恶，以厉民风；兴办学校，施教于民，构建出全方位的思想政治教育样态。南阳太守召信臣"为民作均水约束，刻石立于田畔，以防分争，禁止嫁娶送终奢靡，务处于俭约"。《汉书·循吏传》记载，齐地龚遂"见齐俗奢侈，好末技，不田作，乃躬身以俭约，劝民务农桑，……劳来循行，郡中皆有蓄积，吏民皆富实。狱讼止息"。《后汉书·邓寇列传》记载，寇恂为汝南太守，"修乡校，教生徒，聘能为《左氏春秋》者，亲受学焉"。《后汉书·循吏列传》记载，卫飒为桂阳太守，"下车，修庠序之教"。《后汉书·循吏列传》也有记载，秦彭为山阳太守，"崇好儒雅，敦明庠序，每春秋飨射，辄修升降揖让之仪"。

官吏的教化确实有劝导乡民、造就淳厚民风的意义。《新语·无为》说："曾、闵之孝，夷、齐之廉，岂畏死而为之哉？教化之所致也。"随着质朴民风的形成，父子安居，乡里安宁，从而构成了社会稳定的基础。行政上的乡里组织与道德上的上忠下孝、孝悌、力田有机地结合在一起，有效地加强了汉王朝在乡里的统治。

总之，汉代儒家思想教育在基层的运行模式是十分成熟的，它既利用了传统的民间习俗与信仰，又加入了乡里官吏的表率与引导，从而构成了一个从官到民，从世俗到神道，从民间习俗到儒家经典，共同引导，指向移风易俗和民风淳厚为标志的社会稳定与安宁的治理目标。应该说，其设置是完善的，功能是强大的，取得的成功也是很大的。

第十章

汉代家族家庭组织与思想政治教育的实践

两汉思想政治教育的社会化途径还有一个重要的方面，即以家庭组织为核心的家庭教育。或者说，家学教育。一个成熟的文明社会，其成员的政治认知、道德品质，乃至个人心理的成熟，大多是在家庭生活中养成的，中国是一个重视家教的国度，这一传统开始得很早，大致在汉代已然成熟。

第一节　两汉的家学概况

清代史学家赵翼在《廿二史札记》（卷五）"累世经学"条中说："古人习一业，则累世相传，数十百年不坠。盖良冶之子必学为裘，良弓之子必学为箕，所谓世业也。工艺且然，况于学士大夫之术乎！"这是说中国自古就有家学相传的传统。赵翼在本条还以孔氏、伏氏、桓氏三家为例，说明自周秦以来，特别是汉代四百年来家学的延绵不绝。反映了家学在中国传统思想政治教育中的重要地位。

一、西汉家学中的思想政治教育

《汉书·儒林传》详细记载了汉代许多经学家世代相传的史实。如士孙张学《梁丘易》，"家世传业"。韦氏家族的韦贤治《诗》，传子玄成，玄成及兄子赏以《诗》授哀帝，"由是《鲁诗》有韦氏学"；伏理游君学《齐诗》于匡衡，从此"家世传业"；徐良游卿学《大戴礼》，"家世传业"；桥仁季卿学《小戴礼》，亦"家世传业"；王中学《公羊春秋》，"家世传业"。这样的例子俯拾皆是。到了东汉，由于经义的统一，家学有衰微的趋势。《后汉书·儒林列传》记载，甄宇"习《严氏春秋》，……传业子普，普传子承。……诸儒以承三世传业，莫不归服之"。"三世传业"在西汉是很平常的事，但在东汉引起人们的赞赏，这说明了当时家学的状况。《后汉书·儒林列传》中有关家学的记载，皆以经学为主要内容，正是儒家思想政治教育的核心内容。所谓世代为业，一方面体现了其家族独特的教化主体地位，另一方面，则反映了汉代通过家学传统，将儒家教化理论实践到社会最基础的细胞之中，使之成为"无意识"的行为，表明其教育的成功。

"自欧阳生传伏生《尚书》，至歙八世，皆为博士。""歙既传业，而恭谦好礼让。王莽时，为长社宰。"显然，欧阳歙传家学显示了良好的社会道德，成为时代的楷模。

洼丹，世传《孟氏易》，"王莽时，常避世教授"；高诩，"曾祖父嘉，以《鲁诗》授元帝，仕至上谷太守。父容，少传嘉学，哀、平间为光禄大夫。诩以父任为郎中，世传《鲁诗》，以信行清操知名。王莽篡位，父子称盲，逃，不仕莽世"。体现了高尚的政治节操。

伏恭"少传黯学，以任为郎，建武四年，除剧令"。此处是儒家修身而为君子，进而为政教化天下的显著例证。

薛汉"世习《韩诗》，父子以章句著名。汉少传父业，尤善说灾异谶纬，教授常数百人。建武初，为博士"。以诗教化弟子，成为儒家思想政治教育中的重要部分。

二、家族教育的核心是儒家思想政治教育理论的实践化

以颖川士人家学教育为例，颖川士人是汉代家学发展的显著地域。

第一是家族教育。颖川大姓、著名的荀氏家族，其奠基人荀淑，教导其八个儿子皆成名流。《三字经》将此事作为古代家庭教育的楷模写了进去："汉荀淑，有义方，教八子，名俱扬。"颖川鄢陵庾氏家族，其始祖庾乘，在东汉时期以文化教育起家，自此，家族内部文风日盛，与其政治活动相辅相成，形成家族教育文化的蔚然大观。自东汉至魏晋，这个家族见于史籍的人共79位，有文化成就及从事文事活动并具重要影响者就达28人，占总人数的35.4%；有文集163卷，今存文赋152篇，诗25首；书法家8人，现存书法作品两贴100余字。另如颖川陈氏家族、阳翟褚氏家族及曹操的十大谋士

大都以秉承家学、文化秀异而闻名于世。

第二是社会文化教育，即设馆授徒教育。陈寔在遭受党锢之祸之后，隐居荆山，设馆授徒；钟皓"教授门徒千有余人"。如此大规模的文化教育活动，使我们不难想象对全社会的影响是怎样地广泛而深刻，不难想象当时颍川地区的文风是怎样地昌盛且浓重。

第三是重视教化、敦睦风俗。在颍川士人中，重视的是儒家道德规劝人们弃恶从善的感化力量，他们始终认为道德教育是行之有效的社会秩序管理办法。《后汉书·荀韩钟陈列传》记载："时岁荒民俭，有盗夜入其室，止于梁上。寔阴见，乃起自整拂，呼命子孙，正色训之曰：'夫人不可不自勉。不善之人未必本恶，习以成性，遂至于此。梁上君子者是矣！'盗大惊，自投于地。"面对窃贼的丑恶行径，陈寔没有将他痛打一顿以解心头之恨，更没有以罚款了事。而是召集儿孙，晓以大义，谕之利害，不仅使盗贼匍匐于地，口服心服，同时也给自家的年轻人上了生动的一课，使他们也能够从中受到教育，自警自励。

第四是传经教育。汝南袁氏世传《孟氏易》，弘农杨氏世传《欧阳尚书》。沛国桓氏世传《欧阳尚书》。但是，与《后汉书·儒林列传》的众多事例相比，这几例并不具有普遍意义。而且，即便是这三家，家学也没有都能维持下去。据《后汉书·袁张韩周列传》记载，袁氏家族习《孟氏易》，始自袁安祖父袁良，时在西汉后期。袁安少传良学。自此以后，安子京，京子彭，彭弟汤均传家学，但袁汤以后，如汤之子袁成、袁逢、袁隗及袁成之子袁绍、袁逢之子袁术均不再传家学。桓氏家族自桓荣始学《欧阳尚书》，荣子郁，郁子焉，焉孙典传学不断。但桓氏的情形有些特殊。《后汉书·桓荣传》注引《东观汉记》载，帝问郁曰："子几人能传学？"郁曰："臣子皆未能传学，孤兄子一人学方起。"上曰："努力教之，有起者即白之。"

第二节　以孝为核心的家庭思想政治教育

汉代以孝治天下，孝的教育也是其家学教育的核心，正如《孝经》中所言："天地之性人为贵，人之行莫大于孝，孝莫大于严父，严父莫大于配天。"

孝是最大的人伦道理。所以，中国古代家庭教育以孝悌之德为基本的价值取向就是其必然选择。

因血缘关系而萌发的亲情是家庭成员交往的自然基础和人伦准则，从亲亲敬长的血缘亲情中提升出孝悌仁爱等道德，这是古代家庭教育乃至道德教育具有生命力的根源所在。孔子说："今之孝者，是谓能养。至于犬马，皆能有养，不敬，何以别乎？"意思是说，孝悌之德的培养并非停留于孝顺之举的行动层面，而应追求尊老敬长情感的升华。因此从儿童本身的生活体验出发来培养其尊老敬长的情感，最为自然最为贴切。孟子十分赞成这一主张，他说："孩提之童，无不知爱其亲者；及其长也，无不知敬其兄也。亲亲，仁也；敬长，义也。无他，达之天下也。"汉代孝悌内涵并不是简单的情感需求，而是将情感教育与以礼为核心的家庭和社会等级制度相对结合。使其明白遵守尊卑贵贱的家族制度，对家长的孝顺，对宗法等级制度的服从，就构成了人的基本生存模式。

孔子的学生孟懿子问孝，孔子回答："无违。"何谓"无违"？孔子解释说："生，事之以礼；死，葬之以礼，祭之以礼。"孔子又说："父在，观其志；父没，观其行。三年无改于父之道，可谓孝矣。"很显然，孔子在这里所强调的"孝"已经不是单纯的孝顺之情了，而是对所谓"礼"或"道"的认同和继承。这个"礼"或"道"，就是孔子所谓"君君，臣臣，父父，子子"；就是《易传·象传下·家人》中所强调的"父父，子子，兄兄，弟弟，夫夫，妇妇，而家道正"；就是《韩非子·忠孝》中说的"臣事君，子事父，妻事夫，三者顺则天下治，三者逆则天下乱。此天下之常道也"；就是董仲舒所总结的"君臣、父子、夫妇之义，皆取诸阴阳之道"，从而概括成"君为臣纲，父为子纲，夫为妻纲"。不仅如此，汉代古代家庭教育中的孝悌之德更要延伸到对国家的层面上，即移孝就忠，孝于亲，忠于君。故孔子说："夫孝，始于事亲，中于事君，终于立身。"荀子也说："君者，国之隆也；父者，家之隆也。隆一而治，二而乱。自古及今，未有二隆争重，而能长久者。"

培养子弟的孝悌之德是儒家君子的家庭层面的基础要求，就是《大学》八条目中"齐家"的功夫，是其"治国""平天下"的基本素质。这种孝的教育，就是儒家政治教化之根源。《孝经》说："夫孝，天之经也，地之义也，民之行也。天地之经，而民则之。则天之明，因地之利，以顺天下。是以其教不肃而成，其政不严而治。"孝悌是源自上天，用于治国的天理法则。

第三节 家庭思想政治教育基本方法

宋代思想家朱熹指出："古者小学，教人以洒扫应对进退之节，爱亲敬长隆师亲友之道，皆所以为修身齐家治国平天下之本，而必使其讲而习之于幼稚之时，欲其习与智长，化与心成。"① "凡为人子弟，当洒扫居处之地，拂拭几案，当令洁净。文字笔砚，凡百器用，皆当严肃整齐，顿放有常处，取用既毕，复置元所。父兄长上坐起处，文字纸劄之属，或有散乱，当加意整齐，不可辄自取用。凡借人文字，皆置簿抄录主名，及时取还。窗壁、几案、文字间，不可书字。前辈云：'坏笔污墨，瘝子弟职。书几书砚，自黥其面。'此为最不雅洁，切宜深戒。"② 这虽然晚了近千年，但这个道理在汉代就早已被人们认识，并已用于家庭教育的实践之中。

一、家庭教育从幼儿开始

从政治教化的理论出发，贾谊认为国家的根本在于教育，而太子教育则是关键。因此他主张对太子的教育，要从胎儿开始。并专门作《胎教》一篇，这个教育的对象虽然针对的是太子，同样在整个汉代家学教育中有着重大影响。《大戴礼记·保傅》中记载："易曰：'正其本，万物理，失之毫厘，差之千里。'故君子慎始也。春秋之元，诗之关雎，礼之冠婚，易之乾坤，皆慎始敬终云尔。"

国家的治理要找到合理的起点，这个起点就是婚姻家庭。所以，家庭中的子孙教育最为关键。而天下的家庭中皇家显然居于中心，因此皇子的教育关系天下！尤其是帝位的潜在继承者太子的教育，更要"谨为子孙，婚妻嫁女，必择孝悌世世有行义者，如是，则其子孙慈孝，不敢淫暴，党无不善，

① 朱杰人，严佐之，刘永翔编. 朱子全书（第13册）[M]. 上海：上海古籍出版社，2010：393.
② 朱杰人，严佐之，刘永翔编. 朱子全书（第13册）[M]. 上海：上海古籍出版社，2010：373.

三族辅之"。"凤凰生而有仁义之意，虎狼生而有贪戾之心，两者不等，各以其母。呜呼，戒之哉！无养乳虎，将伤天下，故曰素成胎教之道，书之玉版，藏之金柜，置之宗庙，以为后世戒。"母亲在儿子教育中有着重要地位，所以要在胚胎之时进行教育。

据说中国古代胎教始于西周。《大戴礼记·保傅》记载："周后妃妊成王于身，立而不跛，坐而不差，独处而不倨，虽怒而不詈，胎教之谓也。"这是说，周成王的母亲在怀孕时，站有站的样子，站时不将重心倚在一边，坐有坐的样子，坐时也不歪斜，独居一处时也不懈怠放任，发怒时也不骂人，如此等等，用礼教的规范来约束自己的一举一动，从而保持对胎儿的良好影响。《大戴礼记·保傅》："古者胎教，王后腹之，七月而就宴室。"刘向《列女传》说，周文王之母太任在妊娠期间，"目不视恶色，耳不听淫声，口不出傲言，能以胎教"。一千多年前的《黄帝内经》也有关于胎教的论述，以后如《千金方》《颅囟经》等不少著作都有记载孕妇孕期的保健、养胎和护胎的知识。可见，胎教对于统治者教育特别是太子教育的重要性。

贾谊列举了历史上胎教成功与失败的例证，如《新书》卷十《胎教》中就说明了"明鉴所以照形也，往古所以知今也。夫知恶古之所以危亡，不务袭迹于其所安存，则未有异于却走而求及前人也。太公知之，故国微子之后，而封比干之墓。夫圣人之于圣者之死，尚如此其厚也，况当世存者乎！其弗失可知矣"的道理。

二、家庭育儿，首在施教

汉代家学所教内容十分广泛。有为正式进入学校学习做准备的识字、认字启蒙教育。也有为今后步入社会，以资立身的专门知识教育，如经学、法学、史学、医学、天文历法等。在汉代史籍记载中，"少传父业""世传经学""子孙传学"，屡见不鲜。如汉高祖刘邦的《手敕太子文》，要求太子刘盈勤奋学习，"每上疏宜自书，勿使人也"；对开国元勋"萧、曹、张、陈诸公侯"要以礼相待。① 郑玄的《诫子书》教导独生子郑益恩努力追求君子之道，"研读勿替"；要注重仪容举止的修养，"以近有德"之人；生活要节俭，

---

① （清）严可均. 古文苑 [M]. 北京：中华书局，1958：130-131.

《后汉书·张曹郑列传》中提出："菲饮食，薄衣服。"刘歆少年得志，其父刘向告诫他力戒骄奢，"骄奢则祸至"，应恭谨从事，"敬事则必有善功而福至"。马援写信教育侄儿马严和马敦，不要随意评说别人的长短，更不要对已有公论的是非妄加议论，"耳可得闻，口不可得言"。要慎于交友，不能好坏不分，陷于轻薄，褚少孙认为"非其地，树之不生；非其意，教之不成"，强调教育子孙必须结合"生活之道"，顺应其爱好，施教才能取得成功。

三、女子教育

家学的受教者多为家族或家庭中的男性，但是在许多家庭或家族中女性也可以是家学的受教对象。由于汉代正处在封建社会的初期，封建礼教正在形成过程中，女性所受的束缚远不如后世那样严重，在家庭和社会生活中的地位也相对较高。其中一个重要的表现就是在家学的传授过程中，女子也有接受教育的权利。当时，许多士大夫家庭出身的女子在出嫁前都受过良好的家学教育。

其内容除了妇德等规范礼节以外，经学也是学习的重要内容。汉和帝邓皇后"六岁能《史书》，十二通《诗》《论语》"。明帝马皇后在出嫁之前也有在经学方面的学习经历。蔡文姬博学有才辩，妙于音律，自匈奴回归中原以后，仍然能诵忆父亲所传典籍四百余篇，应是接受其父蔡邕家庭教育的结果。又如刘向家族"尤珍重《左氏》，教授子孙，下至妇女，无不读诵者"。可见当时官宦家庭的子女涉猎传承家学的绝非罕见。一般家庭中的女性也有传承家学的，《后汉书·方术列传上》中记载，李南"少笃学，明于风角"，其女"亦晓家术"。当然，总体而言，有机会接受学术教育的女子在汉代女性中还是较少的，大多数女子学习的仍然是纺织、音乐、祭祀、礼仪等生活技能。

总之，汉代家庭教育以血缘关系为依托，从道德情感着手对后代进行行为习惯、伦理纲常及谋生技能的训练，其内容、形式、方法力求贴合儿童生活和情感的体验。这是家庭教育成功的重要经验。但这一切又都是统一在血缘宗法制的文化秩序之下，其目的是要训练出一代又一代的认同和服从这一文化秩序的驯服工具，因而呈现着鲜明的封闭性和专制性色彩。这个目的是古代家庭所需要的，也是国家所需要的，这二者的高度协调一致是汉代家庭教育成功的重要经验。

第十一章

两汉儒家思想政治教育效果检验机制

汉朝是我国历史上第一个以政府的力量推行儒家政治理想的朝代。政治理想的实现，除了必要的制度保证和政府官员的积极努力之外，更重要的是将这一理论推向社会，为大多数社会成员所接受、理解，并身体力行。汉政府在接受儒家教化理想的同时，为推行这一教化的实践，在行政运行机制上，做出了许多制度保证，规定了上自中央，中至各级政府官员，下至乡里组织的教化职责。但是，教化的效果如何呢？以什么标准判断呢？这就必须建立相应的效果检验机制。

第一节　"移风易俗"：儒家思想政治教育 （"教化"）结果的根本表征

自先秦以来，诸子以"为治"作为其学说的终极关怀，对于政治思想、政治价值、政治情感在民众中如何实现，亦即政治如何社会化的问题，做出了许多有益的探索。他们将社会化的目标锁定在社会风俗的变化，即"移风易俗"上，就是希望通过引导社会风俗的变化来实现其政治意识的社会化，从而在民众政治心理上成为主导意识，最终达到其政治教化的目标，这是中国传统政治文化设计的根本途径。因此，从教化结果的好坏与否来看，风俗的变更程度就自然成为其教化结果检验的首选标准。汉儒的政治教化设计正是在这一理念指导下进行的。

一、理论设计：汉代政治家视角中的风俗是政治变革获得稳定的前提，亦是检验其政治理想得以实现的唯一标准

（一）汉承秦制，亦承秦之弊，风俗败坏，所以治天下者必以改良风俗为目标

《礼记·礼运》说："刑肃而俗敝，则法无常。法无常，而礼无列，礼无列，则士不事也。刑肃而俗敝，则民弗归也，是谓疵国。"刑法与礼俗的关系，实际上就是治理手段与治理目标的关系问题，以刑之法，成就"法治"，以礼教化，则成"俗治"。显然，前者并非汉代统治者的首选项，后者才是其目标。因为刑法严厉的结果是造成"民弗归"的"疵国"，而礼教的化民成俗则不仅使万民向化，且能永久维持。这就把风俗成败放到了治国理政的根本目标，并关系到国家存亡的高度来认识。汉初陆贾在其应刘邦要求所著的治国之术——《新语·道基》中倡言，治国要"节奢侈，正风俗，通文雅"，要把"正风俗"列为立国的根基。贾谊从总结亡秦教训出发，论证了风俗的善恶关系到国家的兴衰。《新书·时变》中贾谊认为商鞅在秦国变革时，"违礼义，弃伦理"，"不知反廉耻之节、仁义之厚"，从而使秦国风俗败坏，家庭伦理关系恶化，故"秦人家富子壮则出分，家贫子壮则出赘"。《汉书·贾谊传》中描述，社会道德水准堕落，"众掩寡，智欺愚，勇威怯，壮陵衰，其乱至矣"。"君臣乖乱，六亲殃戮，奸人并起，万民离叛，凡十三岁，社稷为虚。"这是商鞅变法对国家长治久安所产生的负面效应。文帝时期的政治理论家贾谊也认为秦俗的不良，《汉书·贾谊传》说："汉承秦之败俗，废礼义，捐廉耻，今其甚者杀父兄，盗者取庙器，而大臣特以薄书不报期会为故，至于风俗流溢，恬而不怪，以为是适然耳。夫移风易俗，使天下回心而乡道，类非俗吏之所能为也。"秦之俗是"败俗"，是亡国之俗！因此，汉之治国，必须改变！要重新"定制度，兴礼乐"，把"移风易俗"视为治国之道之首选，改良政治之根本途径。

（二）汉代风俗改变之艰难，是儒者一贯关注的重点，因而批判之声不绝于身

历史事实是：汉初实施"与民休息"的清静无为政策，实质则是政治理

论难以统一，只能"因世而权行"。经过几十年的休养生息，汉代社会经济得以恢复发展，国力强盛，民间殷富，但也出现了许多的社会问题，豪强竞起，"俗奢侈，不以畜聚为意"。重商轻农，社会财富分配严重不均。自汉武帝时起，这股奢风盛起，至昭、宣二帝时，浮侈之风已弥荡了全社会；东汉时世家大族进一步兴起，明帝以后直至汉末，浮侈现象亦是一时风气，"时俗奢侈"，以至民间往往因此"倾家竭产"。因此，在整个两汉时代，儒家学者中的有智之士，都能清醒地意识到这种浮侈世风对国家治理和社会安定、文明教化的危害性，并持续不断地对此进行了批判，他们将风俗贪恶看成是社会动乱的本源，贪婪奢靡之风直接影响到汉代政权的盛衰存亡，因而兴起了一股社会批判思潮。

东汉的思想家王符对统治集团的骄奢淫逸和社会风气的每况愈下，痛心疾首。他认为道德沦丧、衣食奢侈、尚巫事神、嫁娶过制、厚葬破业、浮侈离本之风，皆为腐风陋习，是"衰世之务"，是国家政治昏暗的表象。并指出若不推行善政移风易俗，国家将面临危亡之祸，《潜夫论·浮侈》中记载，王符大声疾呼："凡诸所讥，皆非民性，而竞务者，乱政薄化使之然也。王者统世，观民设教，乃能变风易俗，以致太平。"另一位著名思想家仲长统也严厉抨击作为儒家教化主体的儒家士人逐渐形成的腐败世风。他认为，当代的士人群体，已是人欲横流，引导和败坏了社会风气，士人中存在"三俗""三可贱""三奸"。这是门阀士族畸形发展的必然结果。

　　"天下士有三俗：选士而论族姓阀阅，一俗；交游趋富贵之门，二俗；畏服不接于贵尊，三俗。"（仲长统《昌言》）
　　"天下之士有三可贱：慕名而不知实，一可贱；不敢正是非于富贵，二可贱；向盛背衰，三可贱。"（仲长统《昌言》）
　　"天下学士有三奸焉：实不知，详（佯）不言，一也；窃他人之说，以成己说，二也；受无名者，移知者，三也。"（仲长统《昌言》）

掌治教化的士子品行不良则是对国家治理事业的最大损失。此外，由于教化不行，天下风行厌胜、忌讳等迷信风俗，仲长统认为："诸厌胜之物，非礼之祭，皆所宜急除者也。"良好的风俗是国家的命脉，可以直接决定国运的兴衰，他认为，汉之衰败，其根源就在于风俗不良。

荀况则认为，风俗的优劣与国家的治乱紧密相关。他提出"察九风以定国常"的观点，并依据风俗的优劣，把国家政权判分为治、衰、弱、乖、乱、荒、叛、危、亡九种形态，其论衰危之世，大多暗合于汉末积弊丛生的政局，称之为"警世之作"亦不为过。应劭认为："为政之要，辨风正俗，最其上也。"他撰著《风俗通》一书，意在存大义于乱世，整齐风俗，使上下之心咸归于正，以为佐治之具。汉代诸生清醒地意识到了风俗的社会作用，认识到风俗的优劣与整个国家的治乱兴衰密切相关，尤其看到风俗败坏导致了深刻的社会危机，他们凭借自己的政治见识和历史责任感纷纷指陈时弊，强烈呼吁改变腐风陋俗，使得"移风易俗"思想成为时代共识。

（三）"移风易俗"的可能性论证

孙家洲、邬文玲认为，汉代学者从风俗形成的原因，论证了移风易俗的可能性，笔者深表赞同。汉代诸生注意到了风俗纷异的现象，并着力探讨其成因。他们既肯定自然环境的决定性因素，又对人文因素的作用给以足够重视。由此证明风俗不是天赋的产物，更多的是人为的结果，这为"移风易俗"的可能性找到了依据。①

《淮南子·齐俗训》是西汉前期对风俗治理进行完整探讨的著作。他认为上古三代时期由于人民的生存模式不同，所以礼仪风俗，也各有不同，而圣王存在的意义就在于整齐这些不同的风俗，使"九州同贯，六合同风"。正如《淮南子·齐俗训》记载："所谓礼义者，五帝三王之法籍风俗，一世之迹也。"

《齐俗训》从各地方言异样的现象看到，风俗的形成，并非天赋如此，而是由其生活环境不同所造就。如"羌、氐、人棘、翟，婴儿生皆同声"，及其长大成人，却各操不同的方言，相互"不能通其言"，原因在于"教俗"的不同。

　　"今三月婴儿生而徙国，则不能知其故俗。由此观之，衣服礼俗者，

---

① 孙家洲，邬文玲. 汉代士人"移风易俗"理论的构架及影响［J］. 中州学刊，1997（4）：141-145.

非人之性也，所受于外也。"（《淮南子·齐俗训》）

"其导万民也，水处者渔，山处者木，谷处者牧，陆处者农。地宜其事，事宜其械，械宜其用，用宜其人。"（《淮南子·齐俗训》）

所以《齐俗训》认为："人之性无邪，久湛于俗则易。"人的本性是可以在风俗的变化中得以改变的，所以，"世异则事变，时移则俗易"，统治者可以也必然能根据民风的具体情况来整齐风俗。司马迁作《史记》，对不同时代、不同地域、不同群体的风俗给予了较为完善的记载，并对其成因进行了探讨。《史记·货殖列传》记载，各地不同的地理，出产不同的货物，也养成不同的生活习惯，形成不同的风俗。司马迁以风俗的形成和演变为线索，把全国划分为九大区域，分论其习俗：

"夫三河在天下之中，若鼎足，王者所更居也，建国各数百千岁，土地小狭，民人众，都国诸侯所聚会，故其俗纤俭习事。"

"齐带山海，膏壤千里，宜桑麻，人民多文采布帛鱼盐。临淄亦海岱之间一都会也。其俗宽缓阔达，而足智，好议论，地重，难动摇，怯于众斗，勇于持刺，故多劫人者，大国之风也。其中具五民。"

关中"自虞夏之贡以为上田，而公刘适邠，大王、王季在歧，文王作丰，武王治镐，故其民犹有先王之遗风，好稼穑，殖五谷，地重，重为邪"。

"邹、鲁滨洙、泗，犹有周公遗风，俗好儒，备于礼，故其民龈龈。"

"夫自鸿沟以东，芒、砀以北，属巨野，此梁、宋也。……其俗犹有先王遗风，重厚多君子，好稼穑，虽无山川之饶，能恶衣食，致其蓄藏。"

……

司马迁以董仲舒弟子的身份，感同身受于儒家教化理想。其所作《史记·乐书》，继承儒家乐教思想精华，以相当篇幅论述了音乐对风俗人心的影响。他明确提出了采风俗而助政教的观点："州异国殊，情习不同，故博采风俗，协比声律，以补短移化，助流政教。"并强调："与时迁移，应物变化，

立俗施事。"（《史记·太史公自序》）

班固作《汉书·地理志下》，提出："凡民函五常之性，而其刚柔缓急，音声不同，系水土之风气，故谓之风；好恶取舍，动静亡常，随君上之情欲，故谓之俗。"在这里，班固既给风俗以视角独特的定义，又道明了影响风俗的自然因素和人文因素。

（1）有什么样的水土，便有什么样的风俗。《汉书·地理志下》指出："天水、陇西，山多林木，民以板为室屋。及安定、北地、上郡、西河，皆迫近戎狄，修习战备，高上气力，以射猎为先。""楚有江汉川泽山林之饶；江南地广，或火耕水耨。民食鱼稻，以渔猎山伐为业……不忧冻饿，亦亡千金之家。信巫鬼，重淫祀。"可见，各地民之所好及所恶都与地理风土密切相关。而班固正是把地域物产与风土的因素作为风俗差异的根据，从而建立了完善的"分野风俗理论"。

（2）各地风俗的演变与人文因素密切相关。《汉书·地理志下》指出："颍川、南阳，本夏禹之国。夏人上忠，其敝鄙朴。……秦既灭韩，徙天下不轨之民于南阳，故其俗夸奢，上气力，好商贾渔猎，藏匿难制御也。……宣帝时，郑弘、召信臣为南阳太守，治皆见纪。信臣劝民农桑，去末归本，郡以殷富。颍川，韩都。士有申子、韩非，刻害余烈，高仕宦，好文法，民以贪遴争讼生分为失。韩延寿为太守，先之以敬让；黄霸继之，教化大行，狱或八年亡重罪囚。南阳好商贾，召父富以本业；颍川好争讼分异，黄、韩化以笃厚。'君子之德风也，小人之德草也'，信矣！"可见，一地风俗的形成与演变受到传统习俗、人文教化、吏治风格等多种因素的影响。

东汉王充则提出了一种生存环境决定社会风俗、社会风俗制约个人秉性的理论。他在《论衡·率性篇》中提出："凡含血气者，教之所以异化也。……楚越之人，处庄、岳之间（引者注：庄、岳为齐都临淄城内的街巷名），经历岁月，变为舒缓，风俗移也。故曰：'齐舒缓，秦慢易，楚促急，燕憨投。'以庄、岳言之，四国之民，更相出入，久居单处，性必变易。"

通过对风俗成因的探讨，表明一方面风俗有着历史传承性；另一方面，风俗并不是一成不变的，而是随着社会的发展而变化更新的。也只有"与时迁移，应物变化，立俗施事"，才能更好地发挥出风俗积极而特殊的社会功能，因此，"变易风俗"成为当时的急务之一。

（四）"移风易俗"实践的有效检验途径

风俗在人们的社会生活中具有重要影响。而根据它对社会的影响，风俗又有优劣鄙陋之分，好的风尚风俗会带来积极的影响，而鄙风陋俗则会造成深刻的社会危机，关系国家的治乱兴衰。于是，移风易俗就成为政治教化中最为迫切的任务。那么，如何检验政治教化对"移风易俗"的作用呢？

（1）施行教化者的表率作用。汉代诸生有感于承秦之后，当时社会风俗之败坏及其对国家社稷的危害，从国家政治理论的高度，纷纷强调"移风易俗"对国家政治的关键作用。汉初的陆贾、贾谊，就将秦风俗与其亡国联系起来。如陆贾认为民风败坏是由于统治者自身不能以身作则而引起的。所以统治者必须在对民众的思想政治教育中，重视自己的表率作用，秦之亡就在于秦始皇与二世的贪婪与残暴。

> 《新语·无为》指出："秦始皇设刑罚，为车裂之诛，以敛奸邪，筑长城于戎境，以备胡、越，征大吞小，威震天下，将帅横行，以服外国，蒙恬讨乱于外，李斯治法于内，事逾烦，天下逾乱，法逾滋而奸逾炽，兵马益设而敌人逾多。秦非不欲为治，然失之者，乃举措暴众、而用刑太极故也。"

所以，汉初的统治者必须反秦之政，进行"调心在己，背恶向善，不贪于财，不苟于利"的自我修炼，做民表率，教化天下，才能使民心自然向善，改变民风败坏的状况。

（2）将统治者的政治行为视为教化的职能。《新语·无为》中也认为："故上之代下，犹风之靡草也。……孔子曰：'移风易俗。'岂家令人视之哉？亦取之于身而已矣。"即把"取之于身"的教化当作移风易俗的主要手段。

贾谊认为移风易俗的最佳途径是推行教化。具体措施有二。

一是统治者要以身作则，加强自身修养以教化百姓。《新书·大政上》指出："君能为善，则吏必能为善矣。吏能为善，则民必能为善矣。……故为人君者，其出令也，其如声，士民学之；其如响，曲折而从君，其如景（影）矣。"为使统治者成为表率，必须对之开展早期教育和提供良好的教育环境，教育应从"孩提有识"之时开始，使受教育者处于"见正事，闻正言，行正道，左右前后皆正人"的环境中，接受潜移默化的教育，这样才能收到"化与心成，故中道若性"的效果。

二是对被统治的民众，推行道德教化来改善民风，不可专任刑法以挟制百姓。《治安策》认为："世主欲民之善同，而所以使民善者或异。或道之以德教，或殴之以法令。道之以德教者，德教洽而民气乐；殴之以法令者，法令极而民风哀。"可见，贾谊把礼乐教化视为移风易俗的根本。

《淮南子·齐俗训》则指出，对风俗的改善，必须立足于实事求是的基础上，要充分考虑全社会的接受能力，不能以某些卓越人物的志节操行，去规范社会习俗。"行齐于俗，可随也；事周于能，易为也。矜伪以惑世，伉行以违众，圣人不以为民俗。""高不可及者，不可以为人量；行不可逮者，不可以为国俗。"

"衰世之俗"、衰败之风主要是由统治者治国政策的失误造成的，欲改善风俗，必须以建立合理的社会秩序，防止贫富分化，提供基本的生活条件为基础。《淮南子·齐俗训》提出："世治则小人守政，而利不能诱也；世乱则君子为奸，而法弗能禁也。"且移风易俗不能仅依赖于政令，应出自统治者的精心诚意和率先示范。《淮南子·主术训》云："刑法不足以移风，杀戮不足以禁奸，唯神化为贵。至精为神。""悬法设赏，而不能移风易俗者，其诚心弗施也。"

董仲舒强调礼乐教化的作用，他在其《天人三策》中，曾提出礼乐的作用即在于移风易俗，"乐者，所以变民风，化民俗也"。

而秦朝败坏风俗之弊，至汉犹存，《汉书·董仲舒传》提出："自古以来，未尝有以乱济乱，大败天下之民如秦者也。其遗毒余烈，至今未灭，使习俗薄恶，人民嚣顽。"董仲舒认为"世俗之靡薄"，一直是汉代统治者不得不面对的既成事实，只有改弦更张，推行教化，才能"上下和睦，习俗美盛"。董仲舒进一步指出，官僚士大夫的举止行为，对民风民俗有潜移默化之效，《汉书·董仲舒传》中说："尔好谊，则民乡仁而俗善；尔好利，则民好邪而俗败。"董仲舒鼓励汉武帝奋发有为，重建"教化行而风俗美"的盛世。

匡衡上疏汉元帝，指陈不良风俗的形成，在于吏治有缺。"今天下俗贪财贱义，好声色，上侈靡，廉耻之节薄，淫辟之意纵，纲纪失序，疏者逾内，亲戚之恩薄，婚姻之党隆，苟合徼幸，以身设利。……臣愚以为宜一旷然大变其俗。……今俗吏之治，皆不本礼让，而上克暴，或忮害好陷人于罪，贪财而慕势，故犯法者众，奸邪不止，虽严刑峻法，犹不为变。"（《汉书·匡衡传》）显然，匡衡主张官吏以"礼让"来改易"贪暴"之俗。

王符认为"易风移俗"，应首先重视"开心""正精"。他指出："移风易俗之本，乃在开其心而正其精。"而能使社会环境产生巨变以影响民情风俗者，非君王莫属，"唯王者能变之。"（《潜夫论·卜列》）同时，王符强调统治集团与最高统治者对民俗的"导向"作用。"民蒙善化，则人有士君子之心；被恶政，则人有怀奸乱之虑。"（《潜夫论·德化》）

王符在《潜夫论·德化》中指出，民风的优劣，往往决定于治民官吏的善恶，"遭良吏则皆怀忠信而履仁厚；遇恶吏则皆怀奸邪而行浅薄"。而吏治善恶，则取决于君主的治国思想与用人政策，因此，王符进一步推论说："世之善否，俗之薄厚，皆在于君。"

实际上是把移风易俗的主要责任，归之于统治集团及其君主，只有以上率下，才能扭转世风。大致说来，汉代诸生所提出的"移风易俗"的途径约有四种：一是统治者以身作则，以上率下；二是推行教化，正确引导；三是严刑深罚，打击奸宄；四是教法并行，礼乐并重。在寻求移风易俗的方法时，他们都立足于自身所处的社会实际，强调时势，因而他们所提出的方法具有现实针对性和可操作性。[1]

由于两汉士人始终把移风易俗作为论政论学的关注焦点，因而形成了持续不断的研究过程；他们提出了许多有价值、有影响的命题，特别是系统地论述了移风易俗的必要性、可能性和可行性，因此产生了广泛的社会反响。如，汉武帝察举孝廉，目的在于"化元元，移风易俗"；汉武帝还下诏规定"广教化、美风俗"是公卿大夫的职责所在。"遣使观风"是两汉常见的了解下情、整肃吏治的方式，荷命而出的"风俗吏"，挟"持节""假节"之威，拥监察地方吏治的实权。规定州牧刺史定期奏报各地风俗，或利用"上计吏"了解郡国民情与官吏优劣。由此可见，由士人所鼓荡而成的"移风易俗"的

---

① 孙家洲，邬文玲. 汉代士人"移风易俗"理论的构架及影响 [J]. 中州学刊，1997
（4）：141-145.

社会舆论，直接对两汉政治产生了影响。在某种意义上，移风易俗成了缓和矛盾、维护秩序、纠正积弊、促进发展的有效手段。

二、实践探索：汉武帝后的国家治理的风向标

（一）选官标准：举孝廉

举孝廉是汉代孝治天下国策在用人政策上的具体实践，也是儒家教化理论实现的关键所在。

武帝元朔元年冬十一月的"举孝廉"诏书中说，"公卿大夫"的职能是"所使总方略，一统类，广教化，美风俗也"。其四项职能中后两项皆是儒家思想教育的实践，即使是前两项的总方略，也是儒家整体治国理念。一统类，也是儒家思想教育的总体目标。这说明，自汉武帝开始，儒家治国理念真正从理论设计走向了政治实践，这既是儒家政治社会化的过程，也是儒家教化天下的思想政治教育理论的现实化。

《汉书·武帝纪》记载，"夫本仁祖义，褒德禄贤，劝善刑暴，五帝三王所由昌也"。五帝三王时之所以是治世，是因为其以仁义为治国之本，教化天下。所以，"朕夙兴夜寐，嘉与宇内之士臻于斯路。故旅耆老，复孝敬，选豪俊，讲文学，稽参政事，祈进民心，深诏执事，兴廉举孝，庶几成风，绍休圣绪"。这就是要以五帝三王为榜样，继承其伟大的功业。

他谴责负责举荐人才的二千石官员不恪尽职守，并对举荐人才不力的官员进行议罪。

> "夫十室之邑，必有忠信；三人并行，厥有我师。今或至阖郡而不荐一人，是化不下究，而积行之君子雍于上闻也。二千石官长纪纲人伦，将何以佐朕烛幽隐，劝元元，厉蒸庶，崇乡党之训哉？且进贤受上赏，蔽贤蒙显戮，古之道也。其与中二千石、礼官、博士议不举者罪。"（《汉书·武帝纪》）

这里"二千石官长纪纲人伦""崇乡党之训"，正是儒家教化在地方实践的关键环节。面对汉武帝的责难，中央的对策是，同意汉武帝的训示："古

者，诸侯贡士，壹适谓之好德，再适谓之贤贤，三适谓之有功，乃加九锡；不贡士，壹则黜爵，再则黜地，三而黜爵地毕矣。夫附下罔上者死，附上罔下者刑；与闻国政而无益于民者斥；在上位而不能进贤者退，此所以劝善黜恶也。"并对相关人员提出了处理意见："今诏书昭先帝圣绪，令二千石举孝廉，所以化元元，移风易俗也。不举孝，不奉诏，当以不敬论。不察廉，不胜任也，当免。""奏可。"汉武帝同意了这一处理意见。

（二）存恤耆老

《汉书·宣帝纪》记载，汉宣帝四年春正月，诏曰："朕惟耆老之人，发齿堕落，血气衰微，亦亡暴虐之心，今或罹文法，拘执囹圄，不终天命，朕甚怜之。自今以来，诸年八十以上，非诬告、杀伤人，佗皆勿坐。"

（三）派遣中央官员巡行天下，览观风俗

《汉书·宣帝纪》记载，汉宣帝时，"遣太中大夫强等十二人循行天下，存问鳏、寡，览观风俗，察吏治得失，举茂材异伦之士"。这是全面性的中央巡视组，其实早在汉武帝时派遣博士官巡行天下已发其端，后又分天下为十三部州，遣使以五条刺史，就是对中央政策在地方具体落实的大检查，这些检查的内容无一不与教化有关。汉元帝初元元年夏，又下诏曰：

> "朕承先帝之圣绪，获奉宗庙，战战兢兢。间者地数动而未静，惧于天地之戒，不知所由。方田作时，朕忧蒸庶之失业，临遣光禄大夫褒等十二人循行天下，存问耆老、鳏、寡、孤、独、困乏、失职之民，延登贤俊，招显侧陋，因览风俗之化。相、守二千石诚能正躬劳力，宣明教化，以亲万姓，则六合之内和亲，庶几乎无忧矣。"（《汉书·元帝纪》）

这里更加明确指出相、守二千石官员的职责是"正躬劳力，宣明教化，以亲万姓"，并认为只有这样，才可以天下无忧。《汉书·元帝纪》记载，因"关东今年谷不登，民多困乏。……赐宗室有属籍者马一匹至二驷，三老、孝者帛五匹，弟者、力田三匹，鳏、寡、孤、独二匹，吏民五十户牛、酒"。此类内容在两汉皇帝现在遗留诏书上屡见不鲜。

（四）治明堂、辟雍，确立教化治天下的国家标志

汉平帝"五年春正月，祫祭明堂。诸侯王二十八人、列侯百二十人、宗室子九百余人征助祭。礼毕，皆益户，赐爵及金、帛，增秩、补吏，各有差"。皇帝诏曰："盖闻帝王以德抚民，其次亲亲以相及也。……传不云乎？'君子笃于亲，则民兴于仁。'其为宗室，自太上皇以来族亲，各以世氏，郡国置宗师以纠之，致教训焉。二千石选有德义者以为宗师。考察不从教令有冤失职者，宗师得因邮亭书言宗信，请以闻。常以岁正月赐宗师帛各十匹。""羲和刘歆等四人使治明堂、辟雍，令汉与文王灵台、周公作洛同符。太仆王恽等八人使行风俗，宣明德化，万国齐同。皆封为列侯。"（《汉书·平帝纪》）

（五）乐教齐俗

《汉书·律历志》记载：

> "《书》曰：'予欲闻六律、五声、八音、七始咏，以出内五言，女听。'予者，帝舜也。言以律吕和五声，施之八音，合之成乐。七者，天地四时人之始也。顺以歌咏五常之言，听之则顺乎天地，序乎四时，应人伦，本阴阳，原情性，风之以德，感之以乐，莫不同乎一。唯圣人为能同天下之意，故帝舜欲闻之也。今广延群儒，博谋讲道，修明旧典，同律，审度，嘉量，平衡，均权，正准，直绳，立于五则，备数和声，以利兆民，贞天下于一，同海内之归。凡律、度、量、衡用铜者，各自名也，所以同天下，齐风俗也。铜为物之至精，不为燥湿、寒暑变其节，不为风雨、暴露改其形，介然有常，有似于士君子之行，是以用铜也。用竹为引者，事之宜也。"

也就是说，六律、五声、八音、七始是圣人设置用来与天地阴阳相感并通乎人伦的大一统工具，"凡律、度、量、衡用铜者"，是为了"同天下，齐风俗"！

《汉书·刑法志》记载，汉文帝的刑法改革，也是本于人伦教化的目的：

孝文二年，又诏丞相、太尉、御史："法者，治之正，所以禁暴而卫善人也。今犯法者已论，而使无罪之父、母、妻、子、同产坐之及收，朕甚弗取。其议。"左、右丞相周勃、陈平奏言："父、母、妻、子、同产相坐及收，所以累其心，使重犯法也。收之之道，所由来久矣。臣之愚计，以为如其故便。"文帝复曰："朕闻之，法正则民悫，罪当则民从。且夫牧民而道之以善者，吏也；既不能道，又以不正之法罪之，是法反害于民，为暴者也。朕夫见其便，宜熟计之。"平、勃乃曰："陛下幸加大惠于天下，使有罪不收，无罪不相坐，甚盛德，臣等所不及也。臣等谨奉诏，尽除收律、相坐法。"其后，新垣平谋为逆，复行三族之诛。由是言之，风俗移易，人性相近而习相远，信矣。夫以孝文之仁，平、勃之知，犹有过刑谬论如此甚也，而况庸材溺于末流者乎？

《汉书·五行志》则从五行与国家、与万物、与生民人性的哲学高度，论证国家治理中移风易俗的重要性：

孝武时，夏侯始昌通《五经》，善推《五行传》，以传族子夏侯胜，下及许商，皆以教所贤弟子。其传与刘向同，唯刘歆传独异。貌之不恭，是谓不肃。肃，敬也。内曰恭，外曰敬。人君行己，体貌不恭，怠慢骄蹇，则不能敬万事，失在狂易，故其咎狂也。上嫚下暴，则阴气胜，故其罚常雨也。水伤百谷，衣食不足，则奸轨并作，故其极恶也。一曰，民多被刑，或形貌丑恶，亦是也。风俗狂慢，变节易度，则为剽轻奇怪之服，故有服妖。

于《易》，"震"在东方，为春为木也；"兑"在西方，为秋为金也；"离"在南方，为夏为火也；"坎"在北方，为冬为水也。春与秋，日夜分，寒暑平，是以金木之气易以相变，故貌伤则致秋阴常雨，言伤则致春阳常旱也。至于冬夏，日夜相反，寒暑殊绝，水火之气不得相并，故视伤常奥，听伤常寒者，其气然也。逆之，其极曰恶；顺之，其福曰攸好德。

第二节 中央对地方官员的选拔和政绩考核的
"教化"标准是其效果检验的核心机制

两汉时期，儒家经学的影响遍及社会各个领域、各个层面，封建政权的选官制度也打上了深深的经学烙印。经学成为选拔各级官吏的思想基础和理论依据，成为推动国家机器运转的精神力量。

一、以儒术作为官吏素质的思想政治水平选拔标准

官吏对国家政治的忠诚程度如何，直接关系到统治者能否有效地实现自己的统治。官员统一的思想意志正是国家意识形态一致的先决条件。汉帝国初期的官吏选拔，由于其多层级政治实体存在相对独立性的事实，而未能要求其意识形态的一致，只能"因世而权行"。由此出现了既有儒家的循吏，也有黄老的木讷老者，更有法家的酷吏的官吏集团现象。但就历史趋势而言，儒家思想的政治指导地位在不断地加强。

（一）儒家意识形态主导地位的确立

儒家政治理论的设计者们，以"务为治"为导向，其学说本身就是入世哲学，儒者都希望在政治上有一番作为，而其"列君臣、父子之礼，序夫妇、长幼之别"的等级分明的礼治思想及一系列道德伦理和社会学说，更是有利于以宗法制度和中央集权政治体制为基础的帝国统治。官吏的选拔制度，是政治制度的核心，儒家尤为关切，在主张"亲亲""贵贵"的同时，也倡导"举贤才"。《周礼·地官·乡大夫》云：

> "乡大夫之职，各掌其乡之政教禁令。正月之吉，受教法于司徒，退而颁之于其乡吏，使各以教其所治，以考其德行，察其道艺。……三年则大比，考其德行、道艺，而兴贤能者。"

郑众注："兴贤者，谓若今举孝廉。兴能者，谓若今举茂才。"又《司

谏》云：“司谏掌纠万民之德而劝之朋友，正其行而强之道艺，巡问而观察之，以时书其德行道艺，辨其能而可任于国事者。”

儒家关于选官制度最系统、最详尽、最权威的设计，见于《礼记·王制》记述：

> “命乡，论秀士，升之司徒，曰选士。司徒论选士之秀者而升之学，曰俊士。升于司徒者，不征于乡，升于学者，不征于司徒，曰造士。乐正崇四术，立四教，顺先王《诗》《书》《礼》《乐》以造士，春、秋教以《礼》《乐》，冬、夏教以《诗》《书》。王太子、王子、群后之大子、卿大夫元士之适子、国之俊选，皆造焉。……大乐正论造士之秀者，以告于王，而升诸司马，曰进士。司马辨论官材，论进士之贤者，以告于王，而定其论。论定然后官之，任官然后爵之，位定然后禄之。”

这是一种完善的、周密的、具有理想主义的选官制度设计。只是以“为治”为学术导向的儒家学者心中的一种美好设想，当然不可能真实地存在于周代，但它真实地反映了儒生对国家治理的入世态度，更是特别关注与其经世济民政治理想十分关切的选官制度。这是儒家学说在政治理论设计中的明显优势，也是他们的基本政治主张。

汉初儒生的入世态度十分急切。在汉高祖刘邦面前，陆贾时常说《诗》《书》，然后造《新语》，要求“行仁义，法先圣”，奠定了其汉初政治理论设计者的重要角色。《史记·儒林列传》中记载，叔孙通更是直截了当地申言：“夫儒者难与进取，可与守成。”并自告奋勇，为汉定朝仪，在政治实践中展示儒家对治国的功能。正是在儒者们的不断进说中，本不好儒而且轻贱儒生的刘邦，强烈意识到，马上得天下，必须下马治天下，不能用秦朝那一套法家思想和国家治理方法，要因世而权行，从诸子百家的学说中汲取治国安邦的经验，并借助传统治国理念特别是儒家治国理念来完善选官制度，于是在汉高帝十一年（前196）下诏：

> “盖闻王者莫高于周文，伯者莫高于齐桓，皆待贤人而成名。今天下贤者智能，岂特古之人乎？患在人主不交故也。士奚由进？今吾以天之

灵，贤士大夫定有天下，以为一家，欲其长久，世世奉宗庙亡绝也。贤
人已与我共平之矣，而不与吾共安利之，可乎？贤士大夫有肯从我游者，
吾能尊显之。布告天下，使明知朕意。御史大夫昌下相国，相国酇侯下
诸侯王，御史中执法下郡守，其有意称明德者，必身劝，为之驾，遣诣
相国府，署行、义、年。有而弗言，觉，免。年老癃病，勿遣。"（《汉
书·高帝纪》）

　　应该说，这一求贤诏书就是汉初陆贾告诉刘邦"因世而权行"政治指导
思想的实践，其中已隐含有儒家王道德治的治国思想，开启了察举制度的端
绪。刘邦之后，儒家思想在汉代政治中的影响继续扩大。汉惠帝废除了秦帝
国实施的挟书律，允许民间开始公开传授儒家经典。到文、景二帝时，又下
诏广开献书之路，渴求各类文化典籍，特别重视儒家经典，并为其立博士官，
儒者走上了汉帝国的官途。

　　在选官制度上，惠帝、吕后曾诏举孝悌力田，文帝更诏举贤良，进行策
问，从而标志着中央察举制度的正式产生，只不过制度远未完备。汉武帝以
后，接受董仲舒独尊儒术的主张，以五经为国家正统学说，于是经学在统一
国家政治、统一人民思想方面的重要作用，显得愈益显著。但在具体的政治
实践中，政府中的高官都是一帮"布衣将相"靠军功起家的老臣，常常排挤
和打击以经术为官的儒者。因而，《史记·儒林列传》说"诸博士具官待问，
未有进者"，有才华又有能力的儒者如贾谊、贾山等都没有得到重用，大批贤
能之士被排斥在仕途之外。

　　汉武帝时，全面以儒术治国，开启了以儒家经义为标准的选官制度。建
元元年（前140），汉武帝即位伊始，就"诏丞相、御史、列侯、中二千石、
二千石、诸侯相举贤良方正直言极谏之士"。当时的儒家信仰者丞相卫绾立即
确立了以儒术信仰为唯一可以荐举的标准："所举贤良，或治申、商、韩非、
苏秦、张仪之言，乱国政，请皆罢。"这个主张得到汉武帝批准，开始了"罢
黜百家"的序幕。

　　建元五年（前136），汉武帝正式设置五经博士，尊奉儒家经典义理为国
家唯一的理论权威，主动地实践了其思想大一统的意识形态统一工作。

　　元光元年（前134），汉武帝以儒术首次"令郡国举孝廉各一人"，孝与

廉，儒家为人与为政理想成为官吏选拔的标准。不久，在贤良对策中，董仲舒用儒家思想统一政治、统一思想，正式提出"诸不在六艺之科，孔子之术者，皆绝其道，勿使并进"的"罢黜百家，独尊儒术"的主张。儒术真正成为汉代官吏选拔的政治思想标准。

（二）以儒家思想主导的官吏选拔制度的实施

1. 察举

董仲舒建议："使诸列侯、郡守、二千石各择吏民之贤者，岁贡各二人。"汉武帝于是诏令郡国举孝廉、茂才，这一事件标志着汉代察举制度真正开始运作。察举的科目很多，有常行科目，也有特定科目。常行科目中最主要的是孝廉，这是汉代察举的主流。孝廉，孝子和廉吏。孝乃立身之本，廉乃从政之方，皆为儒家所提倡的最基本的道德规范。特别是对孝的推崇和倡导，成为儒家不同于其他诸子的一个重要标志。其理论根据就是儒家祖师孔子的学说："弟子入则孝，出则悌。""君子务本，本立而道生。孝悌也者，其为仁之本与！"《孝经》系统地阐发了关于孝的理论，是汉代以孝治天下的基础文本。其首篇《开宗明义》云："夫孝，德之本也，教之所由生也。"又《三才》云："夫孝，天之经也，地之义也，民之行也。天地之经，而民是则之。"这就是将道德修养与政治意识相结合的儒家思想政治教育模式的政治实践。

据有的学者研究，"两汉孝廉的个人资历以儒者为最多。儒和兼有儒、吏双重身份的人合计起来，在孝廉中所占比例接近二分之一"①。汉代将察举孝廉定为岁举，即各郡每年按规定数额举荐人才，送至朝廷，成为官吏选用、升迁的清流正途。汉武帝以来，从郡国要员到朝内公卿，有不少都是孝廉出身，从而营造了一种"在家为孝子，出仕做廉吏"的思想政治教育深入社会舆论和氛围的效果。

茂才（茂材、秀才）是汉代察举制度的又一重要科目，在西汉属于特举，至东汉则改为岁举。其选官标准同样是儒家经学的宗旨义理。当时被举为茂才者，相当一批是治经儒者。察举茂才的主要目的是按照儒家的道德规范和政治理想敦美风俗、改善吏治。负责察举茂才的官员也多是五经博士这样的经学大师。如汉元帝曾"遣谏大夫博士赏等二十一人循行天下，存问耆老、

---

① 黄留珠. 秦汉仕进制度［M］. 西安：西北大学出版社，1985：143.

鳏、寡、孤、独、乏困、失职之人，举茂材特立之士"。

举贤良，或称举贤良方正。贤良文学是察举中的特定科目。举贤良之制始于汉文帝，定制的形成则在汉武帝以后。贤良方正，即德才兼备，道德与能力并重，都是标准。文学就是经学，而贤良文学之士也就是通经。贤良之举多在国家出现灾异之祸等异常现象之后，帝王下罪己诏，要自省补过，改良政治，是儒术中天人感应学说在政治实践中的体现。如汉成帝即以天象异样而下诏：

> "今字星见于东井，朕甚惧焉。公卿大夫、博士、议郎其各悉心，惟思变意，明以经对，无有所讳，与内郡国举方正能言极谏者各一人。"（《汉书·成帝纪》）

汉和帝时因出现水旱灾害而下诏：

> "阴阳不和，水旱违度，……思得忠良之士，以辅朕之不逮。其令三公、中二千石、二千石、内郡守相举贤良方正能直言极谏之士各一人。"（《后汉书·孝和孝殇帝纪》）

汉代察举还设有童子科，是专门为少年英才设立的科目。规定年龄在十二至十六岁，博通经典者可入选。"孝廉试经者拜为郎，年幼才俊者拜童子郎。"童子科的考试重点是儒家五经经义，这是儒家思想政治教育向年轻化群体的拓展。如东汉顺帝时，有谢廉、赵建"年始十二，各能通经，雄并奏童子郎"。

2. 学校养士与取士

董仲舒在《天人三策》中要求，国家不仅要选士，还要养士。所以，《汉书·儒林传》提出希望"兴太学，置明师，以养天下之士"。汉武帝欣然接受，并交由丞相公孙弘等人设计规模及太学制度，元朔五年（前124），太学正式开办，从此，儒家掌握了官吏教育的主导权，其培养的人才，成为官吏的重要来源。所以，《汉书·儒林传》中班固说，"自此以来，则公卿大夫士吏彬彬多文学之士矣。"汉代官吏的儒家意识形态化，有了坚实的基础。

太学中的博士弟子课试，即经术取士，与察举取士的实质或核心，都是儒家思想义理取士。《汉书·董仲舒传》中指出："自武帝初立，魏其、武安侯为相而隆儒矣。及仲舒对册，推明孔氏，抑黜百家，立学校之官，州郡举茂材、孝廉，皆自仲舒发之。"儒家走上正统政治统治思想及正统学术宝座，成为汉帝国意识形态统一的载体，是汉帝国政治思想大一统的现实需要。儒家经术和政治观念、伦理道德，成了选拔官吏的最主要标准，这正是汉代儒家思想政治教育实践落实的根本路径。

3. 征辟

征辟，是对重点人才的特殊入仕路径。由皇帝和官府直接聘请在社会上具有名望的士人，授予较高的官职。其标准也是儒家的经学。皇帝征召的基本上是德高望重、学识渊博的经学大师。如汉武帝时，山东有大儒申公，于是《汉书·武帝纪》中记载，"遣使者安车蒲轮，束帛加璧，征鲁申公"。可见，待遇是非常高的。汉代被征的著名儒者，有贡禹、韦贤、疏广等，其累官甚至做到了丞相。官府征辟的士人，也大都是善经的儒者，如匡衡、尹敏、郑众、李膺等，都是有卓越贡献的政治人物。

4. 明经特科

明经特科，是对经学人才的特别重视和对治经儒生的特殊关照之选举科目。到西汉中期后，明经取士已然盛行，不少会经的儒者因此升任高官。如西汉名臣孔安国、贡禹、夏侯胜、张禹等，皆以明经为博士；龚遂以明经为昌邑郎中令；眭弘、翟方进以明经为议郎；召信臣以明经甲科为郎；盖宽饶以明经为郡文学；韦贤、韦玄成父子更以明经先后官至丞相。到了东汉，明经科的取士名额进一步扩大。汉章帝诏"令郡国上明经者，口十万以上五人，不满十万三人"。（《后汉书·肃宗孝章帝纪》）说明儒家经学已经成为全社会共同认可的经典，这也说明儒家意识形态扩张的成效显著。《汉书·夏侯胜传》中指出："经术苟明，其取青紫如俯拾地芥耳。"《汉书·韦贤传》中描述："遗子黄金满籝，不如一经。"说明儒家经术在汉代官员体制中既得了权威地位，儒家政治社会化取得显著进展，经学成为当时判断政绩及官员升迁的标准。

（三）官吏选举统一标准和条件制定

从东汉光武帝开始，汉政权逐渐确定了四项官吏选举的基本标准和条件，即所谓"四科取士"。东汉光武帝曾下诏：

>　　"方今选举，贤佞朱紫错用。丞相故事，四科取士。一曰德行高妙，志节清白；二曰学通行修，经中博士；三曰明达法令，足以决疑，能案章覆问，文中御史；四曰刚毅多略，遭事不惑，明足以决，才任三辅令。皆有孝悌廉公之行。"

　　四项中具备其中一种能力就有可能得到选举，但并不是有能力就一定能被选举，还有一个四项的共同标准，就是儒家经学倡导的"孝悌廉公"，即政治思想和道德标准。汉安帝时，"令三署郎通达经术任牧民者，视事三岁以上，皆得察举"。汉顺帝时，"令郡国举孝廉，限年四十以上，诸生通章句，文吏能笺奏，乃得应选。其有茂才异行，若颜渊、子奇，不拘年齿"。这些选举标准，是对儒家经术的重视，也是贯穿于始终的官吏选拔指导方针和根本要求。

　　汉代经学与选官制度结合，成为选拔官吏的政治指导思想和理论依据，是儒家政治社会化推行的结果，也体现出儒家思想政治教育的强大功能。它改变了汉帝国的意识形态信仰，改变了社会的思想混乱局面，也改变了汉代政坛的人才结构，体现了其从马上之治的军功大臣向儒家文臣过渡的时代要求。两汉书籍关于"循吏"的记载也越来越多。他们成为推动儒家政治社会化，在民间开展教化的主力军，为儒家思想政治教育的全面深入，起到了关键作用。两汉"循吏"，即儒家官吏，对汉代教化来说，就是儒家修身而成的君子，他们以高度的自觉，担起了将儒家政治理想推向天下、推入民间的历史重任，成为两千年中国传统政治的官员主流，也推动了儒家思想政治教育在传统中国流传两千年。

　　班固在《汉书·儒林传》中说："自武帝立五经博士，开弟子员，设科射策，劝以官禄，迄于元始，百有余年，传业者浸盛，支叶蕃滋，一经说至百余万言，大师众至千余人，盖禄利之路然也。"虽然有禄利的导向，但儒家学者的理想主义政治追求从未因此而停息。东汉时期经政合一、君圣合一，儒家学说更是统一了经义，成为唯一的学问，在从春秋战国以来的诸子之争中取得了绝对的胜利。东汉末年，于太学门外立石经，即著名的"熹平石经"，经学教材的统一性和权威性得以显现。"于是后儒晚学，咸取正焉。及碑始立，其观视及摹写者，车乘日千余辆，填塞街陌。"儒家学说真正上升为帝国的正统学术和正统统治思想，并已彻底地运用于政治实践，成就了汉代儒家思想政治教育中华民族意识的统一，也开启了中华民族文化传统一脉相随的历史传承。

第三节　学校考核以儒家经义为内容是其"教化"效果检验的中心环节

博士弟子课试，是汉武帝之后汉代官吏的重要来源。而太学中五经博士用以教授弟子的，正是儒家五经的经义，因此其考核的标准也只能是儒家的五经经义。

太学的制度规定，博士弟子要依据朝廷制定的标准、条件和名额，一种是中央选拔，由太常负责，一种是由郡国选送。在其学习期间，要进行考试，西汉时为一年一试，东汉时为两年一试。考试形式叫射策，即抽签考试，考试的内容则是结合现实政治，对五经经义进行解释和阐发，并根据考试的情况，区分博士生的等级，按照取官的名额，授以相应的官职。如汉武帝时，"能通一艺以上，补文学掌故缺；其高第可以为郎中，太常籍奏。即有秀才异等，辄以名闻。其不事学若下材，及不能通一艺，辄罢之，而请诸能称者"。

《文献通考·学校》中记载，汉平帝时，"岁课甲科四十人为郎中，乙科二十人为太子舍人，丙科四十人补文学掌故"。

《文献通考·学校》中记载，东汉桓帝时，以生员通经的多少作为录用、迁升的标准：

"学生满二岁试，通二经者补文学掌故。其不能通二经者，须后试，复随辈试之，通二经者亦得为文学掌故。其已为文学掌故者满二岁试，能通三经者擢其高第为太子舍人。其不得第者后试，复随辈试，第复高者亦得为太子舍人。已为太子舍人，满二岁试，能通四经者，推其高第为郎中。其不得第者后试，复随辈试，第复高者亦得为郎中。满二岁试，能通五经者，推其高第补吏，随才而用。其不得第者后试，复随辈试，第复高者亦得补吏。"

博通五经是对太学生的最高要求，也是其成为正式官员的标准。

汉代太学考试的作用，一是通过经术的考核，发现人才，充实和壮大儒家官吏队伍；二是督促太学生们努力学习儒家经典，尽早成才，从受教化者向教化的推动者的角色转变。

太学考试方法有以下三种：

第一，射策。"射策"是汉代太学常用的一种考试方法，这种考试方法类似于后世的抽签考试。考试内容侧重于对儒家经典的解释与阐发。主考官根据学生答题的情况判定成绩，成绩合格者被授予相应的官职。但每科规定的取官名额均很少。

第二，策试。所谓"策试"类似于今天的论述题，就是博士官事先按照五经的师法、家法、章名等分科出好五十个题目，学生回答，凡是回答得多且好者被评为"上等"。"五经各取上第六人"，作为政府录用官员的依据。

第三，口试。通过口试考查学生的能力和水平。

汉代太学通过选拔考试，吸引太学生们潜心研究经典，培养出一大批精通儒术的教化人才。匡衡、翟方进、倪宽，是西汉时期的著名大臣，皆官至三公。东汉时的思想家王充、数学家崔瑗、科学家张衡、经学大师郑玄等，都是太学生出身。

总之，汉王朝通过开办太学，以五经博士为老师，以儒家经典为教材，以儒家经义为考核内容，确立了儒家思想的正统学术地位和国家政治理论的权威地位。太学既是国家最高教育机构，也是国家公职人员培养的最为重要的场所。这种将思想教育和政治教育合为一体的教育方式，保证了汉代国家意识形态的统一性，保证了国家政治思想的统一性，从而也保证了国家政治实践的统一性。这种方式，既促进了汉代文化教育事业的发展，其理论导向和实践也推动了全社会形成崇教乐学、尊师重道之风。当然任何事物都有其不足之处。太学及其考试制度最大的不足就是禁锢了受教育者自己的思想想象，在经学烦琐的章句里消费青春，在"师法""家法"的门户之见中见不到独立的自己，但这不正是设计者和施教者要达到的统一思想的目的吗？

第四节　以孝为本的民间家庭关系和睦
与否是其社会效果检验的基本指标

汉朝推行"孝治"天下，民之孝悌成为维系家庭稳定的关键因素。为此从西汉初年起，统治者发布了许多重要举措，并将其视为社会稳定的重要途径。

一、汉代教化以孝治天下，其推行孝治的举措深入全面

国家治理的政策，必须与民间的生活模式相适应，才能避免冲突，达到和谐相互促进，所以说，习惯才是离情的法律，国家制定法律不过是临时的政策。传统中国行政权力的行使，既是支配和引领社会的过程，同样也是一个适应社会的过程。而人之为人，其根本出于亲缘的本性，即对养育自己的长辈的孝行，在家国同构的汉代，孝既是伦理，也是政治。只有将孝行者树立为社会的楷模，做人的标杆，才能使人们有一个明确的人生目标。汉代正是这样一个社会。

（一）孝的教育是汉帝国立国之本，汉代中央从一开始就强调，以孝治天下，一切生活理念和政治设计皆以孝为导向

政治上把孝行（做人）与仕宦（为政）结合起来，孝者为政，反过来又倡导孝行，如此以促进教化的良性循环。从汉惠帝开始"举民孝悌力田者复其身"，即免除其徭役。吕太后时，"初置孝悌力田二千石者一人"，使孝悌力田与官制联系起来。汉武帝元光元年（前134），"初令郡国举孝廉各一人"。这是创造性的举措，这里重点在于孝。郡太守、王国相等人不理解这件事的意义。因此，有司上奏"令两千石举孝廉，所以化元元，移风易俗也。不举孝，不奉诏，当以不敬论。不察廉，不胜任也，当免"，这是汉武帝采取的具有决定性意义的措施。孝行不仅是子女对父母的孝敬，而且与仕宦紧密地联系在一起。因孝行而得以跻身官僚行列，察举孝廉成为两汉重要的制度，按人口比例分布于全国各地。《汉官仪》载："丞相故事，四科取士，一曰德行

高妙，志节清白；二曰学通行修，经中博士；三曰明达法令，足以决疑，能案章覆问，文中御史；四曰刚毅多略，遭事不惑，明足以决，才任三辅令。皆有孝悌廉公之行。"汉武帝因石庆家的孝行，而下诏书称"万石君先帝尊之，子孙至孝，其以御史大夫庆为丞相，封牧丘侯"。很多人因孝行而得官，如严翊"以孝行为官"，颍川太守"巨孝"——江革官至谏议大夫。

而对不喜欢的官吏，有时则以不孝为借口罢免，汉成帝永始三年（前14），以薛宣"为丞相出入六年，忠孝之行，率先百僚，朕无闻焉"等理由，将其免职。汉哀帝在绥和二年（前7），以何武"举错烦苛，不合众心，孝声不闻，恶名流行，无以率示四方"，而令其"上大司空印绶，罢归就国"。汉哀帝时，外戚王莽、傅喜均被以"亏损孝道"的名义免官。

孝行与仕宦相联系，从制度上为推行以孝治天下提供了保障。据黄留珠先生《秦汉仕进制度》一书考察，两汉时察举孝廉共约有七万四千人。现在可考见的仅有三百余人。"汉世诸科，虽以贤良方正为至重，而得人之盛，则莫如孝廉，斯亦后世之所不能及"。同时，《孝经》也成了仕宦的必读书，官吏升迁的条件之一。察举孝廉，劝以官禄，是对孝子廉吏行为的肯定与表彰，为社会树立了榜样，表明了国家的政策导向，与士人学而优则仕的追求相吻合，确定了人们的政治选择倾向，也为《孝经》的传播培养了更多的媒介，从而有利于《孝经》深入持久地传播。

（二）汉王朝用免除赋税和国家赏赐的方式，引导民间从孝，优待孝子

《汉书·惠帝纪》记载，惠帝四年，"春正月，举民孝悌力田者复其身"。武帝元朔元年，"复孝敬"。孝悌指子弟顺事父兄。孝悌复除之法，乃是汉王朝的创制，历代承袭。

对孝子赐帛奖励的制度，由汉文帝刘恒创始。文帝十二年（前168）三月下诏曰："遣谒者劳赐三老、孝者帛人五匹，悌者、力田二匹，廉吏二百石以上率百石者三匹。"孝与悌的赐帛数量稍有差别，可见二者有轻重之分，这种区别一直为两汉历代皇帝所承袭。

武帝元狩二年（前121）夏四月下诏曰："朕嘉孝悌力田，哀夫老眊孤寡鳏独或匮于衣食，甚怜愍焉。其遣谒者巡行天下，存问致赐。……赐县三老、孝者帛，人五匹；乡三老、弟者、力田帛，人三匹。"

昭帝年间，"赐郡国所选有行义者涿郡韩福等五人帛，人五十匹，遣归。诏曰：'朕闵劳以官职之事，其务修孝悌以教乡里。'"

西汉诸帝中以汉宣帝奖励孝悌最为突出，元康元年（前65），诏"加赐"鳏、寡、孤、独、三老、孝悌、力田帛。四年再次"加赐"。

元帝初元元年（前48）、五年（前44）各下诏赐三老、孝者帛，人五匹，悌者、力田帛，人三匹等。此外，对个别地区还进行加赐。

至东汉时，这种赏赐则多以赐爵代替赐帛。这种优抚"孝悌"等人的诏令不断发布，几与两汉皇朝相始终。

（三）"孝"的思想政治教育运动在汉王朝的推动不在将其与国家行政紧密地结合起来

表现有两方面：一是设立专职，加强督导；二是举孝廉，推举孝子入仕。

吕后称制元年二月："初置孝悌、力田，二千石者一人。"唐颜师古注曰："特置孝悌力田官而尊其秩，欲以劝厉天下，令各敦行务本。"孝悌、力田，二千石俸的官相当于郡守的官秩，反映了吕后对修德、力农以讽励天下的高度重视。

县、乡的孝悌力田官至汉文帝时始称完备，文帝十二年下诏："孝悌，天下之大顺也；力田，为生之本也；三老，众民之师也。……而以户口率置三老、孝悌、力田常员。"至此，孝悌力田官就构成了郡、县、乡三级一贯的完备官制。

将孝的品德纳入选举制，滥觞于汉文帝，确立于汉武帝。从汉文帝十二年的诏书可以看出，他对孝悌、力田、三老、廉吏的德行是十分嘉许的，曾下令察举这些淑行君子，但县令回奏没有应举之人，汉文帝表示不相信，责问"岂实人情"？"是吏举贤之道未备也。"就以率设立专职，以完备"举贤之道"。汉武帝于元光元年十一月，"初令郡国举孝廉各一人"。孝指孝子，廉指廉吏。举孝兴廉是为了树立官员的行为规范、做民表率，此为优选人才的一项措施，带有改革以前任官制度的用意。"兴廉举孝""庶几成风"，但各郡进展很不平衡，有"阖郡不荐一人"的。元朔元年汉武帝下诏，指责二千石不重纲纪人伦，不举孝，令有司拟定制裁法条。有司奏："今诏书昭先帝圣绪，令二千石举孝廉，所以化元，移风易俗也，不举孝、不奉诏，当以不敬论；不察廉，不胜任也，当免。"汉武帝把兴廉举孝提高到封建纲纪人伦的高度，大大超过父祖的重视程度，是他纳入选举常规的反映。

帝王有关的诏令很多，如地节三年汉宣帝诏令"郡国举孝悌闻于乡里者各一人"。有孝行的人可到地方乃至中央做官，如王吉、京房、师丹、孟喜均以举孝廉为郎。

东汉继承此制，要当官必走此途，如张衡"举孝廉不行，连辟公府不就"。曹操年少时也"举孝廉"。光武帝刘秀曾下诏说，"自今以后，审四科辟召，及刺史、二千石察茂才尤异孝廉之吏"，选拔官吏必须有"孝悌廉公之行"。

由于强调以"孝"为选拔官吏的标准，统治者要求孝廉尽可能地在全国合理分布。汉和帝时，大郡五六十万人举孝廉二人，小郡和边疆地区二十万人举二人。"帝以为不均，下公卿会议"，后定为二十万人者举一人，不足二十万二年一人，不足十万三年一人。举孝廉遍布全国，不仅见之于文献，也见之于汉碑等实物记载。

以孝廉为选拔官吏的标准，对汉皇朝有非常重要的意义，汉桓帝诏书说："孝廉、廉吏皆当典城牧民，禁奸举善，兴化之本。恒必由之。"宋代徐天麟说，汉代"得人之盛，则莫如孝廉，斯为后世所不能及"。可见，孝廉任官，对稳固汉皇朝的统治秩序具有长效作用。

（四）"汉以孝治天下"的另一个重要标志，是《孝经》经学地位的确立

汉武帝时，立五经博士，以后增《论语》为六经，再增《孝经》为七经。"孝"的思想通过《孝经》立为经典而成为汉代的政治指导思想之一。

汉代传《孝经》者很多，《汉书·艺文志》载孝经十一家，五十九篇，汉代的谶书和经学家也极力强调《孝经》地位崇高，把它与政治经典《春秋》并提。如《孝经纬·钩命诀》："孔子曰：'吾志在《春秋》，行在《孝经》。'"郑玄在注"大本大经"时说："大经谓六艺，而指《春秋》也；大本，《孝经》也。"汉代大臣奏疏中引《春秋》与引《孝经》并驾，前者是政治上的根据，后者是思想上的准绳，两者相辅相成，成为汉代政治思想和意识形态的两大精神支柱，《孝经》遂成为汉代通行的教科书。汉平帝元始三

年，定学官制："郡国曰学。县、道、邑、侯国曰校，学置经师一人。"至此，从中央的太学到郡、县、乡、聚逐级所立的学、校、庠、序系列学制始称完备。

汉代的《孝经》教育已经普及农村，如《四民月令》说："十月，砚冰冻，令幼童读《孝经》《论语》。"《孝经》成为普及民间的初级启蒙读物。东汉时，令武人也习《孝经》："自期门、羽林之士，悉令通《孝经》。"

不仅中原地区读《孝经》，边远地区也读《孝经》。宋枭为凉州刺史，曾谓盖勋曰："凉州寡于学术，故屡致反暴。今欲多写《孝经》，令家家习之，庶或使人知义。"故东汉荀爽在对策中总结云："汉制使天下诵《孝经》，选吏、举孝廉。""孝"的教育还以碑刻、画像石等形式遍及各地。遍及全国的"孝"的教育，哺育出无数的"孝子"。乡里组织中著名孝子死后，直接以"孝子"题名墓碑，如《都乡都里孝子严举碑》，通过颂扬孝行，对活人进行"孝"的教育。

"孝"的观念，经过汉朝统治者以制度的形式来加以提倡和奖励，成为一种舆论导向和社会认可的处世原则，同时通过政治的、思想的、教育的、伦理的、艺术的、礼仪的各种渠道，渗透到汉代社会生活的一切方面，在社会生活中发挥着它的巨大作用，使得汉朝在整个传统社会中成为名副其实的以孝治天下的典范。

二、汉朝推行孝治的教化效果

（1）孝道成为民间家庭伦理中的基本准则。《孝经》把赡养父母作为庶人的重要孝道，指出"用天之道，分地之利，谨身节用，以养父母，此庶人之孝也"。而孔子所提出的"父母唯其疾之忧"更是儒家孝道的精华思想之一。朱穆"年五岁，便有孝称，父母有病，辄不饮食，差乃复常"。而当人们不尽赡养双亲的家庭义务时，就必会受到社会舆论的谴责。如《汉书·薛宣传》记载，哀帝即位后，博士申咸指责薛宣"不供养，行丧服，薄于骨肉"，遂以"不养母之名"免。可见，中国人对奉养父母是十分看重的。

（2）汉室皇族子孙的伦理道德中，孝道也是最基本的德行。汉文帝在未登基以前，母亲有病，三年目不交睫，衣不解带，汤药皆亲口先尝。文帝儿子梁孝王也"每闻太后有病，口不能食，常欲留长安侍太后"。

第一节　两汉思想政治教育的重大成就
——意识形态的统一

　　汉代意识形态的统一，是儒家知识分子努力的结果，同时也是两汉统治者有所依赖而在被动与主动中徘徊与认清，并不断在政治实践中探索的结果。更是汉代统治者推行以修身与教化为核心的思想政治教育的结果。

　　荀子的政治儒学思想在汉代儒家中居于主导地位。汉初帝制政治理论的奠基者陆贾与其有着浓厚的理论渊源关系。而帝制政治理论的基本完成者董仲舒则"被服"陆贾，显示出其一脉相承的理论品格。① 儒家以教化治天下的理念在汉王朝的国家治理中得以实践，终于取得了切实的成效。西汉初期，由于政治实体多层级存在并具有相对独立性，汉王朝的皇帝只能是名义上的天下共主。因此在国家治理中采纳陆贾的建议，"因世而权行"，并没有统一的政治思想。但以无为和教化为中心的治理观念则是一脉相承的。体现在政治现实中就是"约法省刑""与民休息"。这一政策贯彻执行了七十年，使得社会经济得到了恢复和发展，在这七十年中，中央政权与地方诸侯的斗争不断取得胜利，中央集权得到加强，多层级政治实体的独立性逐渐消失，中央大一统的局面正在形成。政权大一统需要理论的支撑。于是，"雄才大略"的汉武帝主动地寻找其政权的合法性论据，探寻如何治理国家的理想途径。开启"举贤良对策"的高级理论对话及国家治理人才的选拔。于是董仲舒、公孙弘应运而出。董仲舒的《天人三策》《春秋繁露》所形成的新儒术，正是在思想领域树立能够维护国家大一统的新学说。

　　建元元年（前140），汉武帝刘彻即位。建元六年（前135），汉武帝亲政，开启了其治国安邦的新政改革。这个改革从一开始就放在了人才和国家理论建构的最高层级。次年，其"初令郡国举孝廉"，随后又诏令"举贤良对策"。在所有贤良的对策中，董仲舒和公孙弘的对策成了他心中的最佳选择。

---

　　① 唐国军. 帝制初期中国传统政治学体系建构——以〈新语〉整体性文本解读为基点［M］. 北京：中国社会科学出版社，2008：281-289.

前者正是儒家大一统理论的奠基者、教化治国的理论提倡者；后者官至丞相，正是儒家大一统治国理论的实践者和落实者。董仲舒为当时一代大儒，春秋公羊学大师。他以孔子的《春秋》为政治理论的标准教书，对其有独特的解读。他的大一统理论正是通过其对《春秋》"春、王、正、月"四个字做出主观、神秘的解释后，从而论证大一统的合理性的。他认为，这里蕴含了孔子对于天下一统的微言大义。

> 《汉书·董仲舒传》中记载："臣谨案《春秋》之文，求王道之端，得之于'正'。'正'次'王'，'王'次'春'。'春'者，天之所为也。'正'者，王之所为也。其意曰：上承天之所为，而下以正其所为，正王道之端云尔。然则王者欲有所为，宜求其端于天。"

孔子作《春秋》，首述"春""王""正""月"四个字的次序排列有其微言大义。"春"代表天的意志，是天下万物之根，人间王权的来源，是君权的象征，所以居首位。王是天置于人间的意志体现者，所以次之地；"正"是王之所为，置于"王"之后。这是一个天人秩序，正是董仲舒对君权合法性的论证，同时也是对君权行使的约束机制。《汉书·董仲舒传》认为，只有君权天授，王秉承天意做"正"事，才可以做到"阴阳调而风雨时，群生和而万民殖，五谷熟而草木茂"。皇帝是"天意"的代表，就是肯定了"君权"的绝对神圣和至高无上，这是大一统国家秩序的政权本源。董仲舒坚定地说："《春秋》大一统者，天地之常经，古今之通谊也。"大一统是亘古不变的道理！但在当时的现实是：

> "今师异道，人异论，百家殊方，指意不同，是以上无以持一统，法制数变，下不知所守，臣愚以为诸不在六艺之科，孔子之术者，皆绝其道，勿使并进。邪辟之说灭息，然后统纪可一，而法度可明，民知所从矣。"

这就是"罢黜百家，独尊儒术"的主张！汉武帝接受了董仲舒的主张，将其"更化"学说奉为治国之首，开启了以儒家思想全面教化天下的儒家政治社会化之路，也就是儒家思想政治教育在汉王朝全面实践之路。太学及郡国县学的开办、五经博士的设置及主体地位的确立，甚至国家司法领域中推行的《春秋》决狱，使得以董仲舒为代表的儒家思想上升成为国家意志的最高层级。于是，儒家的"五经"尤其是《春秋》经，便成为人们思想的唯一正确之源，而"春秋公羊学"则成为汉代国家治理的正统政治学说，国家的"宪法"，通过"独尊儒术"的具体规定和措施贯彻落实，在思想领域内的"大一统"之局也得以实现。儒学和君权实现了整合，政治和思想在社会实践层面上得到直接的统一，这就造就了中国历史上集政治、思想文化专制于一体的中央集权帝制国家制度的形成。

《汉书·董仲舒传》宣称："道之大原出于天，天不变，道亦不变。"由董仲舒等一批汉儒与汉武帝共同建构出的这一高度集权的帝国专制政体，及其大一统的意识形态观念，正是中华帝制两千多年的思想基础和政治实践基础。

尽管天下大一统的意识形态观念深入人心，董仲舒的学说却是被汉武帝利用为"缘饰吏事"的政治工具，同样，汉武帝对董仲舒加在其头上的天的意志的约束也极为不满，君权与儒者之间的矛盾由此产生，并逐渐激化，最后，汉王朝的政权落在了以儒家代表人物自居的王莽之手，正所谓兴也儒学，败也儒学也！

第二节　董仲舒与汉代思想政治教育体系的构成

董仲舒（前198—前106），是我国古代儒家思想从理想走向现实的奠基人，也是儒家思想政治教育从理论走上实践之路的开拓者。《汉书·董仲舒传》中班固说，汉代"推明孔氏，抑黜百家，立学校之官，州郡举茂材孝廉，皆自仲舒发之"。诚非虚言。孔子、孟子的儒学，其理想主义色彩过于浓厚，因而历来被认为是"迂阔而不切实际"的形上之学而被统治者束之高阁；荀子儒学设计，开始走向实践操作层面，成为汉代儒者的主要知识来源。但真正将儒学与政治实践结合起来，则始于汉初"曲学阿世"的叔孙通，（所谓"曲学"即变通儒学）为刘邦制定朝仪，随后则有贾谊等同样"曲学"的儒者们不断鼓吹儒学在治国"守成"中的唯一不可替代的作用，但基于汉初"联合帝国"，皇权相对弱小的政治局势，文、景二帝尽管有改制之心，却也无能为力。到汉武帝之时，通过一系列的政治措施，形成了高度统一的皇权，于是对政治理论的追求更为迫切，也更为深邃。汉武帝举贤良对策，引出了董仲舒、公孙弘等一批儒生，开启了儒家学说的政治实践运动。董仲舒，作为汉代经学大师和儒家思想政治教育的实践者，他所"更化"的新儒学（儒术）从他的时代开始，成为两千多年中国正统统治思想，尤其是其对儒家思想政治教育在两汉的揭橥所做出的努力，其影响之深远，可上承孔孟，下启程朱，应可认为是儒家传统承前启后的中介者。

一、汉代儒家思想政治教育实践化的理论奠基

汉初七十年，黄老"无为而治"，其目标在于安定天下，其本质在"因世而权行"，也就是"摸着石头过河"！其结果是实现了"安定"的目标，也实现了"富"的美梦。然而，"权"也带来了许多负面的因素：网疏民富，豪强兼并；郡国并行，王权不尊；学者殊方，舆论不一；等等。而其最根本的是国家"大一统"的政治宗教信仰的严重缺位！这就需要思想政治教育的辅弼。

（一）"大一统"与"独尊儒术"

自公元前 140 年起，初登大宝的汉武帝带着汉初国家治理过程中留下的诸多问题的困惑，召集全国一百多位贤良文士到朝廷前后三次参加对策，董仲舒是"贤良"中的一员。他回答汉武帝策问的三次对策，史称"天人三策"或"举贤良对策"。在对策中，董仲舒表现了超群的政治卓识和高深的学术造诣，博得了汉武帝的赞赏，被称赞为"已著大道之极，陈治乱之端矣"。董仲舒在应诏的文士中，名列第一，为群儒之首。

董仲舒在《天人三策》中，针对汉武帝最关心的政治信仰问题、社会伦理道德秩序问题、国家施政方针问题做出了令汉武帝较为满意的回答。他发挥春秋公羊学中"大一统"的理论，引进天命、阴阳的观念，创造了天人合一、天人感应的神学国家宗教理论，论证了"屈民以伸君，屈君以伸天"的"君权神授"理论、"三纲五常"学说。提倡在上天授命的君主统治下，安定

天下秩序。在此基础上，他进一步提出独尊儒家学说，罢黜诸子百家的建议。《汉书·董仲舒传》说："《春秋》大一统者，天地之常经，古今之通谊也。今师异道，人异论，百家殊方，指意不同，是以上亡以持一统，法制数变，下不知所守。臣愚以为诸不在六艺之科，孔子之术者，皆绝其道，勿使并进，邪辟之说灭息，然后统纪可一而法度可明，民知所从矣。""春秋大一统"既然是天地不变的常理，是古今共通的原则，那么政治信仰的原则、道德规范的标准也必须有统一的标准，这个统一的标准就是经过他改造过了的以六经为内容的儒术！他认为，只要把不同于"六艺"（六经）的"百家"之学都一律禁止了，邪辟之说消灭了，然后学术的系统就可以统一，法度就可以明白，人们的政治信仰问题、道德标准问题就可以解决！汉武帝采纳了他的建议。

董仲舒以"大一统"理论为武器，倡导思想政治、伦理道德的统一。"独尊儒术"，适应了汉武帝统治初年的历史需要。"独尊儒术"使儒学成为中国两千多年封建社会的正统思想，成为儒家思想政治教育实践的开端。

（二）兴办太学与养士用贤

董仲舒为了实现其"独尊儒术"、以儒治国的政治理想，在对策中他不仅要说服汉武帝接受儒术，更重要的是考虑如何将其政治主张落实到政治生活的实际中去。自孔子以来，儒家的一贯主张是贤能治国，"君子"治世，董仲舒继承了先秦儒家的这一思想，因此在他的政治理论设计中，培养践行儒家政治理想的贤才便放在了极其重要的位置。为此，他在《天人三策》中提出了兴太学以养士的建议。《汉书·董仲舒传》说："夫不素养士而欲求贤，譬犹不琢玉而求文采也。故养士之大者，莫大乎太学；太学者，贤士之所关也，教化之本原也。""臣愿陛下兴太学，置明师，以养天下之士，数考问以尽其材，则英俊宜可得矣。"元朔五年（前124）汉武帝采纳了他的建议，置博士弟子员，正式开办了太学。兴办太学是董仲舒思想政治教育主张的核心环节。因为按照他的设计，太学是儒学化的大学，教官是精通五经的儒学博士（董仲舒本人就是其中一员），教学内容也是经董仲舒改造了的儒学，培养的学生自然也就都成了儒士，他们学成之后，大都能充当大小不等的官吏，这便形成公卿大夫士吏，"彬彬多文学之士"的局面。通过兴办太学，所养之士出仕为官，儒学逐渐控制了汉代整个社会意识形态，也为其实行对民众的教化打下了良好的基础。

（三）政治更化与"教化"为本

兴太学以养士，只是儒家思想政治教育理论对上层君子教育的方面，要想达成整个社会认同儒学，统一天下人的思想，以为政治统治服务，则必须将贤士们的道德修养通过教化的形式，影响小民，使其化性成俗。因此，"教化"为本就成了董仲舒思想政治教育的又一核心内容。

面对汉武帝时期的社会实际，他认为当时社会潜伏着许多社会危机，如诸侯王尚有一定的政治、社会势力，土地兼并严重，社会动荡不安，阶级矛盾在发展，但最大的危机是人们的思想不统一。《汉书·董仲舒传》指出："法出而奸生，令下而诈起。"为了解决这些社会问题，董仲舒提出"更化"理论，《汉书·董仲舒传》认为，汉承秦大乱之后，"如朽木、粪墙矣，虽欲善治之，亡可奈何"，"当更化而不更化，虽有大贤不能善治也。故汉得天下以来，常欲善治而至今不可善治者，失之于当更化而不更化也"。

怎样更化？董仲舒认为最重要的是实行德治，加强教化。《汉书·董仲舒传》说："教化不立而万民不正也。夫万民之从利也，如水之走下，不以教化堤防之，不能止也。是故教化立而奸邪皆止者，其堤防完也；教化废而奸邪并出，刑罚不能胜者，其堤防坏也。古之王者明于此，是故南面而治天下，莫不以教化为大务。"教化是治国的头等大事，历史上英明的国君都明白这个道理。因为趋利避害是人的本性，趋利就会产生邪恶。立教化，就是为了防止邪恶筑就完好的堤防；如果教化废，邪恶和社会不正之风就会盛行，严刑峻法也不能制止。董仲舒以教化为本的思想，是对西周"敬德保民"，孔子"为政以德""庶而后教"《大学》"建国君民和教学为先"思想的继承和发展。为什么要实行教化治国？

首先，董仲舒认为，教化对于治理国家有着举足轻重的作用。《汉书·董仲舒传》中说，"圣王"治国之所以不败，是因为行教化："圣王之继乱世也，扫除其迹而悉去之，复修教化而崇起之。教化已明，习俗已成，子孙循之，行五六百岁，尚未败也。"秦王朝的速亡是因为其废弃了教化："至周之末世，大为亡道以失天下。秦继其后，独不能改，又益甚之，重禁文学，不得挟书，弃捐礼谊而恶闻之，其心欲尽灭先圣之道，而颛为恣苟简之治，故立为天子，十四岁而国破亡矣。"因此教化关系到国家存亡兴衰。

其次，人性有"三品"，必重教以化之。董仲舒认为人性有三等，即"圣人之性""中民之性"和"斗筲之性"。"圣人之性"是善的，善者为圣贤，无须教化而成德；"斗筲之性"是恶的，恶者为盗贼，是教而不化，必刑及之人。但这二者只是社会的极少数人。更多的人则是"中民之性"。这些人的本性"天质"是纯朴的，但必须经过教化才能成善："善者王教之化也。无其质，则王教不能化；无其王教，则质朴不能善。"《春秋繁露·实性》指出："中民之性，如茧如卵。卵待覆二十日而后能为雏，茧待缲以涫汤而后能为丝，性待渐于教训而后能为善。"

董仲舒的教化理论，对汉代乃至后世的思想政治教育理论产生了深远的影响。成为两千多年中国封建社会治国的基本指导思想。董仲舒教化实践的主张，第一次将儒家思想政治教育主张纳入实际操作的轨道，对中国历史的发展具有划时代的意义。此后历代统治者无不视"教化"为"立国之本"，演成了中国古代政治文化的一项很重要传统。

二、汉代思想政治教育内容和目标的实践化指向

董仲舒"独尊儒术"、以"教化"为本的治国思想为汉武帝所接受，那么，以何为教呢？教育的内容决定着政治发展的方向。为此，董仲舒竭诚构建了其思想政治教育的主要内容和目标设计。

（一）构建"三纲""五常"的理论体系为思想政治教育的中心内容

董仲舒对先秦儒家的思想政治教育理论在继承的基础上进行了再创造，其核心是将儒家理论神秘化、精致化。具体的体现就是将"三纲五常"作为道德教育乃至政治信仰教育的中心内容。

"三纲"。即"君为臣纲，父为子纲，夫为妻纲"，就是臣子对君主、儿子对父亲、妻子对丈夫的绝对服从。《春秋繁露·基义》中说："王道之三纲，可求于天。"《汉书·董仲舒传》也认为："道之大原出于天，天不变，道亦不变。""三纲"是天意的体现，只要天不变，它就永远不能改变。董仲舒认为，一切事物都可以分成阳和阴两类，阳永远处于主导地位，阴永远处于从属地位，阳尊而阴卑。人类社会也有阴阳，君、父、夫是阳，臣、子、妻是阴，因此，君、父、夫也永远处于主导地位和尊位，臣、子、妻永远处于服从地位和卑位，臣要永远服从于君，子要永远服从于父，妻要永远服从于夫。所以，君应为臣纲，父应为子纲，夫应为妻纲，"君为臣纲"是核心，"父为子纲""夫为妻纲"要服从"君为臣纲"这个核心。这样董仲舒就借助天的意志将其所设计的最高的政治和道德伦理原则神秘化了，这自然就是其政治教化的根本内容。

《汉书·董仲舒传》指出，"五常"即仁、义、礼、智、信。这是人之为人、人为善人的基本道德伦理原则。他在《天人三策》中说："夫仁、谊（义）、礼、知（智）、信五常之道，王者所当修饬也。"为什么要"修饬"五常之道，因为"五常"与"五行"相配，也是天的意志的体现。人若修"仁"，则可使"其心舒，其志平，其气和，其欲节"。《春秋繁露·度制》指出，人若知义，"虽贫能自乐也；而大无义者，虽富莫能自存"，且能舍生取义，不至于因"忘义而殉利，去理而走邪"招致"以贼其身，而祸其家"的下场。人若懂礼，则整个社会就会"贵贱有等，衣服有制，朝廷有位，乡党有序，则民有所让而不敢争，所以一之也"。人若明智，则能做到"皆以其知（智）先规后为之"。《春秋繁露·必仁且智》指出，智者能"见祸福远，其知利害蚤，物动而知其化，事兴而知其归，见始而知其终"。最后做到"其动中伦，其言当务"。人若守信，乃为"进德修世之本""立人之道""立政之本"。《春秋繁露·对胶西王》说："《春秋》之义，贵信而贱诈。诈人而胜之，虽有功，君子弗为也。""三纲"是匡正封建主义人伦尊卑、主从关系的最高政治伦理原则，"五常"则是人伦关系的道德准则，这也是中国封建道德的基本内容和价值准则，同时也是董仲舒思想政治教育设计中的基本内容。

（二）确定经学为学校教育的主体内容

董仲舒从"独尊儒术"和教化为本的思想政治教育设计理论出发，确定了学校教育的主体内容是儒家的"六艺"（六经）。儒家经典《诗》《书》《礼》《易》《春秋》成为唯一的教材。他认为，六经在实现其贤人教育培养模式中可以各具特色，发挥不同的功用。《春秋繁露·玉杯》说："六学皆大，而各有所长，《诗》道志，故长于质；《礼》制节，故长于文；《乐》咏德，故长于风；《书》著功，故长于事；《易》本天地，故长于数；《春秋》（正）是非，故长于治人。"其根本则在于通过尊孔读经的教育，使受教育者成为儒家政治真正的信仰者和实践者。

（三）"通经致用"的士风教育目标

如上所述，读经是董仲舒思想政治教育理论设计的基本内容。"通经"是其教育的初级目标，通经的目的在于"致用"，这也正是儒家"内圣外王"之治世之道的内在要求。通经致用就是要把经学用于世，解决社会现实问题，这也是儒家理想得以实现的路线保证。董仲舒以自己的理论和行为，为汉开创了通经致用的一代士风。如他为了适应汉武帝加强政治一统和巩固皇权的需要，提出"春秋大一统"和"君权神授"说；与此同时，为了限制君权，提出阴阳灾异学说。这种"与时俱进"的理论品质，正是儒者急于"用世"而实现其理想和抱负的典型表现。这也是其养士所要达到的最终目标。

（四）"教化"成俗的民众教育目标

董仲舒认为治国的根本在于"教化"，而"教化"的目标就是《汉书·董仲舒传》提出的："立太学以教于国，设庠序以化于邑。渐民以仁，摩民以谊（义），节民以礼，故其刑罚甚轻而禁不犯者，教化行而习俗美也"。就是通过不断的教育，使以仁、义、礼等范畴为核心的儒家伦理道德在民众中潜移默化，使其精神内化于民众之心灵，从而形成良好的社会习俗，这就是其思想政治教育对民众教育的根本目标。

三、推进儒家思想政治教育社会化实践

（一）"天人三策"：游说汉武帝推动儒学社会化

董仲舒是将儒学政治化、儒家思想政治教育社会化的第一位推动者。他的《天人三策》，不仅是儒学与政治相结合的黏合剂，也是推动儒家思想政治教育社会化的宣言。在《天人三策》中他不仅提出了"诸不在六艺之科，孔子之术者，皆绝其道，勿使并进"的"独尊儒术"的建议，而且从现实出发，为儒家社会化设置了实践的途径，即借助政治权力的支持，采取一系列手段和措施，建立儒家思想政治教育的网络体系，保证儒家教育的畅通无阻。首先，他建议汉武帝从正君、正朝廷开始；其次，强调"郡守、县令，民之师

帅"，规定各级官员的"教化"职责；再次，为保证行"教化"的官员们的思想政治素质，他建议汉武帝实行养士和选士的政治措施。因为"师帅不贤，则主德不宣，恩泽不流"。养士的根本途径就是要建立太学及各级地方学校。另外，还必须有一整套相应的政策、法律法规为强制，有一整套礼乐制度为约束。这样儒家的思想政治教育就能保证落到实处。历史的实践告诉我们，汉武帝基本采纳了董仲舒的建议，定儒术为一尊，责太子读经，设太学养士，令各级官员在全国各地推行儒家"教化"，且取得了良好的成效。至东汉时，社会风俗为之一变，故有顾炎武"三代以下，风俗之淳美，莫尚于东京者"的赞誉。

（二）《春秋》决狱：实践儒学法律化

在《天人三策》中，董仲舒以其天地阴阳学说为指导，系统地阐述了"德主刑辅""礼法并用"的法制思想，并逐渐为汉王朝所接受，成为其立法的基本原则。董仲舒还作了《春秋决狱》232事，直接引用《春秋》等儒学经典的经义作为判案的法律依据。"经义决狱"是汉代儒学法律化的集中反映。它的出现，对儒学渗透社会，对儒家伦理道德深入人心，完成其对民众教化的思想教育目标有着极其深刻的影响。汉武帝以后，儒学的伦理道德学说成为解释法律的最高依据。儒学的一些重要伦理道德观念，如"君亲无将，将而诛焉""善善及子孙，恶恶止其身""亲亲得相首匿"等，成了汉代基本的司法原则。不仅如此，汉代儒学法律化的另一结果就是，一些儒家伦理道德观念直接被法律吸收，变为法律条文。出现了诸如"不敬"罪、"不孝"罪等罪名。儒学法律化，是儒家思想政治教育取得成功的一个重要标志。

（三）下帷讲诵：直接参与儒家思想政治教育活动

董仲舒作为汉王朝所设博士官的一员，正是儒家思想政治教育的直接实践者。据《史记·儒林列传》记载，他"下帷讲诵，弟子传以久次相受业，或莫见其面，盖三年董仲舒不观于舍园，其精如此。进退容止，非礼不行，学士皆师尊之"。这说明：第一，其教学效果极佳，弟子众多，弟子中互相传授，甚至有未见过其面者；第二，"三年不窥园"，其敬业精神令人钦佩；第三，言传身教，做人之道德楷模，以实际行动实践其修身以教化民众的儒家君子理想，因此受到人们的尊重——"学士皆师尊之"。

四、开启儒家思想政治教育新时代

董仲舒强调以"三纲五常"为其政治教化的主要内容，借助于行政的力量，在汉代开启一场轰轰烈烈的儒家社会化运动，是儒家从理想到现实，实现"内圣外王"的思想政治教育理论的首次实践尝试。刘孟骧先生在其《董仲舒：早期中古文明的导师》一文中叙述汉代儒学社会化引起了汉代社会移风易俗的深刻变化。他以周秦以来中国婚姻关系的演进为例，说明秦以前各国各地还流行着许多野蛮婚姻习俗。汉代尤其是汉武帝"独尊儒术"以后，在家庭、婚姻关系领域全面推行儒学的教育化与法律化，取得了突出的文明成果。"至东汉前期，燕赵地区的一妻多夫，蓟地的'以妇侍宿'的现象消失了。蜀郡一些地方的'野合'习俗不复存在。血缘相近的亲族之间的各种形式通婚，都不再像春秋时期那样被视为理所当然。于是，汉代人的语言称谓也发生了变化，对父亲的兄弟，汉人开始称叔父，对兄弟的儿子开始称兄子，而不再将叔父与兄子混称父与子。"① 此一例证，应该说只是汉代儒家思想政治教育（"教化"）推行所取得的成果之一。更为重要的是，儒学在统治者上层真正扎下了根基，两汉朝廷，"彬彬多士"，政策法律以《经》术为圭臬，中国社会真正进入了一个儒学统治的时代！而上述这一切的发生，其开启之功，则非董仲舒莫属。董仲舒是中国古代儒家思想政治教育实践化的真正推动者，他的理论和行动，开创了中国古代思想政治教育的新时代。

第三节　　教化与风俗的形成

周振鹤先生《从"九州异俗"到"六合同风"——两汉风俗区划的变迁》一文认为：西汉时期的各郡国可以明显地分为三大风俗地域，即黄河中下游地域是华夏风俗，塞上边郡是以华夏风俗为基础而习染胡俗，南方大体上还是偏向蛮夷风俗。换句话说，在南方基本上还有大量少数民族风俗的存

---

① 刘孟骧. 董仲舒：早期中古文明的导师 [J]. 广州师院学报（社会科学版），2000（2）：42-47.

留。而自西汉后期起，移风易俗的过程次第展开，但这一过程主要是对中原地区有较大作用；对于南方只在个别地区如蜀地引起反响，大部分地区还未有大的变化，至于北边诸郡，大体上无大变化。到东汉时期，在儒家思想的指导下，移风易俗过程加速进行，于是中原地区的风俗渐渐趋向一致，华夏风俗内部的地域差异逐步化解消除，南方蛮夷则渐次向华风演变，边郡风俗也有较大的移变。

　　至东汉后期，虽不能说风俗地域差异已经不存，但如果说华夏风俗从表面上看来已在东汉各郡国中占了上风，风俗区域的界线已经相对模糊，却是大致不误的。换句话说，对于东汉后期，我们已经不能勾勒出如西汉后期那样明显的"九州异俗"的风俗地理区划来，这一方面固然是由于《续汉书·郡国志》没有留下一篇如《汉书·地理志》那样的风俗资料，另一方面也的确表明其时在表面上已有"六合同风"的现象。

这里，至关重要的是华夏风俗内部的整合以及对南方"蛮夷风俗"的影响。这种从"九州异俗"到"六合同风"的历史变化，儒家教化的推行，起到了至关重要的作用。以变迁为例试说明之。

一、华夏区域内部政治文化整合与教化

蒙文通先生作《经学抉原》一书，对先秦两汉之学的地域性特征做了精彩的描述。今以其书为基础，伸述秦汉之际地域文化之政治理论的特征如下。

在蒙文通先生的描述中，其时之学术，不仅有古学、今学之分，也有南学、北学、东方之别，更有齐鲁之学、燕赵之学、荆楚之学、三晋之学的不同学术团体存在。根据其地域而言，与汉初诸侯王国之对应，则有齐国之齐学、河间王之古学——梁赵之学、楚学——淮南之道学，等等。"三晋以史学为正宗，鲁人以经学为正宗，若楚人之学，则屈、宋以来，自以辞赋为正宗也。道家者流盛于南方，儒学自盛于邹、鲁，而商君、申、韩之徒，并是北人，是法家者北方之学也。"[①] 他们的差异十分明显：

――――――――

① 蒙文通. 经学抉原 [M]. 上海：上海世纪出版集团，2006：91.

东方儒墨之学虽不同，而法先王、尚文学、重仁义、崇《诗》《书》，以不忍人为本则同。而北方法家、南方道家之说，则绌文学，杀《诗》《书》、轻仁义、法后王，贵己而贱人，此皆其文化同异之大较也。

齐人之学，尚与鲁近，而晋、楚乃绝异也。

是东方儒墨之学，传之南北，亦遂分途，莫不受地域之影响。盖齐以稷下，而孔学盛于齐，魏以文侯，而孔学盛于晋，自邹、鲁而外，重学者惟齐魏耳，他国皆否。故楚人之孔学，终无闻焉。惟持晋、楚之学以窥邹、鲁，于孔氏学又辨其齐、晋，则于众家学术异同之故，自显然也。①

这些不同的政治理论体系，一直到汉宣帝时代，还依然保存着。

蒙文通先生认为，今文之学源于齐、鲁，由齐学与鲁学共同构成。齐学的特征是："杂取异义""尊百家言""乃诸子所萃聚也"。② 也就是说，齐学是综合性的学说，它代表着汉初政治理论整合的基本方向。又有燕学，则为齐学之附庸。所以燕齐之学是颇具变异性的开放学说，执其说者则多为变通之士，如叔孙通、公孙弘之辈皆是，他们是中央王朝的坚决拥护者、政治理论"大一统"的坚决主张者和建构者，即所谓"今文统乎王"也。③ 鲁学则以"六艺"为正宗，"鲁学之党为笃守师传"，是今文学说中的相对保守派。但其说本于孔子原说，从儒者的角度看，则更为"纯正"，因此，汉宣帝之统一经学政治理论，以鲁之《谷梁》代替齐之《公羊》，就是追求纯正儒术的表现。

齐鲁之学，虽然为地方之学，然其本质则以天下为念，主张国家政治、思想的"大一统"（不论《公羊》还是《谷梁》，"大一统"是其基本理念），故成为中央王朝政治理论的必选对象，今文学者则大多成为汉初统治者依赖和信任的对象。

秦亡汉兴，出现了与秦统治东方六国大地大约相同的政治形势。但汉王朝在总结秦亡教训的基础上，推行的是与秦政完全不同的"东方政策"。从中央王朝所奉行的政治理论而言，高惠文景时代推行的就是陆贾提出的"因世

① 蒙文通. 经学抉原［M］. 北京：上海世纪出版集团，2006：91.
② 蒙文通. 经学抉原［M］. 北京：上海世纪出版集团，2006：85.
③ 蒙文通. 经学抉原［M］. 北京：上海世纪出版集团，2006：89.

而权行"的基本策略，其核心就是诸术并存而取其善者为政的基本方针。刘邦施政，基本体现了陆贾学说的精髓。汉文帝所立博士官也是诸子之学并存。直到汉武帝"罢黜百家，独尊儒术"，只立五经博士，这是汉代真正意义上推行统一政治理论或意识形态理论的开端，但其时所立博士官的政治理论并不统一，《汉书·刘歆传》中说："往者《书》有欧阳，《春秋》有公羊，《易》则施、孟，孝宣皇帝犹复广立《谷梁春秋》，梁丘《易》，大、小夏侯《尚书》，义虽相反，犹并置之。"

此处"义虽相反"四字值得注意，它说明，即使是"独尊儒术"之后，在中央王朝的学官设置中，仍然存在着不同的政治理论体系，中央王朝虽然有了统一的意识形态——儒术之名，但并未形成真正统一的政治理论体系。儒者之间，或整合在儒术旗帜下的各类东方政治理论之间的地域文化差异并未就此消失。而且，在当时的历史条件下，学术内部的争鸣也不可能自身得出统一的结论，要想建构一个统一的政治理论体系，或统一的意识形态理论，就只能借助于外力的推动，这个外力就是皇权——皇帝对政治理论体系的选择！从汉宣帝开始的石渠之议，皇帝称制临决，才有了在现实层面上的、真正意义上的政治理论整合行动，这个整合到《白虎通义》的出现才完成。由此说明，整个西汉王朝时代的政治理论建构，都处于一个实验的时代。这也与汉初政治运行中多层级实体的兴衰相一致。①

古文之学，按照蒙文通先生的意见，乃"源于梁、赵也"，"据三晋学而立者也"，即所谓梁赵之学。推其本源，则："《毛诗》传于赵国毛苌，《左氏》传于赵国贯长卿，二家并为河间献王博士，《孝经》为河间颜芝所藏，《周官》为献王所得，河间，故赵地也。进而推之，李克传《毛诗》，魏文侯之相也，吴起传《左氏春秋》，魏文侯之将也，蔡邕《月令》章句引魏文侯

---

① 汉初多层级实体的存在，限制着中央王朝统一政治理论的完成。诸侯王国的实际相对独立存在，郡县长吏"自拊其民"的相对独立施政权力，是其两个基本问题。只有当这两个问题解决之时，才有可能使帝国回到真正大一统专制体制的轨道，才能真正推行"大一统"帝国政治学理论的统一。其完成的标志正在于汉武帝时推行"推恩令"——使诸侯王国实际的独立性丧失；汉宣帝时收回地方长吏的"条教"权——地方长吏的独立施政权消失。汉宣帝时的石渠之议正是这个政治发展的必然逻辑结果。详细讨论见本书第九章第一节。

人皆欲之"，从而使整个"巴蜀好文雅"，实现其与中原风俗的一体化。文翁之化，成为汉帝国教化蛮夷之地的典范，此后汉武帝，郡国皆立学校以培养官吏，就是从这个例证启发机遇实行的政策。

西汉时期，以韩延寿、黄霸为代表的儒家循吏，成为致力于整齐风俗的教化工作的主体。他们所起到的作用，主要是将中国地区风俗文化的多样性逐渐融合为一，只有个别的改造南方蛮夷风俗的例证。至东汉时，儒家循吏的突出作用就是将中原的风俗文化慢慢传播到南方去，使南方的蛮夷风俗逐渐同化于中华风俗。这是由于两汉之际的国家动乱，不少中原士人南迁，对中华风俗的向南扩展，蛮夷之风的改变，起了不小的作用。最为显著的成就是岭南地区也受到了风俗改革的重大影响。如荆州桂阳郡，地处湘南粤北桂阳郡，在南方诸郡的风俗变迁中，最为突出。据载，先后有六任太守前赴后继，做出了显著治绩，其中的卫飒、茨充、许荆、栾巴等人在改造当地风俗方面，都有显著的建树。

《后汉书·循吏列传》中记载，卫飒在建武二年（26年）：

> "迁桂阳太守。郡与交州接境，颇染其俗，不知礼则。飒下车，修庠序之教，设婚姻之礼，期年间，邦俗从化。先是，含洭、浈阳、曲江三县，越之故地，武帝平之，内属桂阳。民居深山，滨溪谷，习其风土，不出田租。去郡远者，或且千里。吏事往来，辄发民乘船，名曰'传役'。每一吏出，徭及数家，百姓苦之。飒乃凿山通道五百余里，列亭传，置邮驿。于是役省劳息，奸吏杜绝。流民稍还，渐成聚邑，使输租赋，同之平民。又耒阳县出铁石，佗郡民庶常依因聚会，私为冶铸，遂招来亡命，多致奸盗。飒乃上起铁官，罢斥私铸，岁所增入五百余万。飒理恤民事，居官如家，其所施政，莫不合于物宜。视事十年，郡内清理。"

桂阳郡在荆州最南部，与岭南的交州一样，被看成是越俗的范围。卫飒在桂阳太守任上整整十年，其做法与文翁相同，也是从修学校，推广礼制婚姻入手，改革桂阳风俗。并且与物质生产相结合：开辟交通、官营手工业；杜绝奸吏，防止奸盗，使老百姓得以安居乐业，保证教化得以取得成效。

卫飒之后，茨充继任。历史上享有同样声誉：

> "南阳茨充代飒为桂阳，亦善其政。教民种植桑柘麻纻之属，劝令养蚕织屦，民得利益焉。"（《后汉书·循吏列传》）
>
> 元和中，荆州刺史上言："臣行部入长沙界，观者比徒跣。臣问御佐曰：'人无履亦苦之否？'御佐对曰：'十二月盛寒时并多剖裂血出，燃火燎之，春温或浓溃。建武中，桂阳太守茨充教人种桑蚕，人得其利，至今江南颇知桑蚕织屦，皆充之化也。'"（东观汉记·茨充）

《东观汉记·茨充》虽无同化礼制风俗之记载，但生活风俗的改变也是重要变迁，不可小看。东汉中期，许荆继任桂阳太守，许荆是会稽阳羡人，《后汉书·循吏列传》记载：

> "和帝时，稍迁桂阳太守。郡滨南州，风俗脆薄，不识学义。荆为设丧纪婚姻制度，使知礼禁。"

又以自责的精神感动耒阳县争财两兄弟和好如初。许荆在职长达十二年，继续以改革婚丧嫁娶制度为己任。又过数十年，栾巴西迁桂阳太守。《后汉书·杜栾刘李刘谢列传》中记载：

> "以郡处南垂，不闲典训，为吏人定婚姻丧纪之礼，兴立学校，以奖进之。虽干吏卑末，皆课令习读，程试殿最，随能升授。政事明察。"

栾巴为魏郡内黄人，他的教化措施仍是以立学校、定婚丧之礼为主，可见当时的官员都把改变不合华夏风俗的事业当成自己的天职。也反映出当时在南方明显地存在着与中原礼俗不同的习俗。所以只要从北方到南方来当官的人或是从南方较先进地区到后进地区当官的人都会有必须移风易俗的感受。栾巴在桂阳任职也有七年之久，对于推进与巩固华夏风俗自然有利。

又如，交州九真郡。九真郡在今越南中部，"俗以射猎为业，不知牛耕

（《东观汉记》说到，九真俗烧草种田），民常告籴交趾，每致困乏"。《后汉书·循吏列传》记载建武初，任延任九真太守四年：

> "教之垦辟，田畴岁岁开广，百姓充给。又骆越之民无嫁娶礼法，各因淫好，无适对匹，不识父子之性、夫妇之道。延乃移书属县，各使男年二十至五十，女年十五至四十，皆以年齿相配。其贫无礼娉，令长吏以下各省奉禄以赈助之。同时相娶者二千余人。是岁风雨顺节，谷稼丰衍，其产子者，始知种姓。"

任延的最大功劳是将发展经济与风俗改革相结合，而其重点则在婚姻制度的确立。其令男女皆以年齿相配之后，"其产子者，始知种姓"，这是从群婚制到专偶婚制的跳跃性变化，具有十分重大的意义。

再如，交州交趾郡。交趾郡因为地处红河平原，自然条件优于九真郡，故可以粮食籴于九真。但在风俗方面也还是与华夏不同，在两汉之际，锡光任交趾太守时进行改革，《后汉书·循吏列传》记载：

> "平帝时，汉中锡光为交趾太守，教导民夷，渐以礼义，化声侔于延。王莽末，闭境拒守。建武初，遣使贡献。"

不但是交趾、九真两郡之风俗与中原有异，其实整个交趾刺史部所察各郡——今两广与越南北、中部地区，在两汉之际都被视为化外之地，《后汉书·南蛮西南夷列传》所说："凡交趾所统，虽置郡县，而言语各异，重译乃通，人如禽兽，长幼无别；项髻徒跣，以布贯头而著之。"不但指出衣着习俗（实际上代表着物质文明）的简陋，还指出婚姻制度的原始状态以及语言与中原的差异。因此任延与锡光在九真与交趾两地移风易俗的行动历来为治吏者所乐道，《后汉书·南蛮西南夷列传》将两人的功绩一并提及。

> "光武中兴，锡光为交趾，任延守九真，于是教其耕稼，制为冠履，初设媒聘，始知姻娶。建立学校，导之礼义。"

在《后汉书·循吏列传》中还把他们的政绩拔高到"岭南华风，始于二守焉"的高度。

总之，从东汉官员在南方蛮夷地区移风易俗的作为来看，已经形成官员的一种集体无意识，都将其作为其任职的基本职责，促进了蛮夷地区道德风尚的形成，对于儒家教化理想"六合同风，九州同贯"起到了开创功能，此后两千年的地方官员，皆是秉承这一意识，开拓了南方大地与中原风俗的一体化进程，也为中国疆域内人民共同文化意识、共同生活习惯的形成，起到了关键的作用，这正是儒家教化的巨大功绩。司马光说，东汉光武帝"偃武修文，崇德报功，勤政治，养黎民，兴礼乐，宣教化，表行义，励风俗。继以明章，守而不失，于是东汉之风，忠信廉耻及于三代矣"。顾炎武曾赞美后汉良好的道德风尚："三代以下，风俗之淳美，莫尚于东京（指东汉）者。"东汉移风易俗教化的确立，为其政治统治的稳定，特别是边疆地区的稳定产生了积极的效应。

经过两汉儒生与汉代中央政府直到地方郡县官吏、地方乡官的政权体系共同努力，儒家思想政治教育深化到了社会的每一个层面，构建了较为完善的思想政治教育体系模型，标志着中国传统思想政治教育实践模式的形成。特别是自汉武帝独尊儒术以后，汉王朝与儒生相互配合，通过政府的行政体系建设，以太学为主体的学校教育建设，以士人为中心的家庭伦理建设，以及地方官员、乡官的教化职能设置与实践等一系列环节，构成一个上自中央、下至民间，全面推行儒家思想政治教育的网络体系，成为其后两千年中国传统社会中不可逾越的基本模式。实现了其思想政治教育的总体目的，即实现民众对国家意识形态大一统的认同，实现以孝为核心的伦理道德的大一统，实现以"移风易俗"为目的的文化认同大一统。国家通过严密的政策体系、遣使巡行检查体系、官员的考核体系、民间的风评体系，时刻监察着这一体制的贯彻落实，取得了良好的效果。

结论：重新审视儒家思想政治教育的现代功能

儒家思想是中国传统文化的核心，其以道德教育为政治服务的思想政治教育的理论体系，有着强烈的重德求善的伦理价值取向，在中国历史上发挥着较强的道德教化和政治教育功能。新时代思想政治教育工作者须对其进行重新审视，予以扬弃，加以合理利用，从而寻找思想政治教育的新载体，拓展思想政治教育新途径。

一、从修身到治天下，道德教育政治化与中国特色传统政治体制建构

中国传统思想政治教育具有强烈的人文主义教育色彩，它把"为人"与"为政"结合起来，形成道德教育与政治教育一体化的思想政治教育模式，是中华民族五千年文明的根本生存之道。传统儒家思想政治教育，不仅注重教人以德性与智慧，而且教人以处世的基本规范。它所设定的"君子"教育目标，就是时代的楷模。道德教育，传授的不只是单纯的知识。更注重气节和操守，崇高的精神境界的培养。提倡从"修身"开始，立志于贡献天下，"穷则独善其身，达则兼济天下"，这不仅是达官贵人的理想，也是草民百姓的共同追求。① 这种强调道德责任感和历史使命感的思想政治教育模式，整体上是非常成功的，造就了中国历史上无数的仁人志士，他们是中华民族五千年历

---

① 笔者认为，自商鞅变法开始，开启了中国传统政治的平民模式，而随着秦始皇统一天下，这种观念传播于秦汉帝国，中国不再有严格意义上的贵族世袭政治。因此在秦汉之际，雇农出身的陈胜敢于大言"王侯将相宁有种乎"，并与其贫贱的伙伴相约"苟富贵，勿相忘"！而同样出身于社会底层的刘邦，建立汉帝国，则真正开启了中华帝国的平民帝国模式。从此，在中华历史上贫贱出身的英雄人物史不绝书。贫民不仅能有志于天下，而且能得天下，可以治理天下。唐国军. 商鞅变法与中国传统平民政治模式的建立 [J]. 辽宁大学学报，2012（1）：99-105.

史的脊梁。他们那种临危不惧、临事不乱的处事风格；不计成败得失、不计个人安危荣辱，慨然以天下为己任的精神气概与宽广胸怀，难道不是我们所理想的人生楷模吗？把个人担当的社会责任与个人道德的自我完成统一起来，把道德教育同身体力行紧密结合起来，并把个人的道德修养看作提高整个国民素质、化民成俗，形成良好社会风气的重要条件。

中国古代的这种重视德育教育与政治担当相结合的传统，对于今天的思想政治工作极有借鉴意义。修身、齐家、治国平天下的理路，是中国人华彩人生的康庄大道。这种植根于中华民族血脉的生存之道，是人类历史上最悠久、最辉煌灿烂的文明成果，具有鲜明的人文色彩和理性精神，其中深刻地体现了真善美相统一的思想。中国传统社会中的仁人志士都是在以儒家思想为主导的政治教育下成长起来的，修身以成君子，"治国平天下"以显其人生价值，构成中国传统社会学者与官员合体，以贡献天下苍生为目标的"入世"哲学。"文以载道"或"文以贯道"，教以化民，是整个中国传统社会意识形态领域的主体精神，这种以伦理价值为导向的思想政治教育传统，与中国传统社会家国合一，以宗族为主的社会结构相适应。在长期历史的发展中，儒家思想中以天道为依据，以人道为本源，以治道为手段的国家治理模式，显示出教化的特殊思想教育功能。它不仅是对广大民众的道德教化和政治教化，也是治国君子必备的政治道德素质。儒家教化系统是中国传统社会的政治理念、道德归化的基础，在两千多年的实践中，起到了提高国民政治道德素质、改良社会风气、增强中华民族凝聚力等作用。构成了中华文明的根基。建构出具有中国特色的以教化——传统思想政治教育为中心的传统国家政治体制。今天的中国正是传统中国的延续，尽管在近代以来，国家和人民的思想意识发生巨大的变化，但这一传统已深入中华民族文明的血脉之中，教化理念依然要坚持成为国民教育的重心。

二、举国体制，思想政治教育渗透到社会的每一个个体和领域

中国传统社会是一个讲求大一统的国家整体，这不仅要有疆域的大一统、文化的大一统，也要有思想政治的大一统，更要有基于人民基本生存模式的伦理道德大一统，正如本著作所述，早在汉武帝独尊儒术的时代，国家已经构建出了一个以教化治理天下的国家治理体系，而这一体系的设计者儒家先贤们，则在总结三代以礼乐文明为特色国家治理经验的基础上，面对春秋战国至秦汉帝国初期的政治变幻，进行百家争鸣，不断进化，构建出了适应帝国政治的教化理论体系。教化，不仅教养治天下的君子，贯穿传统国家治理的每一个环节，而且还渗透到社会的各个领域及每一个民众的心灵之中。六经之教，各有所施，渗透国家的每一个细胞。下面以礼乐之教为例加以说明。"礼"是中国传统的基本行为规范，"乐"则是人民心灵的净化剂。中国传统教化的一个重要特点就是"寓教于乐"。《礼记·乐记》认为，"乐者，通伦理者也"，就是以音乐和人的基本生活规范——伦理道德是相通的，具有反映人的思想首先功能。《诗经》之教正是观民风而施政的典型。孔子说，"诗三百，吾皆能歌而弦之"，就是把反映人民心灵的民歌元素，加工成为具有引导人民向善的才华功能的诗，通过音乐的形式，传达于士子之中，并通过他们教育民间，形成共同的生活理念和道德观念。在儒者看来，"乐"同于"礼"，乐教，即做人之教，等同于社会的道德规范教育，因此，音乐对国家的社会稳定、人际和谐具有重大意义。儒家还认为，音乐不仅"可以善民心"，"其感人深"，而且可以"移风移俗"，是一同天下风俗的重要方法。

　　研究中国哲学的学者大都认为，中国传统哲学是政治型的，以"为治"为目标；也是伦理型的，以天人和谐、人际和谐为重心；同时也是教化型的，以追求思想大一统为理想，以感化人心、统一认同为基准。哲学体系的核心就是政治伦理、道德学说，对宇宙本体的探讨，是伦理道德的形而上学，哲学的理性是道德化的实践理性。中国哲学强调人的道德主体能动性的发挥和人生精神境界的追求，成为协调人际关系、改善社会风尚、增强民族凝聚力的一种精神力量。中国哲学的宇宙观念、人生智慧、思维方法、行为方式在现代仍然是全人类极其宝贵的思想传统和思想资源，是中华民族伟大复兴事业的源头活水之一，也是思想政治教育可以利用的重要资源。

三、教育内容，具有超越时代的现代精神

　　儒家思想政治教育理论及其实践模式，蕴涵着中国传统文化的精神实质，具有丰富的思想道德教育资源。儒家思想对于人性的讨论，许多观念都具有超越时代的特性，深入人生的本质。对今天的中国人来说，儒家思想依然是深入骨髓的、是不自觉就能体现出来的基本行为规范；对于树立中国特色社

会主义核心价值观，有着重大的借鉴价值。

其一，儒家思想政治教育——教化理论，强调"大一统"的国家认同理念，强调个人为民族、为集体、为国家奉献的整体主义精神，是中华帝国历时两千多年，经历不断分裂与统一的过程，但始终能融为一体的强大思想基因。儒家君子教化，通过其在为政过程中的拓展，使中华民族的思想意识构成了就公私观上的"夙夜在公""以公灭私"的特有的民族精神，在家国一体的伦理道德教育中，儒家学者一直提倡"国而忘家、公而忘私"，强调个人和家族利益服从民族和国家利益。使得一些具有高大理想性质的观念，诸如"杀身成仁""舍生取义""尽忠报国""先公后私""一心为公"，成为中华民族每一个个体的公民所尊奉的道德品质。整体主义精神是中华民族的一种强大凝聚力，是中国自古以来爱国主义思想的基石。在当今中国面临西方以个人主义为特色的自由主义思想侵蚀下，改造与继承这一优秀传统，有利于发扬爱国主义精神、为人民服务的精神，尤其是克服个人利己主义，抵制腐化堕落行为。

其二，儒家思想政治教育——教化理论，推崇仁爱、讲究礼仪，体现了中华民族文明之邦的基本特性。孔子倡导的以"己所不欲，勿施于人""己欲立而立人，己欲达而达人"为核心的仁学思想，不仅是历史上人们处理自己与他人关系所应遵循的原则，也是当今世界每一个人必须遵守的为人准则，这一观念，已得到全世界人民的认同，写入联合国众多的重要文件之中。这种"仁爱"原则，在处理人和人的关系上，强调"人和""和谐""以和为贵""和气生财"的思想。"礼"是中国文化的突出精神，好礼、有礼、注重礼仪是中国人立身处世的重要美德。今天，我们更应该弘扬这种美德，讲文明，懂礼貌，知礼节，促进社会主义精神文明建设。

其三，儒家思想政治教育——教化理论，追求精神境界和高尚的理想人格。"发愤忘食，乐以忘忧"，这种乐观向上的人生态度，千百年来激励人们在困难和挫折面前，泰然处之，积极进取，也铸就了中华民族安贫乐道、越是艰难越是向前的进取精神。今天面对改革开放的攻坚阶段，要教育人民直面困难，乐观向上，不能为一时困难和挫折所吓倒，克服消极颓废思想，树立开拓进取精神。

其四，儒家思想政治教育——教化理论，教导人民勤劳质朴。中华民族是勤劳、善良、质朴的民族。"民生在勤，勤则不匮""勤有功，戏无益"等早已成为人们生活态度、审美标准、道德标准和价值尺度。

其五，儒家思想政治教育——教化理论，强调修养践履，注重道德认知和道德行为的统一。中国传统道德思想，特别强调"为仁由己"的道德主体精神，一个人只要立志向善，就一定能成为道德高尚的人，并且强调"知"与"行"的统一。

四、教育理论和方法与资源可资借鉴

我国古代在道德教育上积累了许多的理论和方法，它们在今天的思想政治教育中仍然适用。今择其要点，予以分析：

（1）儒家思想政治教育——教化理论，注重国民政治素质和道德教育与满足人们的物质利益相结合。孔子强调庶之、富之，然后教之："子适卫，冉有仆。子曰：'庶矣哉！'冉有曰：'既庶矣，又何加焉？'曰：'富之。'曰：'既富矣，又何加焉？'子曰：'教之。'"也就是说，儒家君子治理地方的理路是，先要满足其物质利益，使之富裕起来，然后再对他们进行教化。孟子强调人民"有恒产者有恒心，无恒产者无恒心"，无恒产而有恒心者，唯君子能之，如果一个人"仰不足以事父母，俯不足以畜妻子，乐岁终身苦，凶年不免于死亡，此惟救死而恐不赡，奚暇治礼义哉"？不满足物质上的需求，人民无法投身"礼义"，教化就是空话。因此先富后教的思想，是儒家教化的物质前提，满足人们的物质利益的需求，是儒家君子为政的根基，是政治教化和道德水平提高的基础。笔者认为，在合理满足人们物质欲望的基础上进行思想道德教育，是超越时代意义的教化之本，对我们今天做好思想政治教育工作有重要的现实借鉴意义。但如果只有物质利益而无思想觉悟，就会形成物欲横流的社会现象。当今中国改革开放以来，市场经济的生活导向，使国人对物质利益的追求成为不可逆转的趋势，道德诚信的缺失，正在每时每刻发生，因此，思想政治教育引导，两个文明一起抓，才显得尤为重要。儒家这种把思想政治教育工作同人们的切身利益结合起来的教育方法，能使被教育者从中切实感受到自身利益的满足，自然就乐于接受引导，这对提高思想政治教育的效率，把思想政治工作落到实处，效果的显现是十分明晰的。

（2）儒家思想政治教育——教化理论的设计中，将思想政治与道德教育

寓于知识传授之中，让受教育者在求知中求善。"大学之道，在明明德，在亲（新）民，在止于至善"，《大学》把"明明德于天下"作为思想政治教育的目标，并为之设立了八条目，实质上就是一个接受思想政治教育的完善过程。"古之欲明明德于天下者，先治其国；欲治其国者，先齐其家；欲齐其家者，先修其身；欲修其身者，先正其心；欲正其心者，先诚其意；欲诚其意者，先致其知；致知在格物。物格而后知至，知至而后意诚，意诚而后心正，心正而后身修，身修而后家齐，家齐而后国治，国治而后天下平。"正心、诚意、致知，就是道德与智慧的要求，但要达到这个目标，就必须从格物开始，"致知在格物"，也就是从研究事物的本质为求知过程的开始。孔子提倡，要寓德教于知识教学，"知之为知之，不知为不知，是知也"，教与学的态度都要做到实事求是。只有在教育过程中"传道、授业、解惑"，在知识的传授中将道德理想与政治节操结合在一起，才会避免将教化变成空洞抽象的说教。

（3）儒家思想政治教育——教化理论，重视外在教育与自我教育的结合。中国传统思想政治教育，不仅强调自我的内在修养，更特别重视生活环境与外在教育对个人政治道德与个人品德形成的影响。修身而成的儒家君子，对民众来说，有着以身作则下的"影从"效应，生活环境有所谓"与善人居，如入芝兰之室"的说法，更有所谓"近墨者黑，近朱者赤"的民间谚语。历史上著名的"孟母三迁"的故事，就是环境对人的影响的最佳例证。正是因为看到了环境对人的成长具有外在的引导作用，儒家教化设计中就特别强调外在教育在培养人的思想政治道德方面的重要作用。孟子以"性善论"为出发点，强调古代"庠""序""校"在教化目标"明人伦"，即道德教育方面的重要作用；荀子以人性恶的理论基础，强调教化的功能就是"化性起伪"，强调外在的道德教化即"起伪"的重要性。

诚然，外在的教育虽然重要，但也只是教化目标的外因，而真正的内因则在于人的自我觉悟、自我反省。《论语·颜渊》中说："为仁由己，而由人乎哉？"《论语·述而》中说："我欲仁，斯仁至矣。"为仁由己，就是强调人的主观能动性，因为教化的成果，是必然要内化为受教育者内心的智慧的。孟子以"四端"说解释人的道德规范来源，《孟子·公孙丑上》提出的："恻隐之心，仁之端也；羞恶之心，义之端也；辞让之心，礼之端也；是非之心，智之端也。人之有是四端也，犹其有四体也。有是四端而自谓不能者，自贼者也；谓其君不能者，贼其君者也。凡有四端于我者，知皆扩而充之矣，若火之始然，泉之始达。苟能充之，足以保四海；苟不充之，不足以事父母。"人性本来有四端，是仁、义、礼、智内在于人心之中的高尚道德品质，教化就是开启人的这些"良知"，《孟子·尽心上》提出："求则得之，舍则失之，是求有益于得也，求在我者也。"孟子强调，通过教化养成的儒家君子要有"富贵不能淫，贫贱不能移，威武不能屈"的大丈夫浩然之气，要有以自我为中心的道德信念上的坚定意志。

（4）儒家思想政治教育——教化理论，注重言传与身教的统一。俗话说："学校无小事，事事关教育。"教育者在日常生活中的言谈举止、精神面貌、一句话、一件小事，都会无声地影响受教育者。因此，儒家强调，教育者首先应该加强自身的思想修养，做道德典范，只有这样，才能真正为受教育者树立榜样，用自己的人格魅力影响受教育者。孔子说："不能正其身，于正人何？""其身正，不令而行，其身不正，虽令不行。"都是强调身教在思想政治教育中的重要作用。

（5）儒家思想政治教育——教化理论，强调道德认识与道德实践的统一，即知行一致。加强自身的道德修养，培养良好的道德品质，最终是为了付诸实践，有道德地行动。《易·系辞下》说："履，德之基地。"履就是践履、实践的意思，认为实践是道德的根本。孔子讲"仁"、讲"礼"，但他用"行"来判断一个人是不是"仁"或"礼"。例如，公子小白杀了他的哥哥公子纠，纠的师傅召忽自杀以报纠，而纠的另一个师傅管仲去做了齐桓公的宰相。对于这件事，孔子的学生子路和子贡都认为管仲不仁，而孔子说："桓公九合诸侯，不以兵车，管仲之力也。如其仁！如其仁！""管仲相桓公，霸诸侯，一匡天下，民到于今受其赐。微管仲，吾其被发左衽矣。"孔子认为管仲辅佐齐桓公合诸侯，使天下免于战争，使老百姓长期蒙受好处，"行"得好，所以他"仁"。孟子称颂尧、舜、禹的圣德，并不是抽象地说他们如何仁德，而是赞扬他们如何使百姓免于洪水猛兽，使农夫不失农时进行农业生产，认为这就是"仁"，把仁、德、圣放在救民于水火和使民安居乐业的社会实践中，把道德认识和道德实践统一起来，将认识付诸实践，对从事思想政治教育工作的人来说，具有特别的现实启示。

（6）儒家思想政治教育——教化理论，注重思想道德教育与自我修养相结合。君子自我修养的目的是"治国平天下"，即使是小民，在接受儒家思想教育时，都具有这一理想，所以，几千年中国大量平民子弟进入儒家君子阶层，显现了中国传统政治平民化、一体化的特征。在儒家学者看来，道德即政治，道德教育就是政治教育。这是中国最显著的政治传统。孔子继承周公的"礼"，发明自己的学说"仁"，"仁者爱人"，是做人为政的最高境界。儒家为政，强调本于"良知"，发扬"本性"，将心比心，推己及人。儒家为人，"见贤思齐焉，见不贤而内自省也"，强调人的内省，"吾日三省吾身"，就是强调一个人的自觉，在良好政治品德、个人道德养成的重要性。这对于我们进行思想政治教育有较大的借鉴意义。思想政治教育离不开灌输，但灌输必须与受教育者的内省相结合，灌输是外因，而自省是内因，外因通过内因起作用，只有两者有机结合，才能取得较好的成效。

（7）儒家思想政治教育——教化理论，强调道德教育与知识教育相结合。中国古代教育家强调把道德教育放在首位，同时也不忽视知识教育的作用。孔子说"君子务本，本立而道生"，"行有余力，则以学文"，"未知，焉得仁"？董仲舒也说"仁而不智，则爱而不别也；智而不仁，则知而不为也"。这是中国古代的智德统一观，首先是道德教育及其实践，其次才是知识教育，两者相互渗透，相互促进，德育要通过智育来进行，智育要为德育服务。这对当前思想政治教育工作德育首位的确立、教书育人功能的发挥，都有现实的指导意义。思想政治教育工作要在发挥德育主渠道的基础上，充分挖掘各门专业课程的隐性德育资源，使思想政治教育达到潜移默化的功效。

五、认识根源，在扬弃中吸取经验和教训

思想政治教育不是形而上学，而是一套实践中的政治与道德教育理论，它必然植根于相对稳定的社会政治、经济、文化传统，并与现实的政治需要与道德规范相整合。有着深刻的根源。

（1）经济根源。经济基础决定上层建筑。作为意识形态的儒家思想政治教育理论设计与实践推动，都必然植根于中国传统社会的经济形态，及与之相一致的人类生存状态。马克思主义认为，生产力是推动人类社会发展的最终决定力量。生产力决定生产关系，进而决定人们的政治关系、思想关系等全部社会关系，而且对其他社会要素也起着决定性作用。中国传统社会最显著的经济特征就是：自给自足的自然经济始终占统治地位，生产力发展相对缓慢。农业经济多是以家庭或者家族为单位的形式形成的。尊者和长者在生产和生活中居于中心地位。因此敬老和孝悌不仅成为家庭伦理的中心，也成为国家政治关系的中心。中国传统社会秩序规范中的"三纲五常"，"三纲"是君为臣纲、父为子纲、夫为妻纲，其中三分之二都是家庭伦理。而"五常"——仁、义、礼、智、信所谓礼乐教化，也多解释为做人的基本道理。这种思想，具有一定的封闭性。但更是根植于基本人性的追求，因而也具有超越时空的普适性。我们今天已经进入了新时代，正要改变其不合理的上下等级规范秩序，但也要合理地吸取其超越时空的思想道德精华，使其成为新时代思想政治教育的营养。

（2）政治根源。中国传统政治的基本特色在于其大一统的国家治理追求。在于以天道为政权的合法性渊源，在于以人道为基本依据、以治道为基本手段的政治理论体系。由于传统农业社会的崇尚权威特征，君主集权的宗法等级制度是其制度特色。这就决定了中国传统思想政治教育的内涵以维护君权和父权为中心的大一统政治理想，以人道为中心的伦理道德设计为主要内容，以教化为国家治理路径的政治社会化为实践方法。在礼乐政刑为中心的治道设计中，"德治"与"法治"的结合，礼主刑辅的实践模式，是其道德政治化治国理想的基本样态。道德规范对民众的教化，目的就是规范社会成员的思想和行为，维护大一统国家政治和社会秩序的稳定。

传统的思想政治教育，不仅维系传统社会的基本稳定，也被国家统治者的儒家君子长期以来当作一种政治统治的辅助手段来塑造和使用。这种伦理道德教育泛政治化的思维定式，并没有随着社会的进步而消失，强烈的政治化意识与道德意识一体性，正是中国几千年来思想政治教育的基因。

（3）文化传统根源。中华传统文化博大精深，诸子百家、三教九流，规范人生的每一个节点。但就思想政治教育的设计与实践而言，儒家文化无疑占据了主导地位。儒家思想植根于中国传统社会中人民的生存方式，即自给自足的农业自然经济的社会，这个社会构成的基本特点就是农耕社会特有的家庭或家族经营方式，这就必然形成以血缘为纽带的宗法家族制度。家国合一是中国传统社会的基本特色。儒家作为中国传统政治理论的设计者，在个人、家庭、社会与国家的伦理设计中，试图将其合而为一，强调在以血缘为主体的人伦关系上建立起一套完整的以人伦为中心的礼乐政治体系。在这个体系中，礼别差等，有着严格的社会等级秩序和上下尊卑次序。因此，儒家政治就是伦理政治，儒家文化就是伦理文化。这种文化的核心就是人的行为规范，就是"三纲五常"。这些观念，在今天的中国依然有着深刻的影响，我们必须去其糟粕，取其精华，从而为今天的思想政治教育寻找文化根源与应对方法。显然，作为传统文化基本核心的"礼"，既是社会秩序的基本象征，也是其动作的基本规范，这其中既有维护等级制度的糟粕，也有人之为人基本要求的精华，跨越历史长河而不能少。在我国传统文化中，强调理想人格的教化无疑是正确的，但理想人格的标准，则具有强烈的应时性色彩，是需要摒弃的。传统的"三纲"规范是等级社会服从意识的体现，而"五常"观念则是跨越历史的超越精神，依然值得继承和发扬。

（4）思想认识根源。儒家思想政治教育——教化理论的认识论基础是人性论，既有性善论的观点，也有性恶论的论说，还有"性三品"的理论。这些观念的基本预设是上智下愚、君子小民，教化主体与客体之间界限分明，是统治理论设计者与统治者的国家治理工具，是对民众施以驯服的教育从而使之服从，达到国家稳定的治理目标。教化的根本特征在于，认为政治思想道德乃是作为一种异己力量存在的外在规则系统，如何将其内化为受教化者的自觉行为规范，其本质则是维持特定社会秩序的手段和工具。它从总体上规定了人与人、人与社会、人与国家权威的处理之道，更多地体现了一种义务主体的思想。因此，儒家思想政治教育——教化理论强调维持国家的政治秩序和社会秩序，而受教化者则只有无条件地服从教化规范，从而使其达成对教化内涵的基本认同。但从本质上讲，伦理道德的出现，并不是为约束而生的，而是为人的自身发展而设置的，为满足人自我认识、自我完善的需要而设置的。富兰克纳说："道德的产生是有助个人的好的生活，而不是对个人进行不必要的干预。道德是为了人而产生，但不能说人是为了体现道德而生存。"① 因此，儒家思想政治教育——教化理论片面地把社会约束性视为思想道德的本质特征，过分强调了道德的社会性本质和整体性价值，割裂了道德

---

① （美）威廉·K. 富兰克纳. 善的求索——道德哲学导论［M］. 黄伟合，包连宗，马莉，译，沈阳：辽宁人民出版社，1987：247.

的约束性、规范性与道德固有的主体性、引导性、发展性、创造性和个性的联系，使其不易为个体所自觉认同与实践，因而不得不走上灌输和强制的实施路线，使道德失去了道德本身的意味，成为一种强制性、规范性的服务工具，表现出强烈的功利化色彩。对今天的思想政治教育来说，具有强烈的警示意义。

六、借鉴儒家思想政治教育模式，为现代思想政治教育服务

（一）关于模式、教育模式、思想政治教育模式的概念辨析

"模式"一词，近来在学界使用率越来越高，诸如文化模式、经济模式、思维模式、教育模式等。不同领域、不同行业都有不同的模式。但细细推敲，在不同定语下，模式所隐含的蕴意是不同的，模式究竟指的是什么，常常含糊不清。在商务印书馆 1996 年出版的《现代汉语词典》中，"模式"被定义为"为某种事物的标准形式或使人可以照着做的标准样式"。这一定义仅从静态方面揭示了模式的典型性和可模仿性，并未揭示出模式的全部特征。"模式"这个术语是英文 model 的汉译名词之一。除了具有可模仿性，模式还有两个重要特性：简约性和对现实过程（或结构）的再现性，这是由模式是经验和科学之间、现实和理论之间"中介"的这一特定地位决定的。从经验和科学的角度看，模式是把经验加以升华，对现实做简略的描述式再现，使之成为理论思维的半成品；而从现实和理论的角度看，模式是依据一定理论提出假设并赋予条件和操作程序使其现实化（指导实践）。这样，模式就具有了两重特性，其一，模式不等同于现实（经验），而是对现实（经验）概括化、抽象化、简约化基础的描述。其二，模式也不等同于理论，虽然它从整体上把握事物的共性，带有理论的抽象性和简约性，但它与规律、原理、原则等理论形态不同，它为实践着的人们提供结构方式和运行程序，使人们可以"照着做"，可以由不同的人重复操作并得出近似的结果，它是理论的具体化、程序化。

在现代科学方法论中，模式方法是一种重要的研究方法，它是将事物的重要因素、关系、状态、过程突出地显示出来，以揭示事物内在的结构本质，便于人们进行观察、实验、调查、模拟，进行理论分析。模式方法的主要程

序是：按照研究的目的将客观事物的原型抽象为认识论上的模式；通过对模式的研究，获得对客观事物原型更本质、更深刻的认识。教育模式是在教育理论和实践的发展中逐步形成的用以组织和实施教育过程的典型化的范式。它包含两层基本含义：首先，相对于教育基本理论来说，模式具有应用性，它是教育理论应用于教育实践的中介环节。其次，相对于具体教育实践而言，教育模式是教育规律体系在特定条件下的表现形式，是教育理论在某个具体教育过程中的一种映射。因此，教育模式实际上也是个别教育实践通向普遍教育真理的中介环节。显然，教育模式能沟通理论与实践的不同领域，对于它的研究既能促进理论的提高，又能推动实践的发展。

　　道德教育模式就是在道德教育理论和实践的发展中逐步形成的用以组织和实施道德教育过程的典型化范式。如上所述，研究道德教育模式既有科学方法论上的根据，也有道德教育理论和实践发展的需要。它可为道德教育实践提供一定科学依据的完整的方法体系，从而使这一实践逐步摆脱凭摸索、凭经验、凭感觉进行的状态。同时在道德教育实践的基础上，选择、开发、创造适合于某一具体教育情境的新的道德教育模式，又可推动道德教育理论的向前发展。

　　（二）儒家思想政治教育模式的典型性特征

　　既是以教化为中心的包含整个政治体制运作的全面性民众教育运动，也是一个儒家思想政治化的过程，儒家政治社会化的过程。其教化的基本理论与其政治学本质特性相一致：教化既有普适性，又有特殊的主客体不同的分殊性；教化既为统治者的政治运行保驾护航，也进行超越时代的人类共性价值特色。从实践的路径说，则是一种以社会为本位、以教师为主体、以道德知识为主要内容、以灌输和背诵为主要方法的教育模式。虽然在漫长的历史发展过程中，思想政治教育在目标、内容、方式、方法等方面也有所区别，但在思想政治道德的传承、延续过程中形成的占主导地位的具有以上特征的思想道德教育，具有以下显著特点：

　　1. 传统思想政治教育模式的理论高起点——君子人格的养成

　　传统思想政治教育模式以《大学》为理论核心。其三纲八目就是其基本目标和实践路径。君子是儒家思想政治教育养成的完整人格者，其哲学基点在于，人生来只是一个生物体，不具备任何社会特性，道德规范对个体而言是社会的外在，是独立于个体而存在的。面对一个新的人类个体，要想使他成为具备良好道德品质的人，就必须用经过时间检验的道德规范去武装，因为这种道德既不能从人们头脑中自发产生，受教育者也没有必要去重复前人得出这些正确规范的思考过程，只需要由外向内对受教育者进行道德灌输，让他们无条件地记忆、追踪、模仿和信从这些作为成功经验的原有政治思想道德规范，使之成为具有良好道德品质的人。社会、学校、家庭的性质和影响是受教育者政治观念、社会认同、个人道德养成的决定性力量。学校作为社会文化的传递者和社会改造的工具，向受教育者传授社会普遍认同的合理性价值，并使之接受和服从这些价值。所以，传统思想政治教育模式的哲学主题是"外塑论"，其基本特点是强调外部的力量和灌输，直到今天，这依然是思想政治教育的主要渠道。

2. 传统思想政治教育模式的实践低门槛——民众思想政治意识与道德观在洒扫应对中成型

传统思想政治教育模式在教育观念上的体现，主要集中在个体与社会、个体的自我修养与约束、个体的受教育者义务、个体的实践行为等与德育有关的四个基本矛盾关系中。

（1）个人与社会的关系。在个人与社会关系的问题上，传统思想政治教育在道德教育模式中强调道德与政治的一致性，做人是为政的前提，荀子认为，人是"群"的动物，也是人的社会性的表现。所以，人之为人的伦理道德的产生、运作和发展以社会政治为核心。思想道德教育的目的就是最终形成个人认同实现儒家社会理想所需要的道德价值观念、国家认同观念以及个人德行观念。个体在接受教化的过程中，要体现其社会性，即要以国家、集体的利益为导向。他们是被动的接受者，也是儒家思想道德规范观念的实践者和执行者。它要求，个体在实践自己的道德幸福基础上，要为社会和他人利益而约束自己的行为，甚至牺牲自己的利益，要有"杀身成仁"的气概。儒家思想政治教育模式设计的出发点和归宿都是为了维持和谐的社会道德秩序，强调个人对社会的服从性。今天的思想政治教育，虽然遵从宪法的精神，保障个人的自由，但集中中华民族每一个个体的力量，为实现中华民族伟大复兴中国梦的目标，强调集体利益与国家利益至上，牺牲小我，成就大我，也是值得提倡的。

（2）道德养成中的他律和自律。只有服从社会所需要的道德价值观点才是道德的，传统道德教育模式都是以外在的权威（包括规范、原则、个人权威、团体利益）为定向的，它追求外在的目的，并使人服从外力的驱使。在传统道德教育模式看来，道德的本质是他律，道德教育就是要依靠外部的力量使人接受一定的道德观念和履行一定的道德规范，并依靠奖惩、榜样等外在动力，促使学生在思想上和言行上循规蹈矩。而自律只是强制的结果、训练的产物，强调自律只是让学生理智地服从和遵守社会道德规范。

（3）教化中的教师和学生。在教师与学生的关系问题上，传统道德教育理论认为学校是进行道德教育的主要场所，教师作为社会价值观的传递者、道德教育的具体执行者，他们的主要任务就是采取一切可能的措施，将国家和社会的要求对各方面尚未成熟的青少年施加影响，使学生接受所教内容，并无条件地按社会标准所期待的去行为。在这一过程中，一般不允许学生对所学内容的合理性提出质疑。教师塑造学生的社会行为，在学生品德形成的过程、倾向和水平中起绝对的支配作用，而学生只是被教育加工的对象，在教育过程中是盲目的和被动的。

（4）知识和行为中的知行合一主张。传统道德教育理论认为道德问题不仅是认识问题，更是行动的问题。个体不仅要接受道德知识，而且要将道德原则在实际生活中体现出来，强调了道德实践与道德认识的密切联系，体现了知行统一的观点。但是由于受上述三种德育观念的干扰和传统德育所生存的社会及教育特性的影响，传统道德教育模式过分强调社会，强调他律，强调教师的作用，使得知行统一这一正确的观点在道德教育实践中并未得到真正的体现。在德育实践中常常片面夸大道德知识的作用，认为只要知就一定能行，学校只要进行道德知识教育，个体道德行为就必然会改善。这就导致了传统道德教育模式主要是道德知识的传授模式，而不是知行统一的模式。

3. 传统思想政治教育模式操作的整体性——社会的全方位渗透

正是基于对上述理论观点的吸收和运用，传统思想政治教育模式建立起了一套独特的实践体系。

（1）注重宣扬儒家治国理想，小康、大同之说深入民心。在教育过程中，注重讲解道德知识，采用讲授或灌输的方式向太学生们和广大民众讲解一些比较具体的道德原理、规则和规范。

（2）重视榜样力量，孝道养成中著名的二十四孝的故事，深入人心。《列女传》中的妇女典范，正史和地方志中的列传，都是教化榜样的好教材。而在具体的思想政治教育过程中，则能运用一些生动、活泼、直观、形象的方式，特别注重道德榜样对学生的示范作用。

（3）采用强化措施，对遵守道德规范的受教育者，给予鼓励、表扬和奖励，对违反道德规范的受教育者，进行教育、训诫和惩罚。

传统思想政治教育模式以其对传统社会、传统教育的适应性和部分合理性获得了长久的生命力。它体现了传统社会对社会秩序稳定和人与人和谐相处的儒家为政与做人道德的期望，培养出重视人的政治信念、关于处理人与社会的关系、人与自然的关系，具有美好政治理想、具有强烈社会和道德的责任感和义务感、能够很好地运用道德的约束功能制约个体行为的政治人和道德人。应该说，其超越时空的教育理念和教育内涵，对于今天中国的思想政治教育工作，仍然具有一定的积极作用。

（三）对儒家思想政治教育模式的反思

1. 儒家传统思想政治教育模式的终结

随着20世纪七八十年代中国改革开放的深入发展，中国特色社会主义事业取得辉煌成就，生存模式与传统社会相比较，发生了翻天覆地的变化。因此，人们在政治意识、思想观念和价值取向上，也发生了根本的变化。中华传统文化在80年代资产阶级自由化的商品经济的浪潮冲击下，儒家思想政治教育体系已荡然无存。不仅如此，在中华人民共和国成立以来30多年计划经济体制下的统一道德意识也已经被冲破，以实用主义为特征的价值取向多样化和价值选择世俗化，成为新时代思想政治状态的基本特征。现代思想政治教育面临新的形势和新的挑战。经过改革开放40多年的探索，一种以社会主义核心价值观为核心的、逐步适合社会发展需要的新的政治思想道德体系正在逐渐形成。在这个重大的社会变革中，传统思想政治教育模式失去了生存的土壤，其统一的一致性价值追求模式与现代社会开放和价值多元产生了距离，传统教化理论忽视思想政治教育固有的主体性本质，对现代社会在思想政治教育中对自主性和创造精神的呼唤的需求产生了明显的不适应性。历史与现实的冲突，使其不再能在现实中扮演主体的角色。它不能在解释现实的社会道德问题，解决青少年道德价值观冲突，传递时代精神，塑造时代品格，为社会发展提供精神动力等方面发挥其应有的作用①。因此，传统思想政治教育模式已经终结。但其教育模式的部分合理理论和方法，已然被现代道德教育模式吸取，成为新时代思想政治教育模式的营养，将以新的面貌为现代思想政治教育模式的最后成型贡献智慧。

2. 儒家思想政治教育模式的现代意义

虽然作为整体的儒家传统思想政治教育模式，随着时代化的发展，已经失去其主体的功能。但作为中华文脉的主流，其精神依然存在。虽然以儒家传统思想政治教育模式向青少年传授知识和品德的方法已然过时，但在 20 世纪 90 年代"国学热"以来，许多的国学课堂中依然可以看到其身影，这说明其生命力依然顽强。儒家传统思想政治教育模式的国家整体设计、君子人格追求、官员一体化灌输、学校强制式推进、家庭整合式要求的特征，体现了对国家大一统追求而牺牲自我的理想政治观、人与人和谐相处而以义务为本位的社会观、人与自然和谐而牺牲一定利益的自然观。虽然这些观念有其忽视现代人性自由与个体主体性的不足，但依然存有吸取的精神与方法。只有在继承传统中开出新智，才能与时代精神相响应，建立起新时代更加完善的思想政治教育体系。"一切历史都是当代史"，"一切历史都是思想史"，儒家传统思想政治教育的理论设计和实践方法，在今天的思想政治教育理论模式与实践方法的设计与实践中，依然有着思想渊源的价值、方法论启迪的意义。因为今天的中国，正是传统中国的延续。

---

① 戚万学. 关于建构中国现代道德教育理论的几点设想［J］. 教育研究，1997（12）：27-31.

参考文献

［1］论语［M］.北京：中华书局，2008.

［2］孟子［M］.北京：中华书局，2016.

［3］荀子［M］.北京：中华书局，2018.

［4］大学 中庸［M］.北京：中华书局，2016.

［5］（汉）司马迁.史记［M］.北京：中华书局，1992.

［6］（汉）班固.汉书［M］.北京：中华书局，1996.

［7］（汉）陆贾.新语校注［M］.北京：中华书局，1996.

［8］（汉）贾谊.新书译注［M］.北京：中华书局，1997.

［9］（汉）董仲舒.春秋繁露义证［M］.北京：中华书局，1992.

［10］（汉）班固.白虎通疏证［M］.北京：中华书局，1994.

［11］（汉）刘安.淮南鸿烈解释［M］.北京：中华书局，1989.

［12］（汉）王充.论衡［M］.北京：中华书局，1996.

［13］（宋）司马光等.资治通鉴［M］.北京：中华书局，1976.

［14］（宋）朱熹.四书章句集注［M］.北京：中华书局，1983.

［15］（清）阮元校刻.十三经注疏［M］.北京：中华书局，2009.

［16］习近平.习近平谈治国理政［M］.北京：外文出版社，2014，2017，2020.

［17］骆郁廷.思想政治教育原理与方法［M］.北京：北京师范大学出版社，2020.

［18］王易.传统文化与思想政治教育创新［M］.北京：中国人民大学出版社，2018.

［19］侯勇.思想政治教育学理论前沿问题研究［M］.北京：中国社会科

学出版社，2018.

[20] 刘建军. 寻找思想政治教育的独特视角 [M]. 北京：中国人民大学出版社，2017.

[21] 王学俭. 思想政治教育理论与实践问题的研究视角 [M]. 北京：中国人民大学出版社，2017.

[22] 陈万柏，张耀灿. 思想政治教育学原理（第三版）[M]. 北京：高等教育出版社，2015.

[23] 张澍军. 思想政治教育理论前沿论略 [M]. 北京：人民出版社，2015.

[24] 孙其昂. 思想政治教育学前沿研究 [M]. 北京：人民出版社，2013.

[25] 郑永廷. 思想政治教育方法论（修订版）[M]. 北京：高等教育出版社，2010.

[26] 陈秉公. 思想政治教育学基础理论研究 [M]. 长春：吉林大学出版社，2007.

[27] 张耀灿，郑永廷，吴潜涛等. 现代思想政治教育学 [M]. 北京：人民出版社，2006.

[28] 沈壮海. 思想政治教育的文化视野 [M]. 北京：人民出版社，2005.

[29] 刘丰. 三纲六纪与社会整合 [M]. 北京：中国人民大学出版社，2004

[30] 余英时. 士与中国文化 [M]. 上海：上海人民出版社，2003

[31] 刘厚琴. 儒学与汉代社会 [M]. 济南：齐鲁书社，2002.

[32] 张涛. 两汉经学与社会 [M]. 北京：中国社会科学出版社，2002.

[33] 徐复观. 两汉思想史 [M]. 上海：华东师范大学出版社，2001.

[34] 葛兆光. 七世纪前中国的知识、思想与信仰体系 [M]. 上海：复旦大学出版社，2001.

[35] 万俊人. 寻求普世伦理 [M]. 北京：商务印书馆，2001.

[36] 陈苏镇. 汉代政治与《春秋》学 [M]. 北京：中国广播电视出版社，2001.

[37] 周桂钿. 秦汉思想史 [M]. 石家庄：河北人民出版社，2000.

[38] 刘泽华. 中国的王权主义 [M]. 上海：上海人民出版社，2000.

［39］于迎春.秦汉士史［M］.北京：北京大学出版社，2000.

［40］李开元.汉帝国的建立与刘邦集团［M］.北京：生活·读书·新知三联书店，2000.

［41］王乐理.政治文化导论［M］.北京：中国人民大学出版社，2000.

［42］任剑涛.伦理政治研究——从早期儒学视角的理论透视［M］.广州：中山大学出版社，1999.

［43］邓球柏.中国传统文化与思想政治教育［M］.北京：首都师范大学出版社，1999.

［44］张怀承.天人之变——中国传统伦理道德的近代转型［M］.长沙：湖南教育出版社，1998.

［45］金春峰.汉代思想史［M］.北京：中国社会科学出版社，1997.

［46］刘泽华.中国政治思想史［M］.天津：南开大学出版社，1997.

［47］陈少峰.中国伦理学史［M］.北京：北京大学出版社，1996.

［48］梁启超.先秦政治思想史［M］.北京：东方出版社，1996.

［49］钱穆.国史大纲［M］.北京：商务印书馆，1996.

［50］李泽厚.中国古代思想史论［M］.合肥：安徽文艺出版社，1994.

［51］张岂之.中国思想通史［M］.西安：西北大学出版社，1993.

［52］唐凯麟.走向近代的先声——中国早期启蒙伦理思想研究［M］.长沙：湖南教育出版社，1993.

［53］朱贻庭.中国传统伦理思想史［M］.上海：华东师范大学出版社，1989.

［54］蒋伯潜.诸子通考［M］.杭州：浙江古籍出版社，1985.

［55］童书业.先秦七子思想研究［M］.济南：齐鲁出版社，1982.

［56］王亚南.中国官僚政治［M］.北京：中国社会科学出版社，1981.

［57］萧公权.中国政治思想史［M］.沈阳：辽宁教育出版社，1980.

［58］侯外庐.中国思想通史［M］.北京：人民出版社，1957.

［59］（德）马克斯·韦伯.儒教与道教［M］.洪天富译，南京：江苏人民出版社，1995.

［60］（德）恩斯特·卡西尔.人论［M］.甘阳译，上海：上海译文出版社，2017.

［61］（美）阿尔蒙德，维巴. 公民文化：五个国家的政治态度和民主制度［M］. 徐湘林等译，上海：东方出版社，2008.

［62］杨威，李春燕. 思想政治教育方法论之现代性探析：借鉴与发展［J］. 思想政治教育研究，2018（03）.

［63］郑秋月，郭亚苹. 论中华优秀传统文化在思想政治教育中的"文化育人"及促成路径［J］. 学校党建与思想教育，2018（18）.

［64］黄军利. 把传统文化渗透于思想政治教育之中［J］. 中国高等教育，2016（20）.

［65］张卫良，龚珊. 思想政治教育的中华优秀传统文化认同机制探究［J］. 思想理论教育导刊，2016（05）.

［66］陈敏，鲁力. 论儒家文化的思想政治教育价值［J］. 理论学刊，2015（01）.

［67］包雅玮，刘爱莲. 论儒家德治思想与高校思想政治教育工作的创新［J］. 科学社会主义，2014（04）.

［68］陈继红，王易. 中国传统文化与思想政治教育研究的论域、问题与趋向［J］. 思想理论教育导刊，2013（11）.

［69］王方玉. 儒家情感教育思想的内涵及对当代大学生思想政治教育的启示［J］. 当代教育科学，2012（03）.

［70］赵瑞华，孔君英. 论传统文化的思想政治教育功能［J］. 理论月刊，2011（07）.

［71］路飞飞，杜瑞平. 传统文化教育在高校思想政治教育中的价值及实现途径［J］. 教育理论与实践，2011（15）.

［72］郭建锋，朱莉. 儒家文化对现代思想政治教育的启示［J］. 思想教育研究，2010（08）.

［73］唐国军. 董仲舒与儒家思想政治教育理论的实践化——儒家传统思想政治教育理论模式研究之五［J］. 广西社会科学，2008（03）.

［74］唐国军. 继承与创新：儒家思想政治教育理论的基础——儒家传统思想政治教育理论模式研究之四［J］. 广西社会科学，2008（02）.

［75］唐国军. "亲民"与教化：儒家思想政治教育的客体论——儒家传统思想政治教育理论模式研究之三［J］. 广西社会科学，2008（01）.

［76］唐国军."君子"与修身：儒家思想政治教育主体论——儒家传统思想政治教育理论模式研究之二［J］.广西社会科学，2007（12）.

［77］唐国军."修身"与"教化"：儒家思想政治教育体系论——儒家传统思想政治教育理论模式研究之一［J］.广西社会科学，2007（11）.

［78］陈红娟.思想政治教育对儒家德育思想的借鉴［J］.思想政治教育研究，2007（01）.

［79］郭国祥.科学发展观视角下传统思想政治教育创新［J］.学校党建与思想教育，2006（11）.

［80］康菁洋，杨彦生.论先秦儒家理想的社会秩序及其整合［J］.湖北社会科学，2005（03）.

［81］曲洪志.中国传统文化与新时期思想政治教育［J］.马克思主义与现实，2004（06）.

［82］唐国军.两汉儒家政治化的行政运行机制［J］.广西民族大学学报（哲学社会科学版），2004（05）.

［83］张践.儒教与中国政治［J］.文史哲，2004（03）.

［84］杜汉生，徐柏清."思无邪"与儒家伦理教育［J］.湖北大学学报（哲学社会科学版），2004（03）.

［85］唐国军.政治设计架构中的儒家政治理念批判［J］.桂海论丛，2003（04）.

［86］郁大海.政治伦理化与伦理政治化——我国传统德治理论与实践剖析［J］.理论学刊，2003（01）.

［87］刘厚琴.东汉道德教化传统及其历史效应［J］.齐鲁学刊，2002（01）.

［88］曹玲.《礼记》教育思想研究［J］.合肥工业大学学报（社会科学版），2001（03）.

［89］仝晰纲.道德教育与汉代乡治［J］.学术论坛，2000（05）.

［90］周永卫.两汉教育的发展历程及其特点［J］.唐都学刊，2000（01）.

［91］蓝维，田敬文.对传统道德教育模式的分析与思考［J］.首都师范大学学报（社会科学版），1999（04）.

［92］郑永廷. 思想道德教育模式比较研究［J］. 思想教育研究，1999（03）.

［93］吴艳君. 政治文化与思想政治教育［J］. 首都师范大学学报（社会科学版），1999（02）.

［94］刘凤梅. 古代教化与素质教育［J］. 河北师范大学学报（教育科学版），1999（02）.

［95］邓球柏. 论《周易》思想政治教育的主要内容和基本原则［J］. 武陵学刊，1998（05）.

［96］张锡勤. 试论儒家的"教化"思想［J］. 齐鲁学刊，1998（02）.

［97］韦剑平. 试论思想政治教育对优秀传统文化的借鉴［J］. 探索，1998（02）.

［98］邓球柏.《论语》思想政治教育原则初析［J］. 湘潭大学学报（哲学社会科学版），1996（06）.

［99］邓球柏. 论《中庸》的思想政治教育理论［J］. 武陵学刊，1996（01）.

［100］邓球柏. 简论《论语》的思想政治教育途径［J］. 武陵学刊，1995（05）.

［101］许启贤. 论中国古代的礼仪及其教育［J］. 中州学刊，1994（02）.

后 记

　　本著作的研究起始于21世纪初，到现在入选《光明社科文库》丛书，即将由光明日报出版社出版，已历时20多年。2000年，笔者卸任广西民族学院（今广西民族大学）历史与档案系主任职务（因院系调整，历史与档案系撤销），但不久就奉命担任社会科学部（现为马克思主义学院）主任，从事历史教学与研究转向思想政治教育工作，笔者根据自己的工作需要和学识特点，申报了校级课题《儒家思想政治教育理论与实践模式研究》，获得批准。2002年9月，笔者以访问学者身份到华中师范大学师从著名秦汉史专家熊铁基教授，将这一课题初步完成，撰写系列论文7篇，得到熊老师的鼓励和肯定。

　　2004年笔者再次以博士生身份进入该校，正式成为熊老师的学生。在进行博士论文选题时，曾考虑将这一课题继续做下去，所以，将原有文章进行了修订，收集了更多的资料。但在学习中，另一个相关联的重大课题吸引了我，即中国传统政治学的研究，使我改变了论文选题的方向（在这一课题中，笔者已完成了博士论文《帝制初期中国传统政治学体系建构》，出版后获得广西社会科学优秀成果一等奖；完成了国家社会科学基金项目《秦汉国家理论建构研究》；2021年《中国传统政治学价值体系建构研究》再次得到国家社会科学基金项目立项）。但在具体探讨中国传统政治的治国途径时，仍然绕不开传统的儒家思想政治教育——教化学说，因为这恰恰是中国传统治国体系中政治实践最为重要一环。笔者在探索中发现，此一研究，正是对中国传统政治学研究的深化。

　　2007年博士毕业后，笔者再次整理访学期间论文，其中二篇发表于《广西民族大学学报》上。另五篇作为儒家思想政治教育理论模式系列论文发表于《广西社会科学》杂志上，其中两篇被中国人民大学报刊复印资料《思想

政治教育》全文转载。笔者便以此为前期成果，组织课题组，以《儒家思想
政治教育理论与实践模式及其现代应用研究》为题，申报 2010 年教育部人文
社会科学项目，获得立项。但此时笔者担任刚成立的广西民族大学法学院党
委书记，后又任民族学与社会学学院党委书记。繁重的行政工作给了笔者政
治的阅历，但也耗去了大部分的精力，课题直到 2018 年才顺利结题。现在呈
现的这本小书，就是我和刘国普博士在结题成果的基础上进一步修订完成的。
本书的出版得到了广西民族大学中国南方与东南亚民族研究中心 2020 年配套
经费资助，感谢滕兰花教授等学院领导和老师的支持，特别感谢光明日报出
版社王佳琪和张金良老师的精心指导与帮助，本书才能顺利出版。我们把对
儒家思想政治教育理论与实践模式的思考呈现出来，目的就是冀盼能在本领
域的学术研究中，增添一点点力量。期望各位专家学者和读者的批评指正。

唐国军

2021 年 12 月于相思湖畔